7가지 키워드, 시기별로 이해하는

한국사회의
다문화현상 이해

7가지 키워드, 시기별로 이해하는

한국사회의
다문화현상 이해

권오경, 황미혜, 김승홍, 김남희, 김혜빈, 권영은 지음

‖ 목 차 ‖

‖ 표 목 차 ‖

‖ 그 림 목 차 ‖

제1장

서론

지금 우리 사회는 외국인 주민들의 증가에 따른 다양한 사회현상이 곳곳에서 발생하고 있다. 예를 들면 외국인과 한국인들 간의 인종·문화 간 갈등, 결혼이민자의 한국사회 적응문제, 다문화가정 자녀들의 학교생활문제, 외국인근로자들의 사회문제 등 예전에 볼 수 없었던 많은 사회적 현상들을 쉽게 볼 수 있다.

우리 사회는 급속하고 다양하게 변화되고 있다. 이러한 변화가 언제, 어떻게, 어떤 형태로 변환되었고 바뀌었는지에 대해 구체적이고 제대로 된 설명이나 소개가 나와 있지 않다. 다문화를 공부하는 전공자들과 다문화에 대해 관심이 많은 일반인들, 우리 사회 현장에서 다문화와 관련된 일을 하고 있는 사람들에게는 이러한 문제에 대한 구체적인 설명과 올바른 다문화현상 인식제공이 필요하기 때문에 이 책이 중요하다고 할 수 있다.

2022년 현재 외국인 체류인구가 약 200만 명이 넘는다. 이는 우리나라 전체인구의 약 4%에 해당한다고 한다. 이처럼 한국사회가 급속히 다문화사회로 변화하고 있는 상황에서 이 책은 누구나 쉽게 다문화현상을 이해하고, 공감할 수 있도록 연구되었으며, 이에 본 연구자는 이 책을 통해 우리 모두가 한국사회 다문화현상을 자연스럽게 이해하고, 받아들이기를 기대한다.

이와 같은 기대와 희망을 가지고, 이 책은 한국사회에서 발생하는 다문화현상에 대해 7가지 키워드(구성원, 역사, 가족, 정책, 밀집지역, 교육, 법률)를 통해 시기별로 이해하고자 하였다.

끝으로 이 책은 총 9장으로 구성하였다. 우선 제1장에서는 이 책의 필요성과 구성방법에 대해 설명하였고, 제2장에서는 한국사회의 다문화 대표적 구성원이라 할 수 있는 결혼이민자, 외국인 유학생, 이주배경자녀, 외국인근로자, 북한이탈주민, 난민에 대해 통계로 살펴보았고, 제3장에서는 1860년대부터 지금까지 우리 사회 다문화현상의 역사를 시대별로 정리하였다. 그리고 제4장에서는 우리 사회 다문화가족 출현 배경과 다문화가족을 위한 정책, 다문화가족 지원에 관한 프로그램 설명에 대해 살펴보았고, 제5장에서는 다문화와 관련된 대표적 이론과 다문화가족과 외국인들에 대한 지원정책을 소개하였다. 또한 제6장에서는 국내 대표적인 외국인 밀집지역을 소개하였으며, 제7장에서는 다문화가정 학생들을 위한 한국어교육과 다문화 전공자들을 위한 다문화 비전에 대해 설명하였다. 제8장에서는 한국이 다문화사회로 진입하면서 개별법의 접근으로 입법화한 내용들을 소개하면서 한계점을 설명하였고, 마지막 제9장에서는 결론으로 이 책 내용을 통한 기대효과를 제시하였다.

제2장

한국사회의 다문화 구성원 이해

1. 통계로 이해하는 한국의 다문화 구성원

한국의 다문화 구성원을 이해하기 위해 대한민국에서 현재 거주하고 있는 전체 체류외국인[1]의 통계를 이해하면 개별적인 다문화 구성원에 대한 접근이 용이하다. 2022년 6월 말 현재 체류외국인은 2,056,041명으로 전월 2,012,862명보다 2.1%(43,179명) 증가하였다. 체류외국인 중 등록외국인은 1,109,700명, 외국국적동포 국내거소신고자는 486,007명, 단기체류외국인은 460,334명이다. 국적별 체류외국인은 중국 40.4%(830,181명), 베트남 10.5%(215,829명), 태국 8.8%(181,783명), 미국 8.2%(168,175명), 우즈베키스탄 3.4%(70,483명) 등의 순이다(출입국 외국인정책본부 통계월보 2022년 6월호 p4 인용). 다음의 표들은 대한민국에 거주하고 있는 전체 체류외국인들 통계로 표의 순서대로 살펴보면 전반적인 통계를 이해할 수 있다.

---

1) 출입국관리법 제31조의 규정과 재외동포의 출입국과 법적지위에 관한 법률 제6조의 규정에 따라 '관광 등의 목적으로 90일 이내 단기 체류하는 외국인', '91일 이상 장기 거주하는 등록외국인 및 외국국적동포거소신고자' 등 대한민국의 국적을 갖지 아니하고 대한민국에 체류하는 모든 체류외국인(체류만료일을 경과한 불법체류외국인도 포함)총 국내 체류외국인을 의미한다(출처 : 2021년 출입국 외국인정책 통계연보 p4에서 인용).

〈표 1〉 체류외국인 연도별 현황

(2022.06.30. 현재, 단위 : 명)

| 연도 | 총 계 | 장기체류 | | | 단기체류 |
		소 계	등 록	거소신고2)	
2011년	1,395,077	1,117,481	982,461	135,020	277,596
2012년	1,445,103	1,120,599	932,983	187,616	324,504
2013년	1,576,034	1,219,192	985,923	233,269	356,842
2014년	1,797,618	1,377,945	1,091,531	286,414	419,673
2015년	1,899,519	1,467,873	1,143,087	324,786	431,646
2016년	2,049,441	1,530,539	1,161,677	368,862	518,902
2017년	2,180,498	1,583,099	1,171,762	411,337	597,399
2018년	2,367,607	1,687,733	1,246,626	441,107	679,874
2019년	2,524,656	1,731,803	1,271,807	459,996	792,853
2020년	2,036,075	1,610,323	1,145,540	464,783	425,752
2021년	1,956,781	1,569,836	1,093,891	475,945	386,945
2022년 6월	2,056,041	1,595,707	1,109,700	486,007	460,334

출처: 출입국 외국인정책본부 통계월보 2022년 6월호 p18 인용
(https://www.immigration.go.kr/immigration/index.do) 이하 홈페이지 주소는 생략

(2022.06.30. 현재, 단위 : 명)

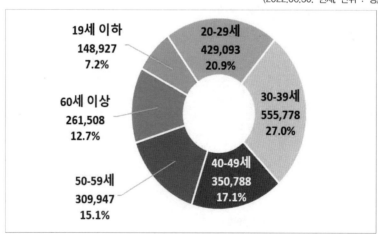

〈그림 1〉 체류외국인 연령별 분포도

출처: 출입국 외국인정책본부 통계월보 2022년 6월호 p18 인용

---

2) "외국국적동포" 거소신고 현황

〈표 2〉 체류외국인 연도별·국적(지역)별 현황

(2022.06.30. 현재, 단위 : 명)

구 분	2018년	2019년	2020년	2021년	2022년 6월
총 계	2,367,607	2,524,656	2,036,075	1,956,781	2,056,041
중국3)	1,070,566	1,101,782	894,906	840,193	830,181
한국계	708,082	701,098	647,576	614,665	605,906
베트남	196,633	224,518	211,243	208,740	215,829
태국	197,764	209,909	181,386	171,800	181,783
미국	151,018	156,982	145,580	140,672	168,175
우즈베키스탄	68,433	75,320	65,205	66,677	70,483
러시아(연방)	54,064	61,427	50,410	48,680	51,271
필리핀	60,139	62,398	49,800	46,871	50,481
캄보디아	47,012	47,565	41,405	41,525	42,921
네팔	40,456	42,781	39,743	36,903	39,971
몽골	46,286	48,185	42,511	37,012	39,746
인도네시아	47,366	48,854	36,858	34,188	38,124
카자흐스탄	30,717	34,638	29,278	29,616	34,981
일본	60,878	86,196	26,515	28,093	30,913
미얀마	28,074	29,294	26,412	26,096	27,350
캐나다	25,934	26,789	21,794	22,830	26,990
스리랑카	25,828	25,064	22,466	20,291	20,574
(타이완)	41,306	42,767	19,444	18,554	19,007
방글라데시	16,641	18,340	16,823	16,426	18,564
인도	11,945	12,929	10,892	11,542	13,136
파키스탄	13,275	13,990	12,842	12,410	13,062
오스트레일리아	14,279	15,222	7,913	7,591	9,755
영국	6,972	7,550	5,871	6,435	7,781
키르기즈	6,385	6,618	5,710	6,458	7,144
기타	105,636	125,538	71,068	77,178	97,819

출처: 출입국 외국인정책본부 통계월보 2022년 6월호 p19 인용

---

3) 한국계 포함

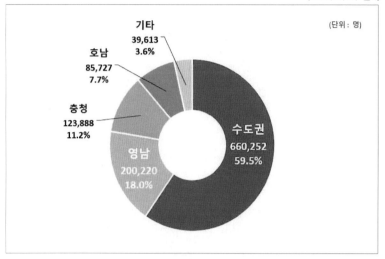

〈그림 2〉 등록외국인 거주(지역)별 현황

출처: 출입국 외국인정책본부 통계월보 2022년 6월호 p19 인용

위의 표들은 대략적인 대한민국 내에 거주하고 있는 체류외국인의 통계로 구체적인 통계수치는 독자들의 이해도를 높이기 위해 본 도서의 마지막 부분에 세부적인 통계 자료를 부록으로 제시하였다.

1.1. 결혼이민자

결혼이민자의 개념은 다양하게 정의되는데, 먼저 국내법에서는 이민자에 대해 남녀의 구분을 하지 않고 '결혼이민자'라는 용어를 사용하고 있으며, 재한외국인처우기본법의 제2조 제3호는 결혼이민자를 대한민국 국민과 혼인한 적이 있거나, 혼인관계에 있는 재한외국인으로 정의하고 있다.

한국인 남성과 결혼하여 국내에 거주하는 외국인 여성을 의미하는 말은 '여성 결혼이민자', '결혼이민자 여성', '결혼이주여성', '외국인주부', '외국인 출신 주부', '국제 결혼한 외국인 여성', '다문화가정 주부'와 같은 여러 가지 형태로 사용된다. 이 중에서 가장 많이 사용되는 용어는 '다문화가정 주부', '여성 결혼이민자'와 '결혼이주여성'이다.

설동훈(2005)은 국내인권단체에서 '이주여성'이라는 용어를 흔히 사용하지만 이주여성은 여성 외국인근로자, 여성 결혼이민자, 성매매 종사 외국인(또는 이민자)여성, 국제적 인신매매 피해여성을 아우르는 복합 개념이기 때문에 결혼이민자를 지칭하는 용어로 적절하지 못하며, '결혼이주여성'이라는 표현을 사용할 수밖에 없다고 하였다. 하지만 이렇게 되면 그 대립쌍인 '남성 결혼이민자'를 '결혼이주남성'이라고 표현할 수밖에 없으므로 이런 용어상의 문제점을 해결하기 위해 국제용례를 쫓아 '결혼이민자'라는 개념을 채택했다고 한다.

또한 한국인 남성과 국제결혼을 하는 외국인 여성은 지금까지 해외결혼여성, 국제결혼이민여성으로 불리다가 2006년 이후 국제결혼가족이라는 호칭이 사용되기도 하였다. 그러나 최근에는 다문화가족이라는 용어로 사용되는 경우가 많으나, 다문화가족이라는 용어는 한국인 남성과 결혼한 이주여성 가족만이 아닌 한국인 여성과 결혼한 외국남성 가족을 모두 포함하는 개념으로 사용된다.

<표 3> 결혼이민자(국민의 배우자) 연도별 증감 추이

(2022.06.30. 현재, 단위 : 명)

연 도	2017년	2018년	2019년	2020년	2021년	'21년 6월	'22년 6월
인 원	155,457	159,206	166,025	168,594	168,611	168,578	169,836
전년 대비 증감률	2.0%	2.4%	4.3%	1.5%	0.0%	-	0.7%

출처: 출입국 외국인정책본부 통계월보 2022년 6월호 p32 인용

<표 4> 결혼이민자 국적별 및 성별 현황

(2022.06.30. 현재, 단위 : 명)

국적 \ 구분	총계	중국4)	한국계	베트남	일본	필리핀	태국	미국	캄보디아	기타
전체	169,836	60,063	22,458	40,356	15,286	12,151	7,009	4,696	4,602	25,673
	100%	35.4%		23.8%	9.0%	7.2%	4.1%	2.8%	2.7%	15.1%
남자	32,836 (19.3%)	14,064	8,505	3,795	1,282	557	130	3,290	612	9,106
여자	137,000 (80.7%)	45,999	13,953	36,561	14,004	11,594	6,879	1,406	3,990	16,567

출처: 출입국 외국인정책본부 통계월보 2022년 6월호 p32 인용

<표 5> 결혼이민자 거주 지역별 현황

(2022.06.30. 현재, 단위 : 명)

계	경기	서울	인천	경남	충남5)	경북	부산	전남
168,119	52,078	27,541	11,840	10,738	9,859	7,966	7,347	6,650
	전북	충북	대구	강원	광주	대전	울산	제주
	5,930	5,494	5,487	3,816	3,746	3,384	3,373	2,870

출처: 출입국 외국인정책본부 통계월보 2022년 6월호 p32 인용

---

4) 한국계가 포함된 통계이다(한국계는 광의의 개념으로 중국 내의 소수민족을 지칭하는 용어인 조선족을 말한다).

5) 세종특별자치시 831명 포함

<표 6> 혼인귀화자(누계)

(단위 : 명)

연 도	2016년	2017년	2018년	2019년	2020년	2021년	'22년 6월
혼인귀화자 (전체 누계)	114,901	121,339	129,028	135,056	141,773	148,118	**150,834**

출처: 출입국 외국인정책본부 통계월보 2022년 6월호 p32 인용

1.2. 외국인 유학생[6]

유네스코 통계연구소에서는 국경을 넘는 학생들의 이동을 '국제 유학생(internationally mobile students)'이라고 정의하였는데, 그 기준은 첫째, 영주의 기준으로 유학을 간 국가에서 영구적으로 거주하지 않고, 일시적으로 교육을 받는 경우이다. 둘째, 유학 이전의 선행교육(prior education) 기준으로 외국에서 공부하고자 하는 단계와 수준에 맞는 자격을 갖추고 입국한 경우이다. 셋째, 시민권 기준으로 자신이 공부하고 있는 국가의 시민이 아닐 경우이다(UNESCO, 2009).

한편 우리나라 고등교육법시행령 규정에서는 유학생을 외국인 또는 재외국민으로서 국내의 대학 및 대학원에서 수학하거나 연구하는 학생으로, 국내대학이나 대학원 정규과정 혹은 연구과정은 물론 그 외 대학부설 어학원에서 한국어를 습득하고자 하는 어학연수생까지를 포함하고 있다. 반면에 법무부의 체류자격별 구분에서는 유학생과 연수생을 다음과 같이 구분하고 있다. 먼저 유학생은 일반연수나 강습, 학술자료 수집 및 기타 이와 유사한 목적으로 단기간 체

---

6) 외국인 유학생체류자격 D-2(유학), D-4-1(일반연수)을 소지하고 체류중인 외국인을 지칭한다 (2009년 이전(D-2전체 및 D-4-4), 2010년 이후(D-2전체 및 D-4-1), 2014년 5월 이후((D-2전체 및 D-4-1, D-4-7)).

류하려는 자로서 유학 비자를 발급받은 자를 의미한다. 대학부설 언어연수기관에서 한국어를 연수하는 자나 유학자격에 해당하는 교육기관 또는 학술연구기관 이외의 교육기관에서 교육을 받는 자, 국·공립 또는 공공의 연구기관 등에서 기술이나 기능 등을 연수하는 자는 일반연수 비자를 발급받는데 한국어공부를 위한 어학연수생은 여기에 해당한다.

일반적으로 외국인 유학생이란 국내에서 어학연수과정 또는 학부 및 대학원과정에 재학하고 있는 외국인을 의미한다. 반면 교육과학기술부(2008)는 국제기구의 정의와 유사하게 외국학생을 공부하고 있는 국가의 시민권을 보유하고 있지 않으면서 이전 교육단계의 교육기관이 유학하고 있는 국가에 소재하지 않은 학생으로 정의하였다.

〈표 7〉 연도별 유학생 증감 추이

(단위 : 명)

연 도	2017년	2018년	2019년	2020년	2021년	'21년 6월	'22년 6월
총 계	135,087	160,671	180,131	153,361	163,699	157,663	176,186
유 학(D-2)	86,875	102,690	118,254	101,810	111,178	107,690	119,853
한국어연수 (D-4 · 1)	48,208	57,971	61,867	51,545	52,506	49,967	56,313
외국어연수 (D-4 · 7)	4	10	10	6	15	6	20
전년대비 증감률	16.5%	18.9%	12.1%	-14.9%	6.7%	-	11.7%

출처: 출입국 외국인정책본부 통계월보 2022년 6월호 p33 인용

(단위 : 명)

구 분	총 계	유학 (D-2)	한국어연수 (D-4-1)	외국어연수 (D-4-7)
총계	**176,186**	**119,853**	**56,313**	**20**
베트남	67,948	31,830	36,115	3
중 국7)	49,265	44,549	4,716	0
한국계	663	660	3	0
몽골	9,458	5913	3,545	0
우즈베키스탄	9,254	7521	1,733	0
일본	5,240	2521	2,719	0
네팔	2,689	2505	183	1
인도네시아	2,137	1855	282	0
프랑스	2,054	1750	304	0
미얀마	2,023	939	1,084	0
미국	1,978	1656	321	1
인 도	1,640	1442	198	0
파키스탄	1,448	1415	33	0
러시아(연방)	1,448	775	673	0
방글라데시	1,427	1371	44	12
(타이완)	1,289	812	477	0
독 일	1,193	1078	115	0
말레이시아	1,079	879	200	0
태국	1,015	542	473	0
기타	13,601	10,500	3,098	3

출처: 출입국 외국인정책본부 통계월보 2022년 6월호 p34 인용

1.3. 이주배경자녀

다문화가정은 현재 국내에 정주하고 있는 이주근로자가정과 결혼
이민자가정 그리고 북한이탈주민가정 등 문화적 배경이 다른 가정

---

7) 한국계 포함

을 총칭하는 말이다. 특히 이주근로자가정은 같은 국적의 사람들끼리 결혼한 가정과 국적이 다른 사람들이 한국에서 결혼하여 살고 있는 가정 그리고 한국 사람과 결혼한 가정 등이 있다. 이들은 모국(母國)의 문화와 정주국인 한국의 문화 등 다채로운 문화 속에서 생활하고 있으므로 다문화가정이라고 한다. 교육부는 2006년 '다문화가정 자녀 교육지원 대책'을 처음으로 수립하였다. 이에 따라 교육부에서는 이들 가정의 자녀를 통칭하여 '다문화가정자녀'라고 하며, 공교육에 진입한 연령대에 속하는 다문화가정 자녀를 '다문화학생'이라고 교육부의 협의 용어로 사용하고 있다. 이와 같은 교육부의 용어에 따라 본 내용에서도 다문화가정 자녀를 '다문화학생'이라고 정의하여 사용하고자 한다.

<표 9> 다문화학생 총괄 현황

(단위 : 명)

인원수 \ 연도	2015	2016	2017	2018	2019	2020	2021
다문화학생 수(A)	82,536	99,186	109,387	122,212	137,225	147,378	160,058
전체학생 수(B)	6,097,297	5,890,949	5,733,132	5,592,792	5,461,614	5,355,832	5,332,044
다문화학생 비율 (A/B*100)	1.35%	1.68%	1.91%	2.19%	2.51%	2.75%	3.00%

출처: 교육부 2022년 다문화교육지원계획 p25 인용

<표 10> 다문화학생 유형 현황

(단위 : 명)

구분	2019년				2020년				2021년			
	초	중	고	계	초	중	고	계	초	중	고	계
국내출생	83,620	15,906	8,543	108,069	85,101	19,556	9,117	113,774	86,410	25,430	10,255	122,095
중도입국	5,163	2,153	1,381	8,697	5,088	2,488	1,575	9,151	4,969	2,801	1,657	9,427
외국인가정	15,175	3,688	1,596	20,459	17,581	4,791	2,081	24,453	20,051	5,817	2,668	28,536
계	103,958	21,747	11,520	137,225	107,770	26,835	12,773	147,378	111,430	34,048	14,580	160,058

출처: 교육부 2022년 다문화교육지원계획 p25 인용

교육부가 2012년에 발표한 「다문화학생 교육선진화 방안」에서는 다문화가정 생성배경에 따라 국제결혼가정, 외국인가정으로 구분하였다. 국제결혼가정 자녀는 출생지에 따라 한국출생 자녀와 중도입국 자녀로 구분된다. 중도입국 자녀는 결혼이민자가 한국인과 재혼한 이후에 본국에서 데려온 자녀, 국제결혼가정 자녀 중 외국인 부모의 본국에서 성장하다가 청소년기에 입국한 자녀를 지칭한다.

한편 이주배경청소년지원재단8)에서는 중도입국 청소년의 개념을 다음과 같이 정의하고 있다. 2000년 이후 급증하기 시작한 국제재혼가정의 증가로 인해 나타난 집단으로, 결혼이민자가 한국인 배우자와 재혼하여 본국의 자녀를 데려온 경우와 국제결혼 가정의 자녀 중 외국인 부모의 본국에서 성장하다 청소년기에 재입국한 청소년의 경우를 말한다. 그 외에 외국인 부모와 함께 동반 입국한 청소년의 경우, 근로 및 학업을 목적으로 청소년기에 입국한 외국인 무연고 청소년의 경우, 그리고 북한이탈주민이 외국인과 제3국에서 출생한 자녀를 데려온 경우를 포함하여 보다 넓게 보는 시각도 있으나 통상 위에서 언급한 두 가지 경우를 중도입국 청소년으로 보고 있다.

그리고 외국인근로자 가정의 중도입국 청소년들은 외국인 사이에서 출생한 자녀로 정의한 외국인자녀에 포함될 수 있다. 무연고 외국인청소년과 북한이탈주민과 외국인 사이에서 출생한 중도입국청소년은 앞서 언급된 중도입국청소년과 이주배경을 가졌다는 점에서는 공통적이나 이른바 다문화 맥락에서 대상화되기보다는 탈북학생

---

8) 청소년복지지원법 제 18조에 따른 이주배경청소년(탈북청소년, 다문화청소년, 중도입국청소년 등)을 지원하고 더불어 살아가는 다문화 사회를 만들어가는 비영리 재단법인이다(이주배경청소년지원재단 홈페이지 재단소개 부분을 일부 인용). 다음의 홈페이지 주소를 참조하여 민간단체의 이주배경을 지닌 청소년들에 대한 지원 등을 살펴볼 수 있다.
(https://www.rainbowyouth.or.kr/foundation/organization/purpose.do.)

의 맥락에서 이루어지는 지원의 대상이므로 다문화맥락의 중도입국 청소년 범위에서는 제외되는 경우가 많다. 이처럼 공식적인 정책 환경에 중도입국 청소년은 주로 국제결혼을 한 재혼가정과 외국인 외국인근로자 가정의 자녀 가운데 외국에서 성장하는 중간에 한국으로 입국하는 경우를 지칭하는 용어로 사용되고 있다.

1.4. 외국인근로자

외국인근로자에 대한 국제사회의 규정은 ILO[9]와 UN협약에서 찾아볼 수 있다. 국제노동기구(ILO)는 '불법이주 및 이주근로자의 기회 및 처우 균등의 촉진에 관한 조약'(제143호) 제1부 제11조에서 외국인근로자를 '이주근로자'로 표현하면서, '이주근로자'라 함은 '본인 이외의 자를 위하여 고용될 목적으로 일국으로부터 타국으로 이주하는 자를 말하며 외국인근로자로서 정상적으로 입국이 인정되는 자'를 말한다라고 규정하였다. 그리고 UN협약(1990, 2003년 발표)에서는 '국적국이 아닌 나라에서 유급활동에 종사할 예정이거나, 이에 종사하고 있거나, 또는 종사하여 온 사람'을 외국인근로자로 규정하였다.

우리나라에서 외국인근로자(foreign worker)는 「외국인근로자 고용 등에 관한 법률」 제2조에서 "대한민국의 국적을 가지지 아니한 사람으로서 국내에 소재하고 있는 사업 또는 사업장에서 임금을 목

---

9) ILO(International Labour Organization): 국제노동기구는 1919년 4월 베르사유조약(Treaty of Versailles)의 '제13편 노동'에 의거해 국제연맹(League of Nations) 산하에 설립되었으며 1946년 12월에 국제연합의 전문기구로 편입하였다. 본부는 스위스 제네바에 있으며 2008년 8월 현재 회원국은 182개국이다. 설립목적은 사회정의에 기초한 세계평화를 실현하고 근로조건의 개선을 위한 국내적, 국제적 노력을 기울이며, 결사의 자유를 확보하는 것을 목적으로 한다.

적으로 근로를 제공하려는 사람을 말한다"라고 정의되어 있다. 다만, 출입국관리법 제18조 제1항에 따라 취업활동을 할 수 있는 체류자격을 받은 외국인 중 취업분야 또는 체류기간 등을 고려하여 대통령령으로 정하는 단기취업, 교수, 특정활동, 승무하는 선원을 제외한 것이라고 하였다. 본 내용에서는 외국인의 체류자격법(법 제10조, 시행령 제12조)에서 분류한 비전문취업(E-9)과 방문취업(H-2) 비자를 소지한 근로자를 '외국인근로자'로 한정하였다.

한편 외국인근로자의 명칭은 국가별로 외국인근로자(foreign workers), 외국인근로자(migrant workers), 이민노동자(immigrant workers), 초빙노동자(guest workers), 계약노동자(contract workers), 이방인 노동자(alien workers) 등 다양하나 의미는 동일하다(성길용, 2008).

〈표 11〉 취업자격 체류외국인 업무유형별 현황

(단위 : 명)

구 분	총 계	전문인력	단순기능인력
취업자격 체류외국인	411,223	48,638	362,585

출처: 출입국 외국인정책본부 통계월보 2022년 6월호 p30 인용

〈표 12〉 전문인력 현황

(단위 : 명)

총계	단기취업 (C-4)	교수 (E-1)	회화지도 (E-2)	연구 (E-3)	기술지도 (E-4)	전문직업 (E-5)	예술흥행 (E-6)	특정활동 (E-7)
48,638	2,751	2,061	13,901	3,719	199	227	3,525	22,255

출처: 출입국 외국인정책본부 통계월보 2022년 6월호 p30 인용

<표 13> 단순기능인력 현황

(단위 : 명)

총계	계절근로 (E-8)	비전문취업 (E-9)	선원취업 (E-10)	방문취업 (H-2)
362,585	4,581	225,516	19,098	113,390

출처: 출입국 외국인정책본부 통계월보 2022년 6월호 p30 인용

<표 14> 외국인근로자 국적별 현황

(단위 : 명)

계	중 국	베트남	캄보디아	네 팔	인도 네시아	필리핀	태 국
	110,390	40,948	34,253	32,264	30,121	24,009	23,295
	미얀마	우즈베키 스탄	스리랑카	방글라 데시	미 국	몽 골	카자 흐스탄
411,2 23	21,454	21,225	17,099	9,665	9,477	5,000	4,319
	파키스탄	인 도	동티모르	영 국	남아프리 카공화국	키르키즈	기 타
	3,382	2,883	2,721	2,577	2,411	1,881	11,849

출처: 출입국 외국인정책본부 통계월보 2022년 6월호 p3 인용

<표 15> 방문취업자(H-2) 현황

(단위 : 명)

구 분	총계	연고 방취 (H-2-1)	유학 방취 (H-2-2)	자진 방취 (H-2-3)	연수 방취 (H-2-4)	추첨 방취 (H-2-5)	변경 방취 (H-2-6)	만기 방취 (H-2-7)	기타 방취 (H-2-99)
총 계	113,388	511	0	202	9	14,069	6,498	91,470	629
중국	97,677	496	0	202	8	6,980	6,495	83,110	386
우즈베 키스탄	9,570	12	0	0	0	3,628	1	5,831	98
카자흐 스탄	4,184	1	0	0	1	2,483	2	1,668	29
키르 기즈	842	1	0	0	0	460	0	378	3
기 타	1,115	1	0	0	0	518	0	483	113

출처: 출입국 외국인정책본부 통계월보 2022년 6월호 p30 인용

(단위 : 명)

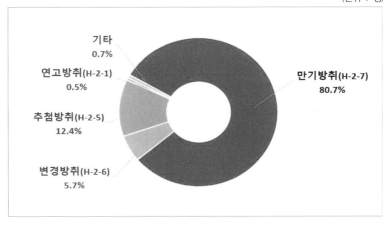

기타
0.7%

연고방취(H-2-1)
0.5%

추첨방취(H-2-5)
12.4%

변경방취(H-2-6)
5.7%

만기방취(H-2-7)
80.7%

〈그림 3〉 외국인근로자 국적별 현황

출처: 출입국 외국인정책본부 통계월보 2022년 6월호 p30 인용

1.5. 북한이탈주민

북한이탈주민에 대해 초기에는 월남귀순자라는 용어가 사용되었다. 이 호칭은 1962년 4월 제정된 「국가유공자 및 월남귀순자 특별지원법」에서 유래한다. 여기서 귀순이란 표현은 반항과 반역의 자세에서 스스로 따르거나 복종한다는 의미로 당시 남북 간의 대치상황을 반영한다. 1993년 6월 제정된 「귀순북한동포보호법」으로 인해 귀순북한동포라는 호칭이 사용되었다가 1990년 이후 북한이탈주민의 숫자가 많아지자 탈북자라는 용어가 사용되었다. 그런데 탈북자라는 용어는 북한을 이탈하여 북으로 돌아가기를 희망하지 않는 모든 경우를 포함하는 포괄적인 의미로 남한에 정착해 있는 북한이탈주민을 지칭하기에는 적절하지 않았다(박은주, 2007). 이런 이유로 1997년 1월에 제정된 「북한이탈주민 보호 및 정착지원에 관한 법률」

에서 탈북자 대신 북한이탈주민이라는 용어가 널리 사용되다가 특히 남한 내 거주하는 북한이탈주민에 대해서는 2005년부터 새터민이란 호칭으로 공식 사용하였다. 새터민은 북한이탈주민이라는 용어에 거부감을 갖는 사람들이 많아 여론조사를 통해 통일부에서 2005년부터 새롭게 바꾼 용어이다. 그러나 현재 법률 행정적 측면의 공식적 표현은 북한이탈주민이다.

이 밖에도 해외에 체류하고 있는 경우에는 탈북난민, 북한난민, 북한식량난민 등으로 지칭된다. 난민이란 용어는 특정한 이유로 인한 박해에 대한 두려움 때문에 자국으로 돌아가지 못하고 외국에 거주하고 있는 자를 의미하는 것으로 북한이탈주민에 대한 국제사회의 관심과 지원에 대한 의도를 담고 있다. 또한 북한이탈주민은 탈북청소년과 제3국 출신의 북한이탈주민 자녀 등도 포함된다.

〈표 16〉 북한이탈주민 입국현황

(단위 : 명)

구분	~'98	~'01	'02	'03	'04	'05	'06	'07
남(명)	831	510	510	474	626	424	515	573
여(명)	116	632	632	811	1,272	960	1,513	1,981
합계(명)	947	1,043	1,142	1,285	1,898	1,384	2,028	2,554
여성비율	12.2%	45.8%	55.3%	63.1%	67.0%	69.4%	74.6%	77.6%

'08	'09	'10	'11	'12	'13	'14	'15
608	662	591	795	404	369	305	251
2,195	2,252	1,811	1,911	1,098	1,145	1,092	1,024
2,803	2,914	2,402	2,706	1,502	1,514	1,397	1,275
78.3%	77.3%	75.4%	70.6%	73.1%	75.6%	78.2%	80.3%

'16	'17	'18	'19	'20	'21	'22.6월 (잠정)	합계
302	188	168	202	72	40	3	9,478
1,116	939	969	845	157	23	16	24,356
1,418	1,127	1,137	1,047	229	63	19	33,834
78.7%	83.3%	85.2%	80.7%	68.6%	36.5%	84.2%	72.0%

출처: 통일부 북한이탈주민정책(2022.6월 기준)
https://www.unikorea.go.kr/unikorea/business/statistics/

〈표 17〉 북한이탈주민 지역별 거주 현황

(단위 : 명)

지역	서울	경기	인천	부산	경북	경남	대구	충북	충남 · 세종
남	2,100	2,779	780	236	227	236	134	278	365
여	4,596	8,091	2,122	684	905	831	506	1,111	1,422
합계	6,696	10,870	2,902	920	1,132	1,067	640	1,389	1,787
지역	광주	강원	대전	전남	전북	울산	제주	계	
남	123	215	128	146	110	117	76	8,050	
여	424	688	465	509	435	355	269	23,413	
합계	547	903	593	655	545	472	345	31,463	

출처: 통일부 북한이탈주민정책(2022.6월 기준)

1.6. 난민

오늘날 난민이란 용어는 언어적 의미에 있어서는 매우 폭넓은 개념으로 이해되고 있다. 그것은 때로는 자신의 일상적인 거주 장소를 본의 아니게 떠난 모든 사람들을 의미하는 것으로도 사용되기도 한다. 박해, 정치적 폭력, 사회 내부적 혼란, 생태적 재해 혹은 빈곤 등과 같은 동기를 불문하고 난민이라는 용어가 사용되는 것이 보통이다.

그러나 법리적 의미에 있어서 난민의 개념은 위와 같은 일반적인 언어적 의미와는 다른 개념으로 사용되고 있다. 난민협약 제1조 A항 2호 및 국제연합 난민고등판무관(UNHCR)[10]규정 제6조 A항 2

호에 의하면 난민의 개념을 매우 좁게 정의하고 있다. 즉, '인종, 종교, 국적, 특정사회 집단이 구성원 신분 또는 정치적 의견을 이유로 박해를 받을 우려가 있다는 충분한 이유가 있는 공포로 인하여 혹은 개인적인 사정 이외의 이유로 인하여 국적국의 보호를 받는 것을 원하지 아니하는 자, 또는 종전의 상주국 밖에 있는 무국적자로서, 상주국으로 돌아갈 수 없거나, 또는 그러한 공포로 인하여 혹은 개인적인 사정 이외의 이유로 인하여 상주국으로 돌아가는 것을 원하지 않는 사람'을 의미한다. 이러한 난민의 정의는 '개인적인 박해', '정치적 난민', '개별적 난민'이라는 점에 그 초점을 두고 있다.

위와 같은 좁은 의미의 난민 개념은 기본적으로 제2차 세계대전 이후의 유럽난민에 대한 국제적 관심을 반영한 것이었다. 그러나 이러한 난민 개념은 최근 아프리카와 아시아 등의 세계 각 지역에서 발생하고 있는 대량난민사태를 처리함에 있어서 매우 부적절한 것으로 지적되어 왔다. 이러한 대량난민의 경우에는 개별적인 난민인정절차가 불가능할 뿐만 아니라, 그 탈출동기도 내전, 정치적 폭력, 경제적 혹은 환경적 재해, 극도의 빈곤에 이르기까지 매우 다양하고 복잡하기 때문이다. 또한 그들의 대부분은 개인적 박해로 인하여 조국을 떠난 사람이라고 볼 수 없으므로 전통적 의미의 난민에 속하지 않는다. 그렇다고 하여 그들을 난민보호의 대상에서 제외하고 그대로 방치하고만 있을 수는 없다.

이와 같은 상황에서, UNHCR은 그의 관행을 통하여 난민의 개념을 결코 난민협약과 의정서 등의 개별적, 특수한 조약법상의 해석에 한정시키지 않고 보다 폭넓은 개념으로 수용하여 왔다. 오늘날 일반

---

10) UNHCR: United Nations High Commissioner for Refugees.

적으로 난민은 탈출동기를 고려하여 대체로 정치적 난민, 경제적 난민, 전쟁 난민, 인도적 난민의 네 가지 유형으로 나누기도 한다.

한국의 난민법 제2조 제1호에서 "난민이란 인종, 종교, 국적, 특정 사회집단의 구성원인 신분 또는 정치적 견해를 이유로 박해를 받을 수 있다고 인정할 충분한 근거가 있는 공포로 인하여 국적국의 보호를 받을 수 없거나 보호받기를 원하지 아니하는 외국인 또는 그러한 공포로 인하여 대한민국에 입국하기 전에 거주한 국가(이하 '상주국'이라 한다)로 돌아갈 수 없거나 돌아가기를 원하지 아니하는 무국적자인 외국인을 말한다."라고 난민협약의 정의를 따라 규정되어 있다.

한편 북한이탈주민들의 경우에는 북한에서 주로 식량난으로 인한 경제적 이유를 계기로 중국으로 이주하는 경우가 많아 난민으로 규정될 수 없다는 주장도 제기되고 있으나, UNHCR은 난민협약을 보다 넓게 해석하여 이들에게도 협약난민으로 규정하고 있는 실정이며, 협약난민으로 규정하기 어렵다하더라도, 사실상 난민 또는 위임 난민, 궤도 난민, 경제적 난민으로 규정할 수 있다고 보고 있다(임태근, 2000; 조용완, 2006에서 재인용). 또한 현재 러시아와 동남아 지역 및 몽골에서는 부분적으로 탈북자를 난민으로 인정하여 우호적인 입장을 취하고 있으나, 중국은 외교적인 이유로 난민 인정이 불가하여, 북한과 중국 사이에 체결된 '중국·북한 범죄인 상호인도협정(일명 밀입국자 송환협정)'에 따라 북한으로 강제송환하고 있는 실정이다(윤인진, 2000).

(단위 : 건)

구분 연도	1차					이의신청[11]			
	신청	심사종결				신청	심사종결		
		소계	심사 결정	직권 종료	자진 철회		소계	심사 결정	자진 철회
총 계	76,280	69,333	48,128	14,268	6,937	35,949	31,969	30,670	1,299
'94 ~'14년	9,539	7,416	5,887	906	623	4,310	3,356	3,232	124
2015년	5,711	4,522	4,244	175	103	3,257	2,067	1,994	73
2016년	7,541	7,061	6,326	572	163	5,277	4,356	4,276	80
2017년	9,942	6,416	5,219	1,017	180	3,723	4,463	4,415	48
2018년	16,173	6,601	4,296	1,735	570	3,111	2,691	2,584	107
2019년	15,452	10,014	5,876	2,620	1,518	4,067	3,558	3,432	126
2020년	6,684	14,032	8,103	4,013	1,916	5,955	4,093	3,792	301
2021년	2,341	9,676	5,982	2,168	1,526	4,718	5,307	4,995	312
2022년 1~6월	2,897	3,595	2,195	1,062	338	1,531	2,078	1,950	128

출처: 출입국 외국인정책본부 통계월보 2022년 6월호 p39 인용

　이러한 난민은 정치적, 경제적, 종교적, 인종적 등 다양한 이유로 발생하는데, 글로벌화가 가중되고 있는 최근 들어 꾸준히 증가하고 있는 추세이다. 이러한 난민 개념은 체약국이 마음대로 제한할 수 없고, 이를 그대로 국내법화하거나 구체화, 또는 완화하는 국내법을 제정하는 것만 가능하다(난민협약 제42조 체약국의 유보금지).[12]

---

11) 재심사결정 전 4건을 통계 반영 시 신청(2018년 △2, 2019년 △1, 2020년 △1) 소계·심사결정(2019년 △2, 2021년 △2)으로 변동
12) 진창수 외, 난민재판의 이해, 서울행정법원, 2013, p.7.

<표 19> 연도별 심사결과 현황

(단위 : 건)

구분 연도	심사완료[13]	난민인정(보호)					불인정[14]
		소 계	인 정	인도적체류	인정률	보호율	
총 계	44,148	3,695	1,230	2,465	2.8%	8.4%	40,453
1994~2014년	4,743	1,185	475	710	10.0%	25.0%	3,558
2015년	2,755	303	105	198	3.8%	11.0%	2,452
2016년	5,665	350	98	252	1.7%	6.2%	5,315
2017년	5,874	437	121	316	2.1%	7.4%	5,437
2018년	3,954	651	144	507	3.6%	16.5%	3,303
2019년	5,065	309	79	230	1.6%	6.1%	4,756
2020년	6,242	223	69	154	1.1%	3.6%	6,019
2021년	6,856	124	72	52	1.1%	1.8%	6,732
2022년 1~6월	2,994	113	67	46	2.2%	3.8%	2,881

출처: 출입국 외국인정책본부 통계월보 2022년 6월호 p39 인용

---

13) 조회시점 기준 최종값(심사 완료 후 이의신청 미제기자, 이의신청 심의 완료자)으로 이의신청 제기 여부에 따라 변동 가능

14) 1차 심사결정 후 통지를 받은 날로부터 30일 이내 이의신청, 소송 변경 등으로 결정값 변동 가능

(단위 : 건)

1994년~2018년		2019년		2020년		2021년		2022년 1~6월	
총 계	48,906	총 계	15,452	총 계	6,684	총 계	2,341	총 계	2,897
파키스탄	5,389	러시아	2,830	러시아	1,064	중국	301	카자흐스탄	640
중국	4,840	카자흐스탄	2,236	이집트	718	방글라데시	233	미얀마	266
카자흐스탄	4,306	중국	2,000	카자흐스탄	603	나이지리아	164	중 국	201
이집트	4,114	말레이시아	1,438	말레이시아	452	인도	148	이집트	160
러시아	2,984	인도	959	방글라데시	435	파키스탄	131	우즈베키스탄	159
인도	2,398	파키스탄	790	인도	420	이집트	117	방글라데시	128
나이지리아	2,221	방글라데시	491	중국	311	네팔	108	러시아	123
방글라데시	2,063	베트남	381	파키스탄	303	필리핀	105	나이지리아	107
말레이시아	1,693	모로코	365	네팔	260	미얀마	73	파키스탄	100
네팔	1,389	튀르키예	320	모로코	173	우즈베키스탄	64	키르기즈	89
기타	17,509	기타	3,642	기타	1,945	기타	897	기타	924

출처: 출입국 외국인정책본부 통계월보 2022년 6월호 p39 인용

1994년 이후 2022년 6월 기준 6월 말까지 난민신청자는 76,280명이며, 심사결정 완료자는 44,148명이다. 이 중 1,230명이 난민인정을 받았고, 2,465명이 인도적 체류허가를 받아 총 3,695명이 난민인정(보호)을 받고 있다. 난민 신청사유는 종교(17,849명)적 사유가 여전히 높은 분포를 차지하고 있으며, 그 다음으로는 정치적 의견(14,141명), 특정 사회집단 구성원(7,576명), 인종(4,038명), 국적(396명), 기

타(32,280명)가 차지한다(법무부 출입국 외국인정책본부 통계월보 2022년 6월호 p5 인용).

재정착 희망난민제는 해외에 있는 난민 중에서 한국에서 정착을 희망하는 사람을 유엔난민기구의 추천을 받아 수용하는 제도이다. 유엔난민기구가 주장하는 난민 문제의 영구적 해결 방안 중 하나인 난민 재정착은 유엔난민기구에 의하면 '본국으로 돌아갈 수 없고 비호를 요청한 국가에서 거주가 어려운 난민을 받아들이고 영구적인 정착을 제공하는 데 동의한 제3국으로 이동하는 것'을 말한다.15)

한국에서는 2013년 시행된 '난민법'에 근거하여 적용되며, 해당 사항의 구체적인 조건은 대통령령으로 정해지게 된다. 이에 따라 법무부는 2015년부터 향후 3년간 재정착 희망난민제를 시범 시행한다고 밝힌 바 있다. 2015년 12월 23일 재정착 희망난민제를 통해 태국 메솟(Mae Sot)에 있는 난민캠프에서 미얀마 난민 22명이 입국하였다. 한국에 들어온 난민들은 당분간 출입국외국인지원센터에서 생활하며 한국어와 취업 교육 등을 받았다. 이 입국으로 한국은 재정착 난민제도를 시행한 29번째 국가가 되었다. 아시아에서는 일본 다음으로 두 번째에 해당된다.16)

---

15) 다음백과, https://100.daum.net/encyclopedia/view
16) 다음백과, https://100.daum.net/encyclopedia/view

제3장

한국사회의 다문화 역사 이해

1. 1860년에서 1945년 이전 한국의 디아스포라 역사

현재 중국 조선족의 대부분은 1860년 이후 이주한 조선인의 후예로 구성되어 있다. 조선인이 자의로 이주하기 시작한 시기는 1905년 일본과 대한제국이 체결한 '을사늑약'부터이다. 이 조약으로 조선은 외교권을 상실하였으며, 이 당시 의병 및 애국지사들을 비롯한 많은 조선인이 자의로 중국으로 이주하였다. 1860년~1945년의 조선인 이민사를 살펴보면 당시 청이나 중국정부가 수시로 조선인의 이주를 제한하였다. 이에 임계순(2003)은 중국 조선족의 이민사를 세 가지 이민 시기로 다음과 같이 구분하였다. 첫째, 1860년~1904년을 청정부의 묵인 하에 조선인이 두만강과 압록강을 넘어 잠입한 시기로 구분하였고, 둘째, 1905년~1930년을 자유이민 시기로 보았다. 그리고 셋째, 1931년~1945년을 강제집단이민 시기로 구분하였다.

1.1. 중국 월경[17] 잠입 시기: 1860년~1904년

1) 중국의 봉금[18]해제

중국은 흑룡강 이북의 영토 및 연해주가 러시아로 넘어가자 변경의 방어를 강화하고 이에 지출되는 군사비를 마련하기 위하여 1860년부터 요서·요동[19] 및 길림 지역을 개방하고 중국인의 이주를 장려하기 시작하였다. 그리고 1875년 오늘날의 길림성 동남부 지역에, 1882년에는 두만강 이북 지역에 대한 봉금을 해제하였다. 이러한 봉금해제는 중국인에 대한 봉금해제로 조선인에 대한 봉금해제가 아니었으며, 이미 이주한 조선인들이 척박한 땅을 개간한 것은 묵인하였다.

2) 조선의 자연재해와 민란

1861~1870년까지의 시기에 조선에서는 몇 차례의 홍수와 가뭄, 병충해 등의 자연재해가 발생하여 농민의 생활이 극도로 악화되었다. 이에 따라 전국 37개 고을에서 수만 명의 농민이 1862년에 경상도 진주에서 봉기하였다. 1868년에는 함경도 및 경상도에서 농민봉기가 일어났으며, 1869년에는 전라도 농민봉기, 1870년에는 경상도 진주 등 조선 각지에서 민란이 잇달아 발생하였다. 민란에 가담한 계층은 수만 명의 농민뿐만 아니라 부농층·향임층(鄕任層)·상공

---

17) 월경(越境, a border violation)은 국경이나 경계선을 넘는다는 뜻이다(한국어사전).
18) 봉금(封禁, banned)의 뜻은 중국 청(淸)왕조가 발흥지인 만주를 보호하기 위하여 한인(漢人)들의 만주 이주를 금지한 법령과 정책을 말함(위키실록사전).
19) 요서·요동은 요하(遼河 또는 遼水) 지역의 서쪽(요서)과 동쪽(요동)을 의미한다.

인층·지식층 등으로 다양하였다. 이러한 잦은 민란으로 조선사회가 불안하자 조선인이 새로운 정착지를 찾아 중국 동북지역으로 이주하게 되었다. 또한 정치·사회의 불안으로 점서와 예언서나 위서(僞書) 등이 성행하였다. 한 예로 인종은 장백산과 태백산에서만 보존되고 압록강 건너 중국의 봉금지역에는 별세계가 있고 거기에 거주하는 영웅호걸이 사람을 모으고 있다고 하였다. 이러한 위서에 현혹되어 국가의 세역(稅役)과 가난으로부터 벗어나려는 농민은 물론, 진사(進仕)·선달(先達)·풍헌(風憲)·훈장(訓長) 등의 향족까지도 별천지를 찾아 집단으로 이주하였다. 1869년과 1870년에는 함북·평북지방에 대기근이 발생하여 전답은 거의 폐허가 되고 사람들이 비참하게 죽어나가도 아무런 대책도 강구하지 못하였다. 주민들은 나라의 법을 어겨 처형당하더라도 앉아서 굶어죽지는 않겠다는 다짐 하에 두만강과 압록강을 건넜다. 이들은 정치적·사회적 지위향상을 도모하기 위해서가 아니라 의식주를 해결하기 위하여 무인지대를 찾아 가족과 함께 이주하였다. 1869년에 이미 압록강과 두만강 건너편의 중국 경내에 거주한 조선 개간민이 10만여 명에 달하였고 이들이 개간한 땅은 3만 5,000여ha나 되었다. 청 조정의 봉금정책이 조선인의 잠입을 저지할 수 없게 되자 지방 관리들도 속수무책으로 조선인의 이주를 묵인할 수밖에 없어 사실상 봉금정책은 유명무실하게 되었다.

1.2. 중국 자발적 이민 시기: 1905년~1931년

1) 경제적 이주 및 정치적 이주

1920년대에 실시된 조사에 따르면, 중국 동북지역으로 이주한 조선인의 약 94%가 경제적 이유 때문에 고국을 떠났다고 조사되었다. 이 밖에 정치적인 이유로 일본 정부기관에 징용되었거나 중국의 공업기업에 고용된 사람들과 일본의 가혹한 식민지배를 피해 중국 동북지역에서 고조되고 있던 항일투쟁에 참가하기 위하여 이주한 사람도 있었다. 그러나 1930년대에 한정된 장소에서 실시되었으므로 조선인이 중국 동북지역으로 이주한 동기를 정확히 분석했다고 볼 수는 없다. 더구나 정치적 이유로 이주한 조선인은 그들의 신분을 숨기고 여기저기 이동했기 때문에, 실제 그들의 수는 이 숫자보다 훨씬 많았을 것이다.

또한 1905년 '을사늑약'과 1910년 '한일병합조약(경술국치)'으로 일본이 조선을 식민지화했기 때문에 많은 의병과 독립운동가들이 국권회복을 위한 독립운동 기지를 구축하기 위하여 가족을 데리고 중국 동북지역으로 이주하였다. 이로 인해 이 시기 이주한 조선인은 주로 농민이 다수를 차지하였지만, 반일 애국지사와 진보적인 지식인도 많이 있었음을 짐작할 수 있다. 이에 임계순(2009)은 중국 동북지역이 중국 관내의 상해·북경·천진·광주와 다르게 독립운동가들의 기지가 될 수 있었던 것은 다음과 같은 여건을 갖추고 있었기 때문이었다고 주장하였다.

첫째는 지리적 조건으로 압록강과 두만강을 경계로 한반도와 인접하였으므로 이주하기 쉬웠을 뿐만 아니라, 백두산을 중심으로 한 장백산맥이 산악과 밀림이 겹쳐있어 일본 군경에 대항하여 독립투쟁을 벌이기에 전략적으로 유리하였다. 둘째는 사회적 조건으로 많은 조선인이 이미 이주하여 동포사회를 이루고 있었으므로 독립운동가들이 독립군을 조직하는데 필요한 병력모집과 양성, 무기제조와 구입, 그리고 보급품 공급이 쉬웠다. 셋째는 일본세력이 아직 이 지역에 침투되지 않았을 뿐만 아니라 정부의 행정력이 철저하지 못했으므로 비교적 자유롭게 독립운동을 할 수 있었다. 또한 일본이 이 지역을 무력으로 침략할 경우, 국제사회의 주목을 집중시킬 가능성이 있으며, 이를 계기로 국권회복을 도모할 수 있을 것이라 보았다. 마지막은 정신적인 이유로, 중국의 동북지역은 조선인에게는 타국이라 기보다는 선조들의 활동무대로서 역사적으로 연원이 깊어 모국과 같이 포근하게 느껴졌기 때문이었다고 하였다.

1.3. 강제 집단 이민 시기: 1931년~1945년

이 시기에 중국에 이주해 온 조선인 가운데는 자발적으로 이주한 사람도 많았다. 그러나 자발적 이주보다는 일본 제국주의의 침략정책에 의하여 계획적이고 조직적으로 이주된 조선인이 훨씬 많았다. 이들 조선인 대부분은 중국 동북지역 개발을 위한 일제의 이민정책에 속아서 이주했거나 혹은 강제로 이주된 경우였다. 일본군은 1931년에 중국 심양을 점령하고 이어 요녕성과 길림성의 주요 도시를 점령하였으며, 11월에는 흑룡강성까지 3개월 만에 중국 동북지역 대부분을 점령하였다. 이에 따라 중국 동북지역은 일본의 식민지로 전

〈그림 4〉 간도로 쫓겨가는 이민

락하였으며, 1931년 만주사변 후 일제는 중국 동북지역의 식민통치를 확고히 하기 위해 이 지역에 거주하던 조선인을 관할하고 동시에 한반도로부터 조선인을 집단 이주시키는 사업을 추진하였다. 새로 정착하는 조선인에게 조선총독부는 주민증의 발급 및 집단부락에 거주하도록 하고 통제하기 시작하였다. 이러한 일제의 적극적인 강제이주 정책에 의하여 1931년에 63만여 명이던 조선인의 수가 1936년에는 85만 4,000여 명으로 증가하였다.

1.4. 인천 제물포항에서 하와이로 출발 그리고 재외교포

1898년 여름이 되자 하와이가 미국에 합병되었다. 이는 곧 미국의 법이 하와이에서도 적용된다는 이야기였다. 하와이의 사탕수수 농장주들은 마음이 다급해졌다. 당시 미국법은 계약제 노동에 대해 금지하고 있었는데 이는 계약제 노동이 노예제와 별반 다를 것이 없다고 보았기 때문이다. 이로 인해 그동안 중국인과 일본인들을 유입시키며 최소 3년간의 안정적인 노동력 확보를 해왔던 농장주들의 운영방식이 불법화가 된 것이다. 당시 농장주들에게 불리하게 된 법령들 중 몇 가지를 적으면 아래와 같다.

① 3년 노동계약 기간만료 이전에 사탕수수 경작지를 떠날 때의 벌칙이 포함된 노동계약의 계속은 불법이다.
② 현재 적용되고 있는 노동계약은 무효이다.
③ 외국 이민자에게 여비를 사전에 지급하거나 돕는 일은 불법이다.
④ 이전에 불법으로 규정되었던 파업은 합법적이다.
⑤ 하와이에 거주하는 노동 이민자들은 미 본토로 이주하는 자유를 소유한다(유동식, 2006).

1898년, 미국에 합병은 되었지만 아직 하와이에 위와 같은 법령이 시행되지는 않고 있었다. 하와이의 농장주들은 곧 위의 법령이 시행될 것을 대비하여 서둘러 계약제 노동력을 확보하려고 하였다. 이에 따라 두 번째로 한국인 노동자들의 이민을 고려하게 되었다.

1898년 9월, 농장주들에게 한국인 700명 이상을 공급하겠다고 만주의 한 이민소개인이 나섰다. 그가 한국인 이민에 필요한 조건으로 내세운 것은 한 달 임금 12달러 50센트와 50달러의 여비였다(Wayne Patterson, 2002). 이런 제안에 두 명 정도의 농장주들이 관심을 보였지만 결국 실패로 끝났다. 이민소개인이 자신이 처음 약속한 인원을 구하지도 못하였고, 하와이 내에서도 아직은 시기상조라는 의견이 많았기 때문이다. 농장주들이 이렇게 우왕좌왕하고 있는 가운데 계속해서 일본인 노동자들이 하와이로 유입되었고, 특히 1898년~1899년에는 평년 보다 몇 배나 많은 4만 명의 일본인들이 하와이로 들어왔다. 농장주들로서는 1900년에 하와이의 기본법이 통과될 것에 대비하기 위함이었고, 저임금을 유지하기 위함이기도 하였다.

이렇듯 하와이 농장주들은 일본인을 계속적으로 유입시키면서도 한편으론 이들을 견제할 다른 대안을 찾기에 노력을 다하였다. 농장주들의 고민에는 아랑곳 하지 않고 일본인들은 계속해서 파업과 농장이탈, 본토로의 이주를 감행하였다. 특히 1900년도 하반기에는 약 7천여 명의 일본인 노동자들이 23회의 파업을 일으켰고, 1898년에는 농장의 이탈률이 16%로 증가했으며, 대우가 좋지 못한 농장은 노동자 유치가 어려웠다. 더구나 미국 본토에서 이뤄지는 철도공사는 일본인들에게 매력적인 노동장소였다. 하와이에서는 일당이 70센트였던데 반해 본토의 철도공사는 일당 1.50달러를 주었다. 이에 따라 1902년에는 약 1천 명가량의 일본인들이 서부해안으로 떠났다. 그리고 이런 이동은 계속 증가하여 1904년 6천 명, 1905년에는 1만 명 이상이 본토로 떠났다(Wayne Patterson, 2002). 또한 하와이에 남아있는 일본인들은 계속해서 도시로 나오길 원했고, 이는 하와이 중산층 백인상인들을 위협하는 것이었다. 결국 농장주들은 하와이 백인들로부터 압력을 받게 되었고, 더 나아가 계속 증가하는 일본인들에 대한 우려를 표명하는 워싱턴으로부터도 압력을 받게 되었다. 더 이상 농장주들은 이 사태를 관망할 수 없었으며 수 년 전 그들이 계획했던 일들을 실현할 때가 왔음을 깨닫게 되었다. 그것은 바로 한국인 노동자들을 받아들이는 것이었다. 사실 하와이 농장주들은 잘 알려지지 않은 한국인 노동자들보다 한 번 겪어 본 중국인 노동자들에게 더 신뢰가 갔다. 이미 중국인 노동자들은 하와이에서 오래 전부터 자리를 잡았고, 곧 일본인 노동자들을 견제할 정도의 세력이 될 것이라는 것을 알고 있었기 때문이다. 이에 따라 하와이 농장주들은 중국인 이민금지법의 변경을 연방정부 관리에게 요청하였다. 이러한 문제를 해결하기 위해 1901년 여름, 하와이 공화국의 전 외무장관이자 당시 하와이주의 국무장관이었던 쿠퍼(Henry E. Cooper)가 워싱턴을 방문하였다. 그러나 워싱턴에서의 대답은 부정적이었다. 하지만 쿠퍼는 포기하지 않고 한 발 물러서 한국인들에 대한 법도 중국인들과 동일한 것인가를 물었고, 이번에는 한국인들은 중국인 이민금지법과 관계가 없다는 답을 얻었다. 이에 농장주들은 한국인 노동력을 영입하는 것으로 결정을 했고 이를 위한 계획을 세웠다. 그러나 새롭게 이들 앞에 놓인 문제는 3년간의 노동계약제가 불법이 되었다는 사실이었다. 이것은 농장주들에게 안정적인 노동력의 확보가 힘들다는 것을 뜻한다. 다시 말하면 한국인들을 하와이까지 데려오는 것에는 성공할지는 모르지만 하와이에서 그들이 일본인들처럼 농장을 떠나 다른 직업을 갖게 되는 것을 막을 방도가 없다는 것을 의미하였다. 그러나 무엇보다도 큰 문제는 한국인들에 대한 정보가 부족하다는 것이었다. 그들은 먼저 한국에 있는 미국인 사업가인 타운센드(Walter D. Townsend)에게 많은 질문이 적힌 편지를 보냈고 타운센드의 답장은 하와이 농장주들의 마음을 흡족하게 하였다. 이에 따라 농장주들은 서둘러 한국으로 보낼 유능한 사람을 뽑아야 하였다.

이런 상황 하에 1902년 2월, 주한 미국공사로 승진하게 된 알렌[20]이 샌프란시스코에서 '하와이 사탕수수 경작자협회'의 이사 어윈(William C. Irwin)을 만나 이들이 한국인 노동자들을 필요로 한다는 계획을 듣고 대한제국정부와의 중개를 약속함으로 일대 전환을 맞이하게 된다(이만열, 2002). 이에 따라 한인이민은 하와이 내에서의 복잡한 이권구조 속에서 나오게 되었다고 볼 수 있다.

〈그림 5〉 하와이 교포 환영대회(1954)

---

20) 알렌(Horace Newton Allen) : 1858년 4월 23일 ~ 1932년 12월 11일)은 미국의 조선 주재 외교관, 선교사로, 한국어 이름은 안련(安連)이다. 저서로는 한국이야기(Korean Tales, Horace Newton Allen, 1889)가 있다(위키백과).

1.5. 일본으로의 강제 이주와 자율 이주 및 올드커머

1) 올드커머의 형성 배경

한국인들이 일본으로 대규모 이주를 시작한 때는 1910년 '한일합방' 이후부터이며, 일본에 의한 정치·경제적인 지배가 본격적으로 시작된 시기이다. 한일합방 이전에 일본으로 도항하거나 연행되어 간 역사는 여러 연구를 통해 살펴볼 수 있지만 현재 재일한인 형성의 근간은 이 시점을 기준으로 살펴보는 것이 바람직하다(김병묵, 1987; 김상현, 1988; 조현미, 1998; 하우봉·홍성덕 역, 2000).

일본은 을사늑약을 체결한 1905년부터 한국을 경제적으로 예속화시키기 위하여 토지조사사업을 실시하였다. 이 과정에서 농민들은 저임금 노동자로 전락하게 되면서 조국을 버리고 일본, 만주, 시베리아 등지로 건너가게 되었다. 1910년 한일합방으로 인해 1899년 7월에 제정한 칙령 352호 제1조 일본 국내에서의 거주제한 및 업무금지의 칙령이 한국인에게는 더 이상 적용되지 않게 되었으며, 이로 인해 일본 내에서의 이주가 자유로워졌다(김상현, 1988).

한편 대일(對日) 수출량의 증가로 인해 한국의 농촌환경은 더욱 열악해졌고, 굶주리는 이들이 늘어났다. 이러한 일본의 수탈은 한국인들의 일본으로의 이주를 초래하였다. 그러나 이들의 대부분은 자금을 마련하면 다시 한국으로 귀국을 원하는 임금노동자들이었다(전기호, 2003).

1929년 세계대공황과 농업공황의 여파로 쌀 가격이 폭락하면서 농가경제 및 지주경제는 심각한 타격을 입게 되었고, 결국 1934년

쌀 생산증식계획은 중단되었다. 이 시기에 국내에서는 1931년 만주 사변 발발을 시작으로 하여 일본은 중국대륙침략을 위한 병참기지화 정책을 수립하고, 북부지방에 중화학공업 건설이 진행되었다. 한편, 쌀 생산증식계획의 실패로 한국농촌의 기아현상은 절정에 달하였고, 농민들은 만주, 북간도 혹은 일본으로 밀항하였다(김상현, 1988). 일본도항의 원인으로는 다음의 두 가지를 들 수 있다. 첫째, 한국 내에 약간의 공업시설이 생겨났으나 방대한 실업인구를 흡수하기에는 역부족이었다. 둘째, 한국 내의 극심한 저임금정책으로 인하여 일본의 고임금지대로 이동하게 되었다. 이를 통해 1991년 일본에서 발간된 해외노동백서(海外勞動白書)에서 지적하였듯이 국제노동력의 이동원인 중 하나가 '각 국가 간의 임금격차'임을 알 수 있다(최윤선, 1999). 실제로 일본 내에 거주하는 재일한인은 1931년의 318,212명에서 1938년에는 799,864명으로 2배 이상 증가하였다. 따라서 이 시기의 재일한인들은 일본으로 가족을 불러들이는 비율이 높아졌으며, 정주화 경향이 더욱 높아졌다고 볼 수 있다(조현미, 1998).

한편 한국인에 대한 일본 본토로의 강제연행 방법에는 '모집' 방식(1939년~1941년), '관(官)알선' 방식(1942년~1943년), '징용' 방식(1944년~1945년)의 세 가지가 있었다. 이러한 세 가지 방법 모두 본인의 의사를 무시한 강제연행이었다(김병묵, 1987). 이 밖에 '여자 근로정신대'라는 명목 하에 일본군인의 성적욕구를 해결하기 위한 목적으로 한국의 젊은 여성들을 강제 연행해 갔다.

그리고 1943년 11월 27일 카이로 선언(미국·영국·소련)과 1945년 7월 26일 포츠담 선언(미국·영국·소련·중국)을 통해 조선의 독립이 확인되었다. 일본이 포츠담 선언을 수용하면서 1945년 8월 15일에 조선은 일본으로부터 해방되었다. 해방을 맞이하게 된 재일한인들은 한국으로의 귀국을 서두르기 시작하였으며, 종전 직후부터 이듬해 3월까지 남한으로 귀국한 사람은 무려 940,483명이고, 1950년까지는 1,040,388명에 이르게 되었다(하우봉·홍성덕 역, 2000). 이 수치에는 자비 귀국자의 수는 집계되지 않았기 때문에 실질적인 귀국자 수는 더 많을 것으로 추정된다. 하지만 한국으로 돌아가지 못한 재일한인들이 일본에 잔류하여 일본 내에 동포사회를 형성하게 되었다. 이 시기에 약 60만 명 정도의 재일한인들이 잔류하였다.

〈그림 6〉 일본 가와사키 지부에서 열린 해방 1주년 기념식
출처: 국가기록원

1.6. 사할린으로 강제 이주와 고려인

1) 고려인의 강제이주 역사적 전개

1910년 이래 일본의 식민지 지배에 놓여진 조선에서는 토지조사 사업이라는 명목 하에 농촌의 토지재편성이 강행됐는데, 이 과정에서 대량의 농민이 토지를 잃으면서 빈곤가정이 되었으며, 이들은 경제적인 곤란을 이유로 일부는 대도시로, 일본으로, 사할린 등지로 살길을 찾아서 이주하였다. 1927년 당국은 한인들이 토지를 임대받아 개발하는 곳에도 참여하여 탄광이나 임업, 그리고 요식업, 농업 등으로 이주하게 되었다. 이를 보면 대체로 한인들이 1925년부터 증가하기 시작하여 1940년대에 급증하는 것을 볼 수 있고, 남·여 성비를 보면 남자가 여자의 2.5배 정도로 높았다. 1939년 이전, 사할린에서는 원칙적으로 이주를 자유모집으로 하였다고 한다(최길성, 2003).

특히 제2차 대전 중에는 군입대한 일본인 성년남자의 노동력 부족을 보충하기 위해 한인노무자의 '모집', '연행', '징용'을 자행하였다. 이처럼 사할린 한인의 대부분은 일제가 전쟁 수행상 필요하여 노무동원 했던 사람들과 그 가족들이다. 즉 러시아령 사할린 주에 거주하고 있는 우리 동포들의 대부분은 식민지시대 조선으로부터 직접 사할린으로 모집 및 노무동원 되었거나, 1차적으로 일본에 동원되었다가 다시 사할린으로 이주한 사람들인 것이다.

사할린 한인의 90% 정도가 남한지역 출신이며, 그중 경상도 출신이 거의 70% 이상을 차지하였다. 이들은 사할린의 탄광이나 비행장

건설, 또는 철도부설 등의 강제노역에 혹사당하였다. 또한 일제가 패망하였을 때 당연히 조국으로 귀환했어야 함에도 불구하고 끝내 조국으로 귀환하지 못하였다. 이와 같이 귀환하지 못하고 사할린에 억류되었던 한인들은 약 4만 3천여 명에 이르렀다. 일본정부는 종전 후 이들을 그대로 사할린에 유기한 채 자국민만을 귀환시켰고 사할린의 한인들을 전후 처리과정에서 완전히 배제된 채 소련의 강제억류 정책에 의해 끝내는 조국으로 귀환하지 못하였다. 이들의 언어가 세 번이나 바뀐 것처럼 끌려온 한인에서 버려진 한인으로, 그리고 잊혀진 한인으로 엄청난 고통과 좌절 속에서 억척스럽게 살아온 역사적 비극의 주인공들이라고 볼 수 있다.

2) 고려인 정의

세계 곳곳에 다양하게 분포하고 있는 재외동포 중에서 중앙아시아와 러시아 일대에서 자신의 의지와 상관없이 정치적인 목적에 의해 강제 이주한 고려인들은 스스로를 고려사람이라고 부른다. 혈연적으로 한인이라고 느끼고 있지만 문화적으로는 오히려 한인보다는 러시아인에 가깝다고 느끼고 있다고 한다. 고려인들은 19세기 후반 나라가 어수선한 시점에 조선인들이 국경을 넘어서 연해주로 이주하여 옛 고려 땅이었던 연해주에 그 의미를 부여하여 자신들을 스스로 고려사람 이라고 불렀던 것에서 유래를 알 수 있다.

고려인 1세대들은 한국적인 요소들을 어느 정도 많이 가지고 있었으나 2-4세대들은 한국적인 요소가 거의 없다고 할 수 있다. 그럼에도 불구하고 적어도 2-3세대는 모국어에 대한 그리움과 모국에 대한 관심이 어느 정도 내재되어 있다. 이것은 고려인들이 실질적으로 민족어인 한국어를 구사하지 못하고, 주로 러시아어를 사용하면서도 정신적으로는 여전히 전통적으로 민족어를 모국어로 여기고 있다는 것에서 잘 드러나 있다는 것을 의미한다.

당시 고려인들은 타국에서 다시 강제 이주되고 혹독한 시련과 삶의 기반을 반복적으로 빼앗기는 환경 속에서도 우리 민족 특유의 성실함과 교육열로 새로운 터전을 끊임없이 일구며 살아왔던 환경적·문화적 특성을 갖고 있다. 그리고 한국어와 한국문화를 당시 고려일보나 고려극장과 같은 그들만의 문화적 매개를 통해서 고려인들에게 지속적인 문화교육의 통로역할을 하였다.

3) 고려인의 개념

'고려인'이란 구소련 연방에 거주하던 고려인(кореец)을 가리킨다. 고려인에 대한 정확한 표현은 '고려사람(Корё сарам)' 또는 '고려인(까레예즈 кореец)', '소비에트 고려사람(싸벳스키 까레예즈 советский кореец)' 등이 공식명칭으로 불린다. 간혹 우즈베키스탄을 비롯한 중앙아시아의 고려인들은 자신들을 스스로 '고려사람(Корё сарам)' 또는 '조선사람(Чосон сарам)'이라고도 부른다.

현재 고려인들은 러시아를 비롯하여 우즈베키스탄, 카자흐스탄, 키르기스스탄, 타지키스탄, 우크라이나 등 CIS[21] 지역에 분포하여 거주하고 있는 것으로 조사되고 있다(외교통상부, 2009년 재외동포

---

21) CIS(Commonwealth of Independent States) : 독립국가연합으로 구소련이 해체된 후 1991년 구성 당시 러시아, 우크라이나, 벨라루스, 몰도바, 아르메니아, 아제르바이잔, 카자흐스탄, 투르크메니스탄, 우즈베키스탄, 타지키스탄, 키르기스탄으로 구성되었다.

현황). 이들은 대부분 함경도지방의 변방주민들로서 처음 러시아 땅에 발을 들여놓게 된 시기는 1890년대 구한말이었다(박희수, 2005). 이외에도 1800년대 후반부터 유민의 형태로 시작된 러시아 본토의 고려인들과는 달리 러시아의 사할린에도 고려인들이 정착하여 거주하고 있다. 사할린의 고려인들은 일본의 한반도 강제점령시기 중, 특히 1938년 '국가총동원령', 1939년 '국민징병령', 1940년 '조선직업소개령' 1944년 9월 '징용령'을 통하여 일본정부에 의하여 강제징용되어 사할린에 끌려가 해방 이후 돌아오지 못한 사람들을 가리킨다(김민영, 2000; 국립민속박물관, 2001; 한국정신문화연구원, 2003). 이들은 주로 경상도, 전라도 등 남한지역출신으로 현재 약 4만여 명의 사할린 동포들이 거주하고 있으며, 현재 CIS국가에는 남한 출신의 고려인과 북한 출신의 고려인이 거주하고 있다.

고려인이란 명칭은 과거 역사적으로 한반도 일대를 지배하던 고려와는 관련이 없고, 단지 19세기 말 러시아의 극동지역 연해주로 이주한 한국인들을 부를 때 사용하던 명칭이 오늘날까지 이어져 온 것이라고 할 수 있다. 1904년 연해주 거주 한인들이 '국민회(Кукми нхве)', 라는 명칭으로 러시아연해주 한인국민협회를 창립하였다. 1917년 5월 우수리스크에서 제1차 전 러시아한인대표자 대회에서 전 러시아한민족회를 결성하였던 시기에도 그 명칭을 고려인이라는 의미를 나타내는 'Карей ское(까레이스까예)', 'корей ского(까레이스까보)'라는 단어로 사용한 바 있다. 또한 1918년 4월 한인사회당의 창립명칭에서도 'корей ских(까레이스끼흐)'를 사용하는 것을 볼 수 있다(심헌용, 2005). 따라서 당시 러시아 사회에서는 연해주로 이주한 한인들을 지칭하여 부르기를 '까레예츠' 곧 '고려사람' 또는

'고려인'으로 하였다는 것을 알 수 있다.

한편 한국사회에서는 고려인에 대한 명칭을 사용함에 있어서 간혹 혼란이 있는데, 고려인이란 용어를 사용할 때 '카레이스키'라는 용어를 사용하는 경우가 있다. 이는 1994년 구소련 연방이 해체되면서 한국의 한 드라마를 통해 잘못 알려진 이후 구소련 연방에 거주하던 러시아의 고려인을 부르는 용어로 고정되었기 때문이다. 러시아어에서 'Корей ский(까레이스끼)'란 한국말로 번역하면 '고려인의'라는 형용사로써 명사를 수식하는 단어이기 때문에 고려인을 '카레이스키'라고 부르는 것은 정확한 표현이라고 할 수 없다. 그러므로 러시아어로 고려인을 호칭할 경우에는 '카레이스키'가 아닌 '카레예츠'라고 부르는 것이 정확한 표현이라고 할 수 있다(장준희, 2004).

4) 고려인의 이주와 생활

고려인의 이주는 19세기부터 시작되었으며, 구소련 연방이 해체된 1991년 이후 오늘날까지 이어져오고 있다. 심헌용(2005)은 고려인의 이주과정을 거주국 정치체제의 변화에 따라 연대기적 순서에 따라 구분하고 있다.

〈표 21〉 고려인의 연대기적 이주 과정

제1이주(1860~1917)	제2이주(1917~1990)	제3이주(1990~현재)
제정러시아의 이주시련기	소비에트러시아의 정착정체기	현대러시아의 재이주기
정치·경제적인 이유로 시작된 이주	정치적으로 강제된 이주	CIS국가들의 자국민 우선정책에 따른 재이주

- 라즈돌노예역 : 1937년 9월 9일 고려인 강제 이주 첫 열차 출발지
- 우슈토베역 : 1937년 10월 9일 고려인 첫 하차 및 인근 정착지

〈그림 7〉 고려인의 이주 과정

5) 고려인의 문화와 의식

언어는 한나라의 문화적 배경과 가치관을 포함하고 있다. 그 나라의 문화를 이해하고자 할 때 먼저 배워야하는 것도 언어인 것처럼 그만큼 중요하다. 그런데 고려인들은 1937년 생활터전을 빼앗겼고 1년 후 언어를 빼앗겼으며, 1938년에는 고려인 학교들을 소련 일반학교들로 전환시키면서 러시아어로 교육시킬 것을 결정하였다. 이는 고려인들의 정신마저 빼앗아버린 것이었다. 당시 극동지방에는 고려인 학교 300여 개와 사범학교 2개가 있었고, 블라디보스토크에는 사범대학교가 있었으며, 2-3세대의 고려인들 중에는 제법 한국어를 할 줄 아는 이들이 있었지만 대부분은 서툴렀다. 특히 대다수 젊은이들은 한국어를 배우지 않았는데, 그 이유는 구소련이 동화정책을 펼쳤기 때문이다.

그 뿐만 아니라 소련이 해체되면서 중앙아시아에는 여러 국가로 독립을 하면서 각국은 자신의 언어를 공용어로 채택하였다(권영훈,

2001). 현지 민족어의 교육을 체계적으로 받게 되는 유소년 층이 성인으로서 사회활동을 하게 되는 시대에는 이들 간의 의사소통이 어려워질 수 있게 되었고, 독립국가도 자신들의 언어를 공식어로 채택하여 구소련의 그림자를 탈피하려는 모습을 보이고 있다. 물론 개인적으로 러시아어 학습을 고집하며 자녀들을 러시아 교육기관에 지속적으로 보내게 되는 경우는 예외겠지만 대부분의 경우는 안정적인 사회생활을 영위하고자 할 경우 해당 국가의 공식 언어를 습득해야 한다(임영상 외, 2006). 게다가 현재 고려인들이 사용하는 한국어는 많이 변질되었는데, 이러한 현상은 구소련의 공용어였던 러시아어의 영향을 받은 것으로 예상할 수 있다(권영훈, 2001).

고려인 생활문화도 큰 변화가 있었다. 의식주 등에서 전통생활양식은 많이 변질되었거나 없어졌고, 중앙아시아로 강제이주를 가게 되면서 민족고유의 전통을 잃어간다는 것은 안타까운 일이었다. 전통의상도 완전히 사라져, 한복을 명절이나 어른들이나 공연할 때 연극배우들이 입는 것을 가끔 볼 수 있을 뿐이었다. 어쩔 수 없는 시대적 흐름이라 볼 수 있다.

그나마 보존되고 있는 것이 음식이라 할 수 있는데, 밥과 국수, 만두, 육개장, 영양탕, 미역채, 김치, 고사리, 시금치, 전병, 찰떡 등은 아직도 많이 먹고 있다. 하지만 우리가 아는 한국음식과는 많이 다를 수 있다. 과거 유목생활로 형성된 중앙아시아와 러시아 문화의 영향이라고 예상할 수 있다.

고려인들도 이러한 문화에 익숙해지면서 자신의 음식문화와 현지의 음식문화를 잘 융합했다(김천호, 2002). 일부 전통명절이나 의례 등은 나름대로 지키고, 잘 간직하고 있다.

이상을 종합해보면 중앙아시아 고려인에게는 아직도 한국적인 생활모습이 여러 곳에 남아 있는데, 특히 식생활에서 김치와 된장, 고추장 등을 직접 만들어 먹는 모습이 여전히 맥을 이어오고 있다고 볼 수 있다. 그 밖에 가족생활, 의례생활에서도 우리와 크게 다르지 않다(정성호, 1997). 사회경제생활에서도 고려인들은 성실함을 바탕으로 터전을 닦으며, 구소련시대까지 현지에 잘 적응하면서 살아왔다. 하지만 중앙아시아 국가들이 독립 후 잃었던 민족의 언어와 역사를 되찾고 민족정체성을 확립해가는 과정에서 타민족들에 대한 차별과 배척이 심화되었다. 아울러 사회주의 경제체제에서 자본주의 경제체제로 이행되어 가는 과정에서 고실업, 부정부패, 빈익빈 부익부의 사회 불평등 등의 사회문제들이 삶의 질과 기회를 낮추고 있다. 고려인들은 역사를 돌아보면 수많은 역경 속에서 살아왔다. 고려인 결혼이주여성도 이러한 역사적 배경과 무관하지 않다.

2. 한국전쟁 전후 시기의 한국사회와 다문화현상

2.1. 미군과 기지촌22)

1) 한국전쟁과 미군

한국전쟁 전후 시기는 전쟁과 미군의 주둔에 의한 국제결혼 형성 시기로 볼 수 있다. 이 시기는 군대를 중심으로 형성된 기지촌 여성들과 미군들 사이의 사실혼 등이 증가한 것이 특징이었다. 또한 지역적으로 보자면 남한과 북한으로 분단된 시기이기도 하다. 일제강점기의 국제결혼이 조선이라는 한반도 전체에 걸친 국제결혼 가정의 형성시기라면 이때부터는 남한에만 국한되어 국제결혼 가정이 형성되는 시기로, 북한은 공산주의 체제아래서 철저하게 폐쇄적인 정치, 사회, 경제를 형성하기 시작한다. 그러므로 현대로 이어지는 이주여성의 국제결혼 가정 형성은 전쟁과 군대, 한 나라의 정치적 상황으로 인한 여성의 '성(性)'을 중심으로 이루어졌다고 할 수 있다. 이는 현재 나타나는 국제결혼의 양상과는 다른 특징이며, 이 시기 기지촌에서의 여성의 성(性)을 중심으로 한 이주 현상은 다른 나

---

22) 기지촌(基地村): 외국군이 주둔한 기지를 중심으로 형성된 서비스업 위주의 군사취락을 의미한다(다음백과).

라의 이주여성이 한국으로 유입되는 현상뿐만 아니라 우리나라 여성들이 미국으로 이주하는 반대 현상에서도 나타났다.

일제강점기를 거쳐 6.25전쟁과 해방으로 인해 일본군 군대가 점령하던 지역이 미군의 주둔지역으로 변화하게 되고, 미군기지를 중심으로 기지촌이 형성되게 된다. 이에 따라 국제결혼의 양상은 식당, 수위, 각 부서들의 경리, PX와 같은 미군시설에서 일하던 기지촌 한국인 여성들과 미군 사이의 결혼으로 변화하였다(여지연, 2007).

전쟁을 겪고 난 뒤의 지독한 가난과 사회적 빈곤 때문에 여성은 생계를 위해 몸을 팔았고, 인신매매단이나 포주들은 기차역과 버스 정거장에서 일자리를 약속하거나 방을 얻어준다는 등의 허위광고로 여성들을 속여 매매춘에 빠지게 하기도 하였다(이정주, 2002). 이렇게 해서 기지촌 주변으로 모여든 여성들은 클럽에서 일하면서 소개비와 생활비, 미군손님을 끌기 위해 필요한 TV, 라디오와 같은 살림살이 장만, 가족의 생계를 위한 가불에 대한 이자 등, 부당하게 지게 되는 빚을 갚기 위해 성매매에 매달려야 하였다.

2) 미군과의 국제결혼

기지촌 안에서 국제결혼과 관련된 다른 분류는 미군과 결혼한 기지촌 여성들이었다. 대부분의 여성들은 미군의 아내/어머니라는 '정상적' 여성의 역할과 가장 유사하고 더 이상 클럽에서 일하지 않아도 되었기 때문에 이 자리를 열망하였다. 이렇게 미군과 결혼을 하게되면 미군은 여자 친구나 약혼녀의 클럽 빚을 갚아주고, 미군 아내는 군대 안의 매점과 PX를 이용할 수 있는 특권이 주어졌다. 이것은 한국 여성들에게만 해당하는 사항이 아니었다. 미군도 한국인과 거주하게 되면 영외 거주가 허용되고, 가족수당을 받을 수 있었다. 또한 한국거주 미국인의 교육정도나 환경이 미국 안에서 결혼이 어려운 상황이라는 점과 이 결혼을 통해서 대우받고 살 수 있다는 이해관계가 얽혀 있었다(이정주, 2002).

1960년대부터 2000년대까지 미군과 결혼한 한국여성의 숫자는 1960년대 약 18만~24만 쌍, 70년대 약 12만~16만 쌍, 80년대 약 12만~16만 쌍, 90년대 6만 쌍, 2000년대 1만 2천 쌍으로 총 49만 2천 명에서 64만 8천 명 사이로 보는 경우(조명숙, 2006)가 있는데, 이는 1990년까지의 혼인통계가 없고, 미군주둔 수, 졸업한 여학생, 업소여성과 혼인율에 따르는 추정 값으로 정확한 수치로는 보기 어렵다. 반면 미국 PBC 국영 방송의 다큐멘터리 '이방의 여인들(1996)'에서는, 1950년 이후 반세기 동안 미군과 결혼을 하여 미국으로 이민 온 한국여성의 수를 10만 명 정도로 추정한다(여지연·임옥희, 2007). 또한 Bureau of Census, Population and Housing(1903-1990)의 통계로 보면 1945년에서 1964년 미국병사와 결혼, 전쟁고아, 혼혈아, 입양아, 유학생 이민자를 14,352명으로 보고 있다(윤인진, 2000). 이 시기에 미군과 결혼한 한국여성의 수치를 정확히 이야기할 수는 없지만 '이방의 여인들'이 제시하는 약 50년간의 숫자가 10만 명인 것은 너무 작은 숫자로 여겨지며, 오히려 1950년대에서 60년대의 미군과 결혼한 한국여성의 숫자를 약 10만 명 정도로 보아야한다.

결국 이 시기의 기지촌 여성들의 몸은 한국과 미국이라는 관계 안에서 미국인과 한국인 사이의 일상의 '접착제'로서의 역할을 담당하였다. 이들은 이러한 한국과 미국이라는 두 나라의 힘의 관계 안에서, 강자를 달래는 희생양이었다. 이러한 사회적인 배경은 미군과의 결혼을 증가시켰다. 또한 우리나라 여성들의 입장에서는 지독하게 가난하고 힘든 상황으로부터 벗어날 수 있는 탈출구로 여겨졌다.

이 시기의 국제결혼에서는 한국의 여성들이 가난과 빈곤을 해결하기 위한 탈출구로 선택했다는 점과 미국이라는 사회에 대한 동경과 희망, 즉 자아성취나 파라다이스를 꿈꾸는 열망 속에 이루어졌다는 점이 현재 한국으로 유입되는 동남아 지역의 국제결혼 이주여성의 동기와 유사한 면을 보이고 있다.

2.2. 이방인의 공동체 태동 이태원과 한남동

1) 이태원·한남동

이태원이라는 지명의 유래는 조선시대 효종(1619~1659)까지 거슬러 올라간다. 효종 때 배밭이 많은 동네라는 까닭으로 배나무 이(梨)가 붙은 이태원(梨泰院)으로 불렸다고 전해 내려온다. 임진왜란 때 왜군들이 이곳에 귀화해 살았다는 뜻으로 이타인(異他人)이 어원이라고 보는 견해도 있다. 임진왜란 이후 일본으로 돌아가지 못한 일본인, 왜란 중 성폭행을 당한 여성과 그들이 낳은 아이들이 모여 살던 동네여서 다를 이(異), 태반 태(胎)자를 써서 이태원(異胎圓)이란 이름을 붙였다는 주장도 나왔다.

그러나 이태원은 이방인 공동체성격이 강한 곳이라는 데는 이견이 없다. 조선 때부터 군사관련 시설이 많았는데, 일제강점기 들어 군용지로 이용되면서 일본군사령부가 머문 뒤 군사지역으로서 정체성을 드러냈다. 1910~1945년 일본군 조선사령부가, 광복 이후엔 미군이 이곳을 차지하였다. 한국전쟁 뒤 미군이 이태원 상권을 주도했는데, 1970년대 미군기지에서 나온 물품들로 상권이 형성된 이태원은 미군 유흥가로 거듭나 클럽이 우후죽순 들어서게 되었다.

한편 이태원의 기지촌은 1957년 미군의 외박·외출이 허용되면서 생겨나기 시작되었다. 1960년대에 들어 이태원동, 한남동에 외국공관이 들어서고, 1963년 사격장터에 군인아파트가 건설되었다. 이에 따른 외국인 집단거주지가 형성되면서 도시화가 본격적으로 시작되게 되었다. 당시에는 생활용품과 잡화류 위주의 상가들이 존재하였다. 이후 1960년대 말까지 미군대상 성매매업소가 남산 3호터널 입구부터 이태원 입구까지 해방촌과 삼각지 파출소 뒷골목을 중심으로 형성되었다.

정부는 이태원 미군기지를 중심으로 서빙고동, 한남동, 동부 이촌동 일대에 외국인 전용주택과 아파트는 물론 고급 외국인 주택단지까지 건설하였다. 그러자 1960년대 이후 한국에 들어온 각국의 대사관이 대거 입주하였고, 그 영향으로 1970년대까지 지속적으로 고급 주택단지가 조성되었다. 1970년대로 접어들면서 외국인을 대상으로 한 쇼핑지구가 형성되어 88올림픽 당시 이태원 상가 점포는 1,800개에 이를 정도로 쇼핑의 중심지로 주목받았다.

이태원은 1990년대 이후 아프리카인의 유입이 늘면서 현재는 낡은 집들과 대저택이 공존하는 독특한 경관을 연출한다. 남산 기슭에 자리잡고 있는 호텔과 이태원동, 한남동 일대에는 외국공관을 중심으로 부유한 외국인이 주로 거주하고 있다. 이태원로 남쪽의 이태원동과 보광동 일대에는 아프리카와 아시아에서 들어온 외국인과 국내 저소득층 주민이 주로 분포해 있다. 이태원은 1997년 서울 최초의 외국인 관광특구로 지정되어 외국인 관광객도 즐겨 찾는 명소가 되었다.

외국인들이 학교와 종교시설, 대사관, 직장 등을 따라 모여들다 보면 하나의 커뮤니티를 형성하게 되고 이들의 편의를 돕는 현지음 식점이나 식료품점 등이 그 뒤를 이어 자리 잡게 되면서 최초의 외국인 밀집지역을 형성하기 시작한다.

반포 서래마을과 이촌1동 일본인마을도 처음에는 서울프랑스학교와 서울일본인학교를 중심으로 아이들의 교육을 위해 외국인 회사 임직원, 대사관 관계자들이 모여 마을을 형성하게 되었다. 교육을 위한 정착촌이 아니더라도 특정 국가의 특산품을 파는 시장이 서거나 음식점, 식료품점이 생겨나면 이들 지역을 대상으로 '문화촌'을 이루는 경우도 생겨나기 시작하고 있다. 매주 일요일 대학로에서 열리는 필리핀 장터, 이슬람 중앙사원을 중심으로 할랄푸드(이슬람 율법에 저촉되지 않는 식품 목록) 음식점과 식료품점이 모여 있는 이슬람거리, 동대문 운동장 주변의 몽골타운 등 중앙아시아촌이 해당된다.

2.3. 해외입양아동 그들은 누구인가?

1) 해외입양아동의 역사적 전개

한국의 해외입양은 전쟁으로 인해 발생된 고아와 혼혈아로 시작된 입양이 2022년 현재 약 70년이 된다. 해외입양 쿼터제에 의해 해외입양의 수가 조금씩 줄어들고 있지만, 국제결혼 증가와 다문화가정의 자녀 출생 및 저출산·고령화 등의 사회문제로 인해 우리 사회는 여전히 해외입양이 이루어지고 있다. 사실 해외입양은 2차 세계대전으로 인해 발생하기 시작하였고, 급격한 산업화와 선진국들의 출산율 저하로 인해 개발도상국과 선진국들 간에 주로 이루어졌다. 하지만 우리나라도 한국전쟁 이후, 전쟁고아의 해외입양을 시작으로 해외입양이 발생되었는데, 그 원인을 시기별로 정리하면 다음과 같다.

우선 1950년~60년대 후반은 한국전쟁으로 인한 전쟁고아와 미군과 한국여성 사이에 태어난 혼혈아동을 해결하기 위한 입양이 중심이 된 기간이었다. 전쟁의 참혹함은 여성과 아동에게 직접적인 피해를 입혀 부모를 잃은 전쟁고아가 급증하는 결과를 낳았다. 전쟁의 상흔은 여성의 경우에도 많은 희생을 가져와 원치 않은 임신을 하게 되는 등의 혼혈아동 역시 발생하게 되었다. 이처럼 당시 우리나라는 전쟁으로 인한 피해와 농경사회로의 빈곤, 인구과잉의 문제를 겪고 있었다. 이러한 인구과잉 문제를 해결하기 위해 정부는 산아제한정책과 해외입양정책을 펴게 되는데 이것이 '고아양자특별조치법'이다. 이를 근거로 하여 많은 전쟁고아와 혼혈아를 해외로 입양시키기 시작하였다.

다음 원인으로 본격적인 산업화의 시기로 접어든 1960년대 후반 이후부터 1980년대까지로 볼 수 있다. 이 시기에는 급격한 산업화로 인해 전통적 유교문화인 대가족제도가 약화되었고, 사회해체가 가속화 되어 미혼모 및 아동유기(혼외출산)가 늘어나 해외입양이 급격히 증가했던 시기이다. 이 시기 중 1976년 이후 1980년까지 해외입양이 잠시 감소하는 시기가 있었는데 이유는 1976년 국외입양을 국내

입양으로 강화하는 '고아입양특례법'을 제정하였기 때문이다. 정부는 해외입양의 숫자를 매년 줄여서 해외입양제도를 폐지하는 한편, 국내입양의 수를 증가시킨다는 계획이었다. 그 결과 몇 년간 해외입양이 감소하였으나, 1982년 '해외입양제한 규정'을 폐지함으로써 해외입양은 다시 급격하게 증가하였다. 마지막으로 1990년대 이후부터 현재까지의 시기로 볼 수 있다. 이 시기에는 각종 국제행사와 정보화의 발달로 인해 우리나라가 '고아수출국'이라는 국제적 비판이 제기되었고, 이에 '입양촉진 및 절차에 관한 특례법'이 재개정됨으로써 국외입양의 절차를 보완하고, 국내입양 활성화를 위한 개정안을 마련하였다. 또한 해외입양 수를 제도적으로 감소시키기 위해 입양쿼터제도를 실시하였고, 아동의 친가족 보호를 최우선하고, 입양절차 전반에 국가의 관리감독 의무를 강화하기 위해 입양숙려제(숙려 기간 7일), 가정법원허가제, 양부모 자격강화, 입양아동에 대한 친양자 지위 부여 등의 제도를 새로이 도입하였다.

재외동포재단은 외교부의 후원으로 매년 '차세대 해외입양동포 모국방문 행사(OKF Gathering for Overseas Korean Adoptees)'를 진행하고 있다. 또한 세종학당은 2022년 2월에 아동권리보장원과 국외 입양인을 대상으로 한국어 교육을 체계적으로 지원하기 위한 업무협약(MOU)을 체결하였으며, 설립 이래 처음으로 국내에 외국인 대상 한국어 · 한국문화 강좌를 개설하였다. 이와 같이 한국에서 태어나 해외로 입양되었다가 다시 한국을 찾은 국외입양인을 위한 한국어 · 한국문화 강좌가 2022년 3월 21일 세종학당재단 교육실에서 문을 열었으며, 국내 거주 해외입양인을 위해 규모를 점진적으로 확대할 나갈 예정이다(세종학당, https://www.ksif.or.kr).

2) 해외입양아동 국내 프로그램

해외입양과 관련한 용어는 관련 기관의 성격에 따라 혼재되어 사용되고 있다. 본 고에서는 해외입양이 대부분 아동이었을 때 이루어지므로 해외입양 관련 용어를 '해외입양아동'으로 정의하여 사용하되 각 기관의 프로그램 등의 소개 시에는 그 기관의 용어도 함께 제시한다.

해외입양아동에 대한 국내 프로그램의 목적은 입양인의 정체성 확립을 돕고 건강한 사회인으로 성장할 수 있도록 지원하는 것이 목적이다. 해외입양아동에 대한 사후서비스 사업의 대상은 국내외 입양인 및 가족구성원이 해당된다. 이에 따른 사후서비스 사업의 법적 근거는 입양특례법 제25조(사후서비스 제공) 제1항에 규정되어 있다. 또한 동법 제3항에서 "모국방문사업 등 대통령령으로 정하는 사업"에 대한 각 호의 사업은 모국방문사업, 모국어연수지원, 모국에 관한 자료 제공, 그 밖에 국외로 입양된 아동을 위하여 보건복지부 장관이 필요하다고 인정하는 사후서비스이다(아동권리보장원 구 중앙입양원). 국외입양인의 사후서비스 프로그램에 대한 주요한 서비스 내용은 다음의 <표 22>와 같다.

<表 22> 국외입양인 사후관리 프로그램

모국방문	■ 국외입양인(혹은 입양부모)에게 한국방문의 기회를 제공하여 입양인에게 모국에 대한 정체성을 제공하는 사업 ■ 한국의 문화체험, 한국여행, 역사탐방 등의 서비스가 제공되고 한국인으로서의 소속감을 형성하는데 도움을 제공함
모국어 연수	■ 모국방문 참여를 통해 국외입양인은 한국의 역사, 문화, 사회에 대한 이해를 증대시킬 수 있음 ■ 한국에 대한 체험 및 경험을 원하는 국외입양인을 대상으로 사업이 이뤄짐 ■ 한국을 방문하는 국외입양인이 한국어를 습득할 수 있도록 한국어교육을 제공하는 사업 ■ 한국어교육을 통해 국외입양인이 한국어를 구사하고 의사소통할 수 있게 도와줌 ■ 목적은 모국어 습득 및 한국 실생활 적응에 초점이 맞춰져 있음 ■ 국외입양인 중 한국어를 배우고 싶어하는 국외입양인을 대상으로 사업이 이뤄짐
모국생활 지원	■ 한국에 중장기 체류하는 국외입양인이 모국에 안정적으로 적응할 수 있게 도와주는 사업 ■ 국외입양인이 한국에 체류하면서 국적회복 문제·취업·법률적 문제·재정적 문제·사회서비스 이용 등 많은 어려움을 경험함 ■ 본 사업을 통해 국외입양인이 사회적 자립을 할 수 있게 도와줌 ■ 한국에 중장기 체류하거나 정착을 희망하는 국외입양인을 대상으로 사업이 이뤄짐
행사지원 (문화예술 행사 포함)	■ 국외입양인에 대한 이해를 넓히기 위해 이뤄지며, 국외입양에 대한 세미나·심포지움·워크숍 등의 형태로 이뤄짐 ■ 국외입양인들이 직접 참여할 수 있는 입양인 전시회·문화예술행사를 지원함
방문입양인 일시주거지원	■ 모국을 방문하거나 거주하고 있는 국외입양인이 늘어나면서, 입양인을 대상으로 숙박시설을 제공하고 있는 사업 ■ 홈스테이가 국외입양인을 위해 제공되고 있음

2.4. 화교와 짜장면의 탄생

1) 화교의 개념

화교[23])의 용어가 정식으로 화교(華僑 이하 화교)라는 명칭이 사용된 것은 약 100여년 이전인 청나라 말기부터이다. 청조 농공상부(農工商部) 대신이 작성한 문서에 '화교'라는 단어가 나타나게 된다. 그리고 화교를 한자의 의미대로 풀어보면 화(華)란 중국인을 가리키고, 교(僑)란 잠시 거주한다는 의미를 나타낸다. 이는 외국영토에 거주하는 중국인을 모두 통칭하여 '화교(華僑)'라 일컫는다. 실제 1909년의 청나라 헌법과 1929년의 중화민국 헌법에 의하면 '외국에 거주하면서 중국국적을 가지고 있는 사람을 모두 화교라고 부른다.' 라고 문헌에 나타나 있다.

2) 한국 화교의 역사적 전개

1905년 한국 화교의 전신인 인천 차이나타운 중국음식점 공화춘(共和春)에서 중국요리에 익숙하지 않은 서민들을 위해 볶은 춘장에 국수를 비벼 먹도록 개발한 음식이 현재의 짜장면이다. 이렇듯 짜장면을 논하면 화교를 떠올리지 않을 수 없듯이 짜장면도 우리의

---

23) 화교는 중화민국(대만) 또는 중화인민공화국(중국)의 국적을 가지고 다른 나라에 이민자로 정착하여 사는 사람을 지칭한다. 보편적으로 다음의 세 가지 용어로 사용되고 있다. 첫째, 화교(華僑, Overseas Chinese) : 중국 국적 또는 대만 국적을 유지하고,대만 또는 중국과 문화와 경제 활동에 연관을 가지면서 해외에 거주하는 중국계를 말한다. 둘째, 화인(華人, Chinese Overseas) : 체류국의 국적을 취득했지만, 문화적으로는 본국과 동질성을 유지하는 경우이다. 셋째, 화예(華裔, Chinese Descendent) : 체류국의 국적을 취득했을 뿐만 아니라, 문화적으로도 본국과 단절하고 귀화한 나라에 깊이 동화된 경우를 지칭한다. 한국에서는 화교, 화인, 화예 등을 구분하지 않고 '화교'라고 부르는 경우가 일반적이다(나무위키 https://namu.wiki/w/화교).

근대사와 함께 출발하였다. 한국 화교의 역사는 아쉽게도 정확한 기록이 남아있지 않기 때문에 누구라고 단언할 수는 없다. 1882년 임오군란이 발발했을 때 화교가 한국으로 이주해 왔다는 사실이 남아있는 기록에 기재되어 있다. 고종 19년(1882년) 6월 9일 조선에서 임오군란이 일어나자 청나라는 조선을 돕기 위해 3,000여 명의 군대를 파견하였고 이때 청나라 군인들과 함께 온 화상24) 약 40여 명이 화교의 전신이라고 할 수 있다. 청나라 군대와 함께 조선으로 온 화상들은 본래 한국에 머물러 있는 청군을 도와주려고 온 것이었는데 청군이 한국에 오래 머물게 됨에 따라 점차 한국인과 교역을 하기 시작하였다. 이로부터 12년 후인 1894년 11월 양국은 청상보호규칙(淸商保護規則)을 제정하였는데 이때가 화교들의 정착기라고 볼 수 있다.

1882년 이후 일본 항구도시에서 거주하고 있었던 일부 화교들도 일본인들을 따라 조선에 건너와 부산에 정착하기도 하였다. 1884년 한국의 대도시에 있는 화교의 숫자는 크게 늘어 전국에서 가장 많은 서울의 화교 숫자는 약 350명 정도로 약 4배 가까이 늘었다. 인천도 235명으로 늘었는데 그 이유는 산둥반도와 인천항 사이에 정기적으로 배가 운행하고 있었기 때문이다. 범선과 여객선의 운행으로 화교들의 왕래가 더욱 빈번해져서 서울과 인천의 화교 수는 더욱 크게 늘어났던 것이다.

---

24) 화상(華商) : 화교 상인

3) 한국 화교와 차이나타운

화교가 유입된 시기에 조선사회는 상업이 세분화되어 있지 않아 화교들은 여러 가지 상업활동에 모두 종사할 수 있었다. 역설적으로 보면 화교는 조선사회와 조선상인들에게 큰 위협의 존재였다. 초기 화교들은 중국정부의 정책적 도움을 받아 일본인을 제외하고 조선에 가장 많이 거주한 외국인이었다.

1884년 4월 '인천화상조계장정(仁川華商租界章程)'이 체결되면서 지금의 인천시 선린동 일대의 5천 평 토지에 중국 조계지가 세워졌으며, 중국의 조계지가 생긴 후 중국의 건축방식을 본뜬 건물이 많이 세워졌다. 이곳이 오늘날 우리가 말하는 '차이나타운'의 최초 형태이다. 그리고 이후 원세개가 조선 통상 사무를 맡아 1887년에는 부산, 1889년에는 원산의 조계지역에 대한 담판을 성공시켜 중국 조계지역은 계속해서 확장되었다. 인천에 조계지역이 설립되면서 화교의 수는 급증하여 1883년 48명이던 화교가 1년 후에는 5배에 가까운 235명으로 늘어났고 1890년에는 화교가 약 1천 명에 이르렀다.

인천 조계지 내의 화상들은 한국 전역에 퍼져있는 화상들과 긴밀한 관계를 맺어 사업은 날로 흥성하게 되었다. 또한 1898년 의화단(義和團)의 북청사변(北淸事變)으로 산동성 중국인들이 전란을 피하고자 가까운 한국으로 대거 건너오기 시작하였고, 인천은 부지불식 간에 화교들의 근거지로 서울과 함께 화교들의 양대 세력 지역이 되었다. 당시의 자료에 의하면 1884년 35척의 청조 선박이 인천과 마포항을 왕래하였으며 1만 3천 톤의 화물을 운반하였다고 한다. 화교들의 활동범위가 날로 확대되어 가면서 화교들과 한국인들 간의 충돌도 점점 많아졌다. 관련 자료에 따르면 1883년 7월부터 1884년 9월까지 한국과 화교 간에 발생한 채무분쟁이 15건이며 액수는 30,687량에 달하였다. 1920년대의 10년 동안 화교의 경제력은 막강하였다. 특히 20년대의 후반기인 1927년 전후에는 화교의 경제활동이 가장 막강했던 시기였다.

〈그림 8〉 한국의 차이나타운, (좌)인천 (우)부산

출처: 인천광역시 중구 문화관광, https://www.icjg.go.kr/tour/cttu0102a01
출처: 부산광역시 동구 문화관광, https://url.kr/vcuo8a

4) 한국 화교의 쇠퇴기

1948년 우리나라 정부가 수립되면서 화교사회는 우리 정부의 각종 제도적 제한과 차별대우 아래 위축되어 가면서 화교의 이동이 본격화되었다. 1948년 수립된 우리 정부는 외국인의 입국을 허용하지 않음으로써 화교의 한국 유입은 종식되었다. 더불어 1949년 중화인민공화국 정부가 성립되면서 이주억제책으로 외국 이동을 금지하여 일 년에 한 번 있던 한국 화교의 고향방문도 끊어지게 되었다. 따라서 화교무역의 배경이었던 중국과의 교역도 불가능해지면서 화교들은 한국에 정착하지 않을 수 없게 된다.

일제강점기 시기의 한국 내 화교여성의 수는 전체 화교의 26% 정도였으며, 당시 시대 상황상 사회경제적 안정을 위해 재혼하고 결혼 적령기의 화교 남녀들도 한국 내에서 결혼하였다. 이에 따라 화교 남성과 한국 여성과의 결혼이 증가하였다. 그러나 한국전쟁 전후로 전국에 내린 창고봉쇄령 및 외화사용 규제책 등은 화교들의 경제활동에 타격을 주었다. 또한 자유당 정권과 박정희 정권 아래 두 번의 통화 개혁으로 인하여 화교들의 현금은 하루아침에 휴지조각으로 변하였다. 그리고 화교들의 대표적인 직업인 중국음식점에 대하여 불리한 세율을 적용하고 음식값을 통제하는 등 많은 어려움이 있었다. 그리고 1961년에는 외국인 토지소유 금지법의 시행에 따라 토지를 소유한 외국인은 정부의 승인을 받아야 하였다. 게다가 한국 화교는 외국인 거류 제도에 의해 고통을 받았으며, 당시에 한국에는 영주권 제도가 없기에 화교들은 외국인으로서「외국인 출입관리법」25)을 따라야 하였다. 외국인은 거주자와 비거주자로 분류되고, 거주자는 2년에 한 번 비자를 받아야 하였다. 1997년부터 그것이 5년에 한번으로 바뀌어 다소 사정이 나아졌다.

재입국제도는 현재 복수로 되어있어 1년에 여러 번 출입국이 가능하나, 기한 내에 반드시 돌아와야 거주자 자격을 유지하게끔 되어 있다. 그러나 화교들 중 이른바 보따리장사로 해외에 다니다 기한 내에 재입국을 하지 못해 거주권을 포기하는 경우가 발생하거나, 대만으로 유학을 간 화교학생이 재입국 기간을 넘겨 거주권을 상실하

---

25) 한국의 법무부 출입국·외국인정책본부는 중화민국 국적자는 CHINA(TAIWAN)으로 표기한다. 미국은 타이완 관계법 시행 이후 중화민국 국적자를 'Taiwan'으로 별도로 관리하고 있으며, 한국과 달리 중국 국적자(People's Republic of China, Hong Kong, Macau)와 구별하고 있다. 일본도 미국과 같이 중화민국 국적자는 '대만(台灣)'으로 분류해 관리하고 있다.

는 경우도 드물지 않게 나타났다. 한국에서 이러한 힘든 상황 속에서 화교들에게 음식점이란 화교들이 생계를 이어나갈 수 있는 생업이 되었다. 한국에서 음식점 운영을 하더라도 차별과 제한을 견디지 못한 일부 화교 음식업자들은 미국으로 건너가서 한국이 아닌 미국에서 음식점을 다시 차리기도 하였다.

3. 1965년에서 1980년대 중반 시기의 다문화현상

3.1. 미국의 이민쿼터제 폐지와 아메리칸 드림 (American Dream)

1924년 미국은 동양인배척법이 제정되었으며, 1965년 린든 존슨 대통령이 개정 이민법에서 이민쿼터제를 폐지하자26) 매년 약 2만여 명의 한인들이 아메리칸 드림을 안고 건너가게 되었다.

이민법 개정 전, 한국전쟁의 종결로 제2기 미국이민이 시작되었다. 1953년부터 1965년에 걸친 제2기 이민은 대부분이 미군과 결혼한 한국인 여성이나 양자로 기른 전쟁고아가 차지하였다. 이 시기에는 양자를 포함해서 바다를 건넌 사람만 약 15만 명 정도로 추정되고 있다. 그러나 군인의 아내이든 양자이든 미국의 처음 진입은 미국인 부모의 피부양자로서 입국하므로, 이민으로서 다루어지지 않아 정확한 통계는 잡을 수 없다. 국제결혼여성들이나 입양인들은 미국

---

26) 1965년 미국의 이민개정법(1965 Immigration and Nationality Act): 미국의 개정이민법은 '미국은 인종을 불문하고 각국에서 연 2만 명까지 이민을 받아들이며, 미국 시민의 부모, 자녀, 배우자 등 직계가족은 수 제한이 없이 추가로 받아들인다는 것이 주요 골자이다. 그래서 1965년 이후에 미군 병사의 배우자들이 그 가족을 초청할 수 있었고, 미국 유학을 떠난 한국인들이 정착하는 데에 큰 영향을 미쳤다.

전역에 흩어져 미국인 주류 공동체에서 동화되어 생활하기 때문에 한인 공동체를 구성하지 않았다.

1965년 미국의 이민법이 바뀜에 따라 한국인의 이민이 공식적으로 허용되었다. 따라서 한국인의 실제적인 미국이민은 1960년대 말부터 시작되었다고 볼 수 있다. 1965년 미국의 이민법 개정 전의 한국계 미국인 수는 대략 2만 5천 명이었지만, 1970년에는 5만 명, 1980년에는 35만 7천 명, 1990년에는 70만 명까지 급속도로 늘어나게 되었다. 특히 1980년대에는 약 35만 명이 한국에서 미국으로 이민을 갔다.

1965년 제정 후 약 50여년 동안 미국으로의 이민 물결은 멕시칸이 1,627만으로 1위를 차지하였고, 그 뒤를 이어 중국이 317만에 달하였으며, 3위는 인도 270만, 그리고 한국은 172만으로 미국 내의 이민자 구성원들 중 5위를 차지하였다. 약 5,900만 명 정도가 미국에 이민 왔으며 전체 인구에서 14%를 차지하고 있는 것으로 나타났다.

결론적으로 한인들의 미국 이주는 1960년대 말엽부터 비로소 대규모로 시작되었다고 볼 수 있다. 새로운 이민법(the Immigration and Nationality Act)이 1965년 통과되고 1968년 7월 1일부터 발효하면서 한인들의 미국이주는 새로운 장을 열었다. 이 새로운 이민법은 국가별 할당제를 없애 버렸다는 데 큰 의의가 있다.

3.2. 한국인의 농업 이민과 남미로의 이동

1) 브라질로 떠난 농업 이민

1960년대 한국은 전쟁의 폐허와 기아와 싸워야 했으며, 이러한 상황을 벗어나고자 도시로 사람들이 향하던 시기였다. 브라질은 당시 광활한 밀림과 농지를 가지고 있었으며, 농지를 개간하여 경제발전을 이루기 위해서 노동력의 필요가 절실하였고, 한국은 전쟁의 폐허로 인한 어려움의 해결책으로 국민의 해외이민을 추진하였다. 이에 한국정부는 1962년 해외이주법을 제정하고, 1962년 12월에 브라질 이민단을 꾸려 부산항을 출발해서 1963년 2월에 브라질 산토스항에 도착한 것을 계기로 1966년 5차까지 브라질행이 지속되었다.

2) 한인-브라질 관계

브라질은 남아메리카에서 우리 동포가 가장 많이 진출한 국가이다. 1963년에 최초로 브라질에 이주한 이후로, 오늘날 브라질의 최대 도시인 상파울루 등에는 우리 교민 5만여 명이 거주하고 있다. 한인 동포들은 정치, 경제, 문화 등 여러 분야에 걸쳐 브라질 사회에 진출했고, 여성의류 패션시장의 경우에는 50% 이상을 점유하는 성과를 달성하였다. 이러한 환경 속에서 우리 교민은 브라질 사회발전에 기여하면서 양국을 잇는 문화적 이해의 가교 역할을 수행하고 있다. 양국 국민들 사이의 교류는 2008년 6월에 우리 국적기가 상파울루 직항로 취항을 재개하면서 더욱 활발해졌다.

브라질 사람들이 한국인하면 우선 밀입국자를 연상할 정도로 한

동안 뉴스의 단골손님이었으나, 사면 이후 많이 개선되었고, 요즈음
으레 여자 '옷 장사'로 통하는데, 이는 브라질 전국 여성의류시장의
30%이상을 한국인이 차지하고 있기 때문이다.

3) 브라질과 남북한 수교

브라질은 남북한과 모두 수교한 나라다. 한국과는 1959년 10월
31일 공식 외교관계를 수립했고, 양국은 2009년 10월 수교 50주년
기념행사를 가졌다. 반면 북한은 브라질과 2001년 3월 9일에 외교
관계를 맺었다. 이에 따라 북한은 2005년에 브라질의 수도 브라질리
아의 한 주택가에 대사관을 개설했고, 브라질은 4년 후인 2009년 7
월에야 평양에 대사관을 열었다. 수교의 역사만큼이나 남한이 북한
보다 브라질과의 관계에선 앞서 있는데, 이는 한국의 대사관이 브라
질리아의 외교단지 안에 계획도시 초기에 들어갔기 때문이다.

그리고 브라질에선 남한의 역할과 비중이 월등한 반면, 북한과 브
라질의 관계도 그림자처럼 따라온다. 그것은 한국이 브라질과 처음
공식 관계를 맺은 1959년 이전에 이미 한국전쟁의 반공포로가 브라
질을 택한 것에서 비롯된다. 한국을 떠나 인도를 거쳐 1954년 2월
6일 브라질에 도착한 반공포로는 50명이었다. 이들이 한국의 공식
이민자보다 먼저 브라질에 정착을 했기 때문에 최초의 이민자라고
주장하는 이도 있다. 어쨌든 1961년 5·16 군사 정변 이후 세계군인
사격대회에 참가하기 위해 선수단을 이끌고 브라질을 방문한 정인
규 대령이 상파울루에 있는 반공포로의 한인마을을 보고 귀국해 공
식 이민이 추진되었다. 당시 일본은 이미 이민역사가 60년이나 됐

고, 인구가 70만 명을 넘어섰다. 이러한 사실을 반공포로들이 알려줬고, 이는 한국의 첫 공식 이민으로 이어졌다.

4) 본격적인 브라질 이민

명실상부한 이민은 1961년 5.16쿠데타가 난 후 인구 포화상태와 실업자, 그리고 정치적인 이유에서 전 정권지지자 또는 불평분자 그리고 군내부에서의 대우가 곤란한 장교들을 숨통 터주는 동기에서 이민교섭이 시작된 것이 그해 10월이었다. 그 후 민간사절단 형식으로 14명이 입국했고, 63년 2월에 정식으로 17세대가 1차 농업이민으로 들어오기 시작하여 66년까지 292세대가 농업이민 형식으로 이주하였다. 그러나 농장구입 과정에서의 악조건과 대부분이 농사에 경험이 없는 사람들이 이주하였기에 이내 농사를 포기하고 상파울루 같은 대도시로 이탈하여 농업이민은 실패하였다.

1966년 이후 파라과이 볼리비아로 향하던 이민들이 도중에 목적지를 변경 브라질에 안주했고, 1970년부터는 기술이민의 문호가 열려 72년 10월까지 1천여 세대가 이주했으며, 그 후 파라과이 등 인접국을 통한 밀입국자가 80년, 82년 두 차례에 걸쳐 사면을 받아 지금은 모두 8천여 세대에 약 4만 명이 브라질에 살고 있다.

대다수의 교포들은(약 90%) 봉제업에 종사하고 있으며, 남미 최대 규모인 의류 양대 시장인 유태인, 아랍인 시장을 비롯해 전국에 약 4천여 점포를 교포가 소유하고 있고, 직간접 브라질 고용인도 10만 명이 훨씬 넘는다.

5) 교포들의 사회진출

타국 이민사회와는 달리 한 도시에 전체 교포의 대다수가 모여 살면서 같은 직종에 종사하고 있는 특이한 상황에서도 교포들의 사회진출 현황은 두드러진다. 이민 27년에 변호사, 의사, 대학교수 등 전문직 종사자가 1백 명이나 배출되었으며 국세청, 고급공무원 등을 비롯해 정치 지망생도 여럿이 된다. 지난 89년 11월 선거에는 연방하원의원 1명 리우, 상파울루, 아마존 주의원 3명 등 모두 4명이 공천 받았으나 모두 탈락, 정계진출의 꿈이 좌절되기도 하였다.

3.3. 파독 광부와 파독 간호사

1) 독일로 간 광부

1960년대 초 한국경제는 위기에 처해 있었다. 자본과 기술이 없어서 공장을 지을 수가 없었으며, 실업률은 치솟아 40%에 육박하였다. 당시 한국의 1인당 국민총생산(GNP)은 79달러로 필리핀(170달러)과 태국(260달러)에도 크게 못 미쳤다.

이에 한국정부는 1966년에 서독과 특별고용계약을 맺고 간호사로 3천 명, 탄광 광부로 3천 명을 파견하였다. 1977년까지 독일로 건너간 광부가 7,932명, 간호사가 1만 226명이었다고 한다. 광부들의 노동계약은 매 3년마다 교체되었다. 이미 다른 나라 노동자들을 채용하여 여러 가지 사회문제가 야기된 것을 경험한 독일은 독일정착을 미리 방지하기 위한 수단으로써 한국 동포 노동자들과 '기한부 노동인력 수입계약'을 맺었다. 달리 말해서 독일은 '반정착적 정책'을 애

초부터 실행하였던 것이다. 따라서 몇몇 소수의 예외를 제외하고는 3천 명의 광부는 계약 원칙대로 3년마다 교체되었다. 즉 3년간의 노동을 마친 동포는 한국으로 돌아가고 그만한 수의 광부가 새로이 한국에서 파견되었다. 그런데 당시 한국의 실업상태는 아주 심각한 때였다. 3년 노동을 끝마친 동포는 한국으로 돌아가는 수보다는 제3국으로 이민 가는 사람들이 더 많았고, 그 밖에 소수의 동포들은 3년 이상 더 계속 체류하였다. 그들은 독일여성과 결혼한 사람들, 광산에서 통역이나 사무원으로 일하는 사람들 그리고 3년 노동을 끝내고 그간에 저축한 자기 재정으로 유학을 하겠다는 사람들이었다.

2) 독일로 간 간호사

한국 간호사들의 형편은 광부들의 형편과 달랐다. 간호사들도 광부 노동계약처럼 3년 기한의 계약이었으나 고용자 측인 독일병원들은 3년간의 언어와 병원생활에 익숙한 한국 간호사들을 귀국시키고 새로운 간호사로 교체시킨다는 것은 불합리하다고 반대하였다. 결국 대부분의 간호사들은 계약을 연장하게 되었고, 그리하여 그들의 독일체류는 사실상 무기한으로 허용된 셈이 되었다. 이로써 독일의 외국인 노동력 수입정책에 근본적인 변화가 생기게 되었다.즉 외국인 근로자의 장기간 취업과 동시에 장기간 독일체류라는 원치 않는 현실에 직면하여 스스로 외국인정책에 수정을 가하지 않을수 없게 되었다. 그래서 한국간호사 또는 간호보조원들은 고용자, 병원 또는 양로원이 원한다면 무기한으로 독일에 체류할 수 있게 되었다. 뿐만 아니라 한국간호사나 간호보조원과 결혼한 광부들은 그들의 부인이 체류하는 동안은 역시 독일에 계속 체류할 수 있다는 보장을 받게 되었다. 이렇게 독일에 장기체류가 가능하게 됨에 따라 독일국적을 얻는 동포들이 증가하게 되었고, 그로써 애초의 목적과는 달리 이 나라에 정착하여 실상에 있어 '이민'의 현실을 이루게 되었다.

〈그림 9〉 독일로 떠나는 한국 간호사들

(출처: 국가기록원)

파독 광부와 간호사의 수입은 1970년대 한국 경제성장의 큰 역할을 하였다. 광부와 간호사들의 파독 계약조건은 '3년간 한국으로 돌아올 수 없고 적금과 함께 한달 봉급의 일정액은 반드시 송금해야 한다.'는 것이었다. 독일로 건너간 광부들은 독일의 탄광에서 일을 하고 연금과 생활비를 제외한 월급의 70~90%를 고스란히 한국에 있는 가족에게 송금했고, 이들이 한국으로 송금한 돈은 연간 5,000만 달러로 한때 한국 GNP의 2%에 이르렀다. 또한 서독정부는 이들이 제공할 3년 치 노동력과 그에 따라 확보하게 될 노임을 담보로 1억 5,000만 마르크의 상업차관을 한국정부에 제공하였다.

3.4. 오일쇼크와 한국인의 중동진출

1) 오일쇼크

1973년 제1차 오일쇼크가 전 세계를 강타한다. 원유수입 100%를 중동에 의존했던 한국경제는 고사위기의 직전에 직면했는데, 1973년에 우리나라가 지불한 원유 값은 3억 516만 달러였으며, 74년에는 8억 264만 달러가 증가한 11억 78만 달러를 지불해야만 하였다. 경상수지 적자는 일 년 사이에 3억 880만 달러에서 20억 2,270만 달러로 늘었고, 자본수지도 2억 9,000만 달러에서 19억 9,840만 달러로 증가하였다.

이에 당시 한국정부는 오일쇼크의 타개책으로 국내건설의 중동진출계획을 수립하여 건설부 장관을 비롯해 부처의 각료급 인사들과 7개 민간업체로 구성된 사절단이 중동에 파견되어, 사우디아라비아와 쿠웨이트로부터 경제협력을 이끌어내는데 성공하였다. 이로 인해 사우디아라비아와 쿠웨이트로부터 한국에서 소요되는 원유를 장기적으로 공급해 주겠다는 확답 및 보장을 받았고, 사우디정부와는 경제

〈그림 10〉 중동 진출 공사 현장
(출처: 국가기록원 – 〈영상〉중동지역 한민족의 삶(1996) 中)

와 기술협력에 관한 기본협정을 체결하기로 합의까지 하였다.

2) 중동진출의 길이 열리다

파격적인 정부지원과 기업의 강력한 진출의지에 힘입어 이른바
중동특수가 시작되었다. 현대건설의 주베일 산업항 공사를 기점으로
중동진출의 길이 열렸다. 당시 주베일 산업항 공사는 20세기 최대의
대역사로 불렸던 공사였는데, 공사금액이 9억 2천만 달러(1976년
환율로 약 4,600억 원)였고, 이것은 한국정부 일 년 예산의 반에 해
당하는 액수였다. 세계에서 내로라는 건설업체들이 뛰어들었기에 현
대직원들마저 공사의 입찰을 불가능하다고 여겼지만, 우여곡절 끝에
낙찰되었고, 이는 당시 최악의 외환사정으로 고통을 겪고 있던 한국
정부에 일대 낭보가 아닐 수 없었다. 이에 70년대부터 중동에 진출
한 우리 기업들은 1977년 100억 달러, 당시 국가예산의 25%정도라
할 수 있는 금액을 수주하였다.
이처럼 중동진출은 인력과 자재의 동시수출이라는 점에서 매우
의미가 크다. 중동진출 첫해인 1974년 해외 수주액은 2억 6,000만
달러였으나 이듬해 1975년에는 226.3%나 늘어난 8억 5,000만 달러
나 됐고, 75년 해외진출 건설업체 수는 현대건설, 대림산업, 동아건
설 등 32개사에 달하였다. 이로 인해 중동건설 수주액은 1975년 7
억 5,000만 달러에서 1980년 82억 달러로 크게 늘었고, 1975~1979
년의 GNP 증가율 7.2%와 수출증가율 25.0%를 훨씬 뛰어넘는 연평
균 76.1%라는 획기적인 성장률을 달성하여, 우리 경제가 다시 살아
나기 시작하였다.

중동진출 초기인 1975년의 무역외수입은 약 8억 달러에 불과했으나, 1976년에는 16억 달러로 배가 되었고, 1978년에는 44억 달러에 이르렀다. 중동진출로 벌어들인 수입은 제2차 석유파동으로 크게 증가한 원유 수입대금의 약 30%를 상쇄해 국제수지 방어에 크게 기여하는 동시에 1970년대 후반기의 고도성장과 중화학공업 건설에도 크게 기여하였다. 해외건설은 수출금융처럼 인플레이션 성격을 가지고 있지 않았고 국산 기자재를 사용하기에 상품수출을 촉진시키는 역할을 했고, 국내 인력을 고용함으로써 국내 실업해소에 크게 기여하였다. 당시 세계경제가 오일쇼크로 어려움을 겪고 있는 데도 한국 경제는 중동특수로 막대한 오일달러를 벌어들여 중동 해외건설 수출은 1977년 한국의 백억 불 수출달성 및 국제수지 흑자로의 전환에 결정적인 역할을 했는데, 당시 근로자의 해외취업자 수가 약 17만에 이르렀다.

4. 1980년대 후반 이후 시기의 다문화현상

4.1. 재외동포 한국으로 몰려오다

1) 한중 수교

조선족(한국계 중국인 이하 조선족)의 초국가적 인구이동은 친척방문으로부터 시작되는 바 1980년대 초, 근 반세기동안 적대관계로 대립되었던 한·중관계가 풀리면서 1984년 처음으로 '친척방문' 명목의 6개월간의 단기체류 여행증명서가 발급되어 쌍방의 친척방문이 부분적으로 시작되었다. 그러다가 1992년 정식으로 양국사이 수교가 이루어짐에 따라 친척방문은 본격화되었고, 이로 인해 조선족과 한국과의 연계빈도가 급증하는 모습을 보였다.

1992년 8월 24일, 한·중 양국은 공동성명 을 발표하고, 정식으로 외교관계를 수립하였다. 공동성명 에서 한·중 양국은 유엔 헌장의 원칙과 주권 및 영토보전의 상호존중, 상호불가침, 상호내정불간섭, 평등호혜, 평화공존의 제 원칙에 기초하여 양국 간의 항구적인 선린우호협력관계를 발전시켜 나가기로 합의하였다. 『인민일보(人民日報)』는 8월 25일자 사설에서 "한·중 양국은 가까운 이웃이다. 제2차 세계대전 이후 역사적인 원인으로 양국관계는 수십 년 동안 서로 단절되고 비정상적인 관계에 있었다. 한·중 양국이 외교관계를 수립한 것은 양국관계에 있어서 매우 중대한 사건으로서, 양국인민의 이익에 부합될 뿐만 아니라, 한반도 나아가 아시아·태평양지역의 평화와 안정에도 기여할 것이다"라고 한·중 수교 의의에 대하여 높게 평가하였다. 한·중 수교는 수십 년에 걸친 양국의 반목의 역사를 청산하고, 양국관계가 정상적인 단계에 진입하였음을 의미하는 것이었다. 또한 양국이 '상호불가침'에 합의한 것은 1961년 7월, 중국과 북한이 체결한 '우호협력 및 상호원조 조약'의 군사동맹 성격이 크게 퇴색되었음을 의미하는 것이었다.

중국은 한국과의 국교수립을 통하여 새로운 경제협력 파트너를 확보함으로써, 선진국들에 대한 중국의 경제 의존도를 감소시키고, 국제경쟁력 향상을 도모하였다. 따라서 한국과의 경제협력은 한·중 수교에 있어서 가장 중요한 직접적 동력이라고 할 수 있다. 한·중 수교 이후 양국관계는 국교정상화를 계기로 경제협력을 선도로 정치, 군사, 사회, 문화 등 제 분야에서 비약적인 발전을 이루어 왔다. 이는 한·중 국교정상화라는 한·중 관계의 정상화 실현이 금후 양국 발전의 가장 중요한 여건을 마련해주었음을 설명해주고 있다.

2) 조선족의 방문

혈연상봉의 기쁨도 잠깐, 친척방문과정을 통해 접한 현격한 빈부의 차이와 고국의 발전모습은 조선족으로 하여금 수익창출에 눈을 뜨게 하였으며, 결국 중약(한약)매매가 치부의 수단으로 활용되어 한동안 중약매매가 성행하게 되었다. 얼마 뒤 가짜 중약이 거래되면서 중약의 신용도가 일락천장하고 중약매매가 더는 치부의 수단으로 가치를 발휘할 수 없게 되자 사람들은 점차적으로 장원한 시각에서 부를 창출할 수 있는 방법을 찾게 되었다. 마침 90년 초 한국정부의 200만 호 주택건설 정책발표, 일산, 분당 등 신도시 아파트 건설의 본격화와 건설현장에서의 건설노동자의 부족 및 오래전부터 형성된 한국 내 3D 업종을 중심으로 한 비숙련인력시장의 고갈은 별다른 특기나 기능을 소유하지 못하고 또 신분상에서도 불법체류라는 딱지까지 붙어 있는 조선족 노동자들에게 무한한 시장과 가능성을 열어주었으며, 급기야 코리안 드림의 열풍을 연출하기에 이르렀다. 이와 같이 조선족의 한국 유입은 중국과 한국의 법, 제도의 변화와 밀접한 관계가 있다. 관련법과 제도는 각국의 정치, 경제, 외교적 상황에 따라 영향을 받는다.

또한 조선족의 한국유입은 한국의 법적 허용 이전에 중국의 이주정책의 변화에 영향을 받았다. 1982년 중국정부가 조선족 한국방문을 허용했고, 1985년 대한적십자사 주최로 친척방문의 형태로 조선족의 한국행이 가능하게 되었다. 1985년에 중국정부는 새로운 이주법을 제정하여 일반 시민도 초청장과 해외 스폰서십만 있으면 여권을 발급 받아 해외에 나갈 수 있도록 했는데, 1980년대 조선족의 대규모 한국이주도 이처럼 변화된 환경에서 일어났다(김현미, 2008).

한국의 입장에서는 1988년 서울올림픽 전후하여 친척방문사업으로 조선족의 한국 유입이 시작되었는데, 1992년 8월 24일에는 한·중 수교를 맺게 되면서 중국동포의 유입이 급증하였다. 이에 우리 정부는 친척초청에 대한 규제를 완화하여 60세 이상 5촌 이내 혈족, 4촌 이내 인척으로 정하였다. 이 가운데 1992년은 해외투자기업 산업연수생제가 실시되는 해이기도 하다. 즉 해외에서 외국인근로자가 유입되기 시작한 것이다. 1994년 산업연수생제가 시행되면서 15개 국에서 산업연수생이 유입되었는데, 이 단계에서 중국동포의 경우 친척초청이 55세 이상 6촌 이내 혈족, 4촌 이내 인척으로 확대된다. 이는 당시 중국동포들의 경우 친척방문으로 들어와 중국으로 돌아 가지 않고 불법으로 체류하는 미등록외국인으로 한국에서 일을 하 는 사람들이 많아져, '친척방문'이라는 용어가 주는 상징적인 동포 지위를 제외하고 사실상 조선족은 미등록외국인으로 재해나 인권침 해 등의 문제에 고스란히 노출되는 상황이 되었다.

3) 조선족과 방문취업제

방문취업제는 중국, 구소련 동포들을 대상으로 입국문호를 확대 하여 '고국을 쉽게 방문하고', 입국한 동포들이 '취업을 원할 경우 단순 노무분야(32개 업종)에서 취업이 가능하도록' 하는 제도이다 (법무부 2007). 2007년 3월 4일에 시행된 방문취업제는 그 대상을 무연고 동포뿐만 아니라, 자진 귀국자, 유학생 가족, 의제 동포 등으 로 확대하였다. 즉, 방문취업사증(H-2)으로 신규 입국한 13만 5천 명의 동포와 기존 체류 동포 14만 5천 명에게 방문취업자격으로 전 환하는 것을 유도함으로써 약 27만 5천 명이 방문취업자격으로 한 국에 최대 5년간 체류할 수 있게 하는 제도이다. 방문취업제의 대상 은 러시아 및 중국 동포지만, 실제로 방문취업제로 한국에 오는 동 포들은 거의 대부분 중국 출신들이다.

한국정부는 1987년부터 1992년까지 조선족이 동포라는 점을 고려하여 입국과 체류 시 특혜를 제공했지만, 미등록 노동자로 잔류하는 수가 늘어나면서 외국인근로자와 마찬가지로 규제를 강화하기 시작했다(설동훈, 2002). 2002년 12월에는 특례고용 허가제가 도입되면서, 방문동거비자를 받고 입국한 재중동포가 입국 후 취업자격 비자를 받아 건설업 등 8개 분야에서 합법적으로 일할 수 있게 되었다. 그러나 재중동포가 합법적으로 일을 하다가 출국기간이 만료되는 상황이 되었을 때 돌아가지 않고 남아 있는 경우가 대부분이었기 때문에 이들의 불법체류가 증가하게 되었다. 그래서 정부는 이들의 불법체류를 줄이기 위해 2005년 자진출국 프로그램을 실시하면서 재중동포 이주자의 수는 줄어들었다. 이후 2007년에는 연고가 없는 해외거주 한인동포를 포함한 재입국자에게도 3년에서 5년까지 자유롭게 한국을 방문하여 취업할 수 있는 기회를 제공하는 '방문취업제'가 도입되었다.

4) 구 소련의 해체와 한국계 동포

19세기 말, 러시아 제국은 연해주 지역을 개척할 수 있는 노동력인 조선인들을 값싼 노동력으로 받아들이면서 이주가 시작되었다. 20세기가 되면서 일본의 식민지 지배로 인해 이주가 더 가속화되었다. 1937년 스탈린의 강제이주정책에 따라 연해주에 몰려있던 고려인들은 약 17만 2,500여 명이 중앙아시아로 이주하였는데, 7만 6,500여 명이 우즈베키스탄으로, 나머지 9만 5,500여 명이 카자흐스탄으로 이주하였다. 기차를 한가득 태우고 가는 길에 대륙횡단열차는 실크로드를 따라가 내려주기도 하였고 그 종착역이 우르겐치(우즈벡, 호레즘 주)였다. 그러나 이동중간마다 기차에서 밀치고 떨어져 나온 사고 등으로 대부분의 인원이 사망하였고, 살아남은 인원들이 중앙아시아 현지인들에게 농사를 가르쳐주며 더불어 살거나 소비에트 시스템을 활용하여 높은 지위와 부를 가졌다. 따라서 다른 소수민족들 그리스인, 쿠르드인, 타타르인, 메슈케티 터키인들은 그들의 언어와 문화를 유지한 반면 구한국계 동포들은(이하 고려인) 언어문화적으로 철저히 러시아와 소련에 동화되었다(이채문, 2010).

그러나 중앙아시아 국가들이 구소련에서 독립하면서 자국의 민족 정체성을 회복하기위해 탈소비에트, 탈러시아화를 수행하였다(성동기, 2001). 이러한 사실은 결국 고려인들에게 급격한 지위 변화를 겪게 하였다. 경제적 생활의 위협과 차별적 상황에 마주한 고려인들은 다시 고국인 한국으로 귀향하기 시작하였다.

5) 고려인과 중국계 재외동포의 이주 비교

고려인들은 현지에서 정주화 과정 속에서 언어문화적으로 동화된 점이 중국계 재외동포와 닮았다. 심지어 고려인들도 한국으로의 이주 동기는 고국이 그리워 이민을 통한 정주하기 위함이 아닌 한국으로 방문을 통한 취업의 성격이 더 강하다. 이들에게는 한국이라는 장소가 취업을 통해 상대적으로 높은 소득을 획득할 수 있는 동기로 유럽, 북아메리카, 일본 등과의 비교를 통해 결정된다(신현준, 2013).

김판준(2014)에 따르면, 중국 조선족은 대다수 중국으로의 귀국이 전제된 이주 노동자의 특성을 가지고 있으며, 2010년 이후 재외동포 자격과 영주 자격이 급증하고 있으나 사실상 정주 목적보다 출입국과 체류 문제를 해결하는 유형이 다수라고 밝혔다. 그러나 김영술과 홍인화(2013)에 따르면, 한국 국적으로 바꾸고 싶어하는 경우가 96%이상으로 드러났다. 이는 중국계 재외동포와는 다르게 국내에서의 상호 문화적 교류와 사회적 양상이 전혀 다르게 보일 것으로 보인다.

6) 고려인과 재외동포정책

2022년 6월 현재 국내에 체류하고 있는 동포는 약 77만여 명이고, 이 가운데 우즈벡계 고려인은 34,500여 명, 러시아계 28,600여 명, 카자흐스탄 15,400여 명으로 분포되어 있다. 이는 F-4(재외동포비자), H-2(방문취업비자), F-5(영주비자), F-1(방문동거비자)에만 국한되어 통계에 상정하고 있다.

〈표 23〉 출입국 · 외국인정책 통계월보 2022년 6월호

○ 국적별 체류현황

(2022. 06.30. 현재, 단위 : 명)

계	중국	미국	우즈베키스탄	러시아	캐나다	카자흐스탄
	619,048	44,176	34,586	28,645	17,378	15,399
777,245	오스트레일리아	키르기즈	우크라이나	타지키스탄	투르크메니스탄	기타
	4,550	3,076	2,922	363	254	6,848

○ 체류자격별 현황

(2022. 06. 30. 현재, 단위 : 명)

계 \ 자격	재외동포 (F-4)	방문취업 (H-2)	영주 (F-5)	방문동거 (F-1)	기타
777,245	487,989	113,390	117,632	22,119	36,115

이 외에도 F-6(결혼이민비자), C-3(단기방문비자), E-9(비전문취업비자) 소지자와 귀화자, 미등록체류자를 포함하면 현재 국내에 훨씬 많은 고려인들이 살고 있음을 유추할 수 있다.

고려인을 비롯한 동포의 한국 체류조건은 외국인력정책과 재외동포정책의 영향을 받아왔다. 외국인산업연수제도, 고용허가제를 시행하고 1999년 제정된 재외동포법은 대한민국 정부수립 이전 해외로 이주한 동포, 즉 조선족과 고려인, 재일조선인을 적용대상에서 제외하였으나 국내 시민단체들의 노력으로 2001년 헌법 불합치 판정이 내려지고 2004년 2월 법률이 개정되었다. 또한 2002년 취업관리제와 2007년 H-2(방문취업제)를 도입하였고, 2008년에는 F-4(재외동포비자)를 신설하였다.

특히 방문취업제도의 도입은 중국과 구소련 동포들을 대상으로 고국을 쉽게 방문하고 취업을 원할 경우 단순노무분야에서 취업이 가능하도록 하는 제도이자 고액의 이주비용을 지불할 필요 없는 이점을 작용하게 되어 한국으로 이주가 급증하게 되었다. 고려인들도 입국, 체류, 취업이 용이해지면서 원거리에 기반한 경제활동을 수행하고 러시아와 중앙아시아에 있는 가족에게 송금하면서 글로벌 가구를 운용하고, 시간이 흐르고 가족들이 한국으로 결합하여 정착화가 되는 것을 볼 때, 고려인들의 고국으로의 귀환이 재외동포정책의 변화가 주된 원인임에 인정할 수 밖에 없을 것이다.

4.2. 외국인근로자의 유입과 쟁점

1) 한국의 외국인근로자 유입 역사

1960년대 초반의 한국의 경제상황은 농업중심 구조로 인하여 노동연령층을 수용할 기업체가 발달하지 못하였으며 한국사회에서 실업인구가 다수 존재하였다. 이에 대한 대책으로 한국정부는 해외인력송출을 고심하게 되었다. 이에 따른 첫 번째 해외 인력송출 구성원은 파독 광부 및 파독 간호사들이었으며, 이 첫 번째 해외 인력송출 구성원을 통해 실업률 해결과 동시에 이들이 고국으로 송금하는 외화도 한국 경제발전에 일정한 성과를 기여하였다. 또한 동 시기의 두 번째 해외 인력송출 구성원은 한국인의 브라질을 향한 해외 인력 송출도 직접 주관하여 당시 한국의 실업을 줄이고자 하였다. 그리고 세 번째 해외 인력송출 구성원은 1965년 미국 이민법(Immigrationand Nationality Act of 1960) 개정으로 가족결합을 통한 이민과 동시에 고학력, 전문직 출신자의 이민을 유도하였고 한국인들의 미국행도 점점 증가하기 시작하였다.

한편, 한국은 1980대 말을 기점으로 송출국에서 유입국으로 변모하였다. 1970년대까지만 해도 정부는 국내인력의 해외송출에 관심이 있었다. 취업을 목적으로 외국인이 유입되기 시작한 시점은 1987년 이후 강력한 노동운동과 그로 인한 대기업 생산직노동자의 임금상승, 내국인 노동자들은 열악한 근로환경의 중소기업 취업을 기피하기 시작하면서부터이다(설동훈, 2005).

정부는 1991년 11월 국내 해외투자업체의 현지 고용인력 유입을 위해 '해외투자업체연수제도'를 도입하였고 이 제도는 1993년 11월 '산업기술연수생제'로 확대 운영되었다. 하지만 동 제도가 표방하는 목적과 다르게 동 제도가 중소기업의 인력난을 해소하기 위한 제도로 활용되었고 결과적으로 엄연히 노동을 제공함에도 불구하고 '노동자'가 아닌 '연수생'으로 분류하여 노동자로서의 권리를 제한하는 상황에 이르게 되었다. 또한 산업기술연수생제는 외국인의 불법체류를 양산한다는 비판을 받아 수년간의 연구와 협의 끝에 2003년 '고용허가제' 도입을 위한 법률이 통과되었다. 2004년부터 '고용허가제'와 '산업기술연수생제'가 병행 실시되었으나 2005년 7월 외국인력 정책위원회에서 기존의 산업연수생제를 폐지하고 2007년 1월부터 고용허가제로 일원화한다고 결정하였다.

2) 외국인근로자 유입배경

우리나라의 외국인근로자 유입은 1986년 아시안게임과 1988년의 올림픽과 같은 대형 국제행사를 계기로 시작되었다. 특히 이 시기에는 경제성장과 더불어 근로자들의 의식화가 진행되면서 노동조합 설립과 함께 강력한 노동운동으로 인한 임금상승이 이루어졌으며, 1987년 이후 노동시장의 변화로 인해 국내 대기업의 생산직 근로자들의 임금이 급속히 상승하였다. 이와 같은 근로자들의 의식화와 경제성장, 소득수준상승에 따라 내국인 근로자들의 근로조건이 열악하고 임금수준이 낮은 영세기업의 '3D 업종 기피현상'이 빚어지게 되면서 대부분 제조업분야의 중소기업이 노동력 부족이라는 어려움을 겪게 되었다. 이런 생산직 인력난이 만성화된 국내노동시장에 교통, 통신 등의 발달로 인해 국가 간의 노동인력의 이동이 쉬워짐에 따라 자연스럽게 외국인근로자들이 유입되었다.

한편 1980년 이후 국내기업은 극심한 생산직 인력난을 겪게 되자 동남아시아의 저임금 군의 외국인력 도입에 주력했고, 이런 필요성에 따라 1991년부터 산업연수생제도를 도입하여 연수생자격으로 입국한 외국인들을 국내노동력이 부족한 사업장에 투입시켜 실질적 노동행위를 하게 하였다. 하지만 외국인근로자에 대한 부당한 처우가 지속됨에 따라 연수생들의 집단 사업장 이탈사태가 발생하는 등 문제가 발생하였으며, 외국인근로자의 미등록체류가 증가하는 결과를 초래하게 되었다. 또한 1996년부터 본격적으로 미등록체류에 의한 취업이 사회문제로 야기되면서, 미등록체류외국인근로자에 대한 문제가 사회문제로 되었다. 하지만 그 이후 우리나라는 경제위기를 극복하고, 국제적 생산국가의 반열에 올라 세계노동시장의 성립이라는 근본적 구조변화 과정 속에서 자본유입국가에서 수출국가로, 노동력 송출국가에서 유입국가로 지위가 상승하게 되었다. 따라서 유입국가로서의 지위를 가진 우리나라에서는 내국인으로서 대체할 수 없는 전문기술 분야뿐만 아니라 고용허가제의 실시로 인해 단순기능 외국인력의 국내취업이 합법적으로 가능하게 되었다. 또한 송출국가의 국민들에게는 국내의 임금수준이 자국의 임금수준을 훨씬 웃도는 높은 수준이므로 이들은 미등록체류로 체류자격상 불법취업을 해서라도 취업을 유지하려고 하였다. 그리고 동시에 종래 국내노동인력은 고학력자 증가 및 기술분야의 고도성장으로 인한 고급 노동인력에 대한 지원인력으로 집중됨으로 인해 농업 및 제조업의 단순노동인력의 부족은 더욱 심화되고, 고령화, 출산율 저하 등의 이유로 외국인근로자들의 유입은 증가되었다(박유원, 2004).

외국인력 유입은 경제성장으로 인한 노동시장의 구조적 변화로 노동력 공급의 변화를 가져올 수밖에 없다. 오늘날 국제 간 노동인력의 이동으로 외국인근로자의 유입으로 발생할 수 있는 모든 상황에 대한 대처방안들이 마련되어야 할 필요성이 그만큼 커지게 되었다고 볼 수 있다.

3) 외국인근로자의 유입요인

외국인근로자는 자국이 아닌 타국에서 고용기회를 갖기 위해, 나은 경제적 상황확보를 위해 상대적으로 양호한 국가로 이동한다. 언어적, 문화적인 여건과 환경을 배제한 상태에서 자국보다 나은 수입보장을 위해 미등록체류를 통해 불법취업을 하고 있는 현상이 나타나게 된다. 이는 경제적 측면에서 외국인근로자 유입은 외국인근로자들이 본국 근로자들의 임금 및 고용수준에 어떤 영향을 미치는가에 기초하여 대체가설 이론(replacement hypothesis)과 분단가설 이론(segmentation hypothesis)으로 나누어 볼 수 있다(유길상, 2004).

우선 대체가설이론에서는 외국인근로자들의 유입은 결과적으로 노동시장에 과잉공급을 초래하며 내국인 근로자 고용은 감소하게 되고 임금도 하락하게 된다고 한다. 즉, 국가경제로 볼 때 생산은 증가하여 외국인근로자는 일반적으로 단기간 체류해야 하기 때문에 초과노동 등을 회피하지 않아 결국 노동공급의 유연성을 제공하는 등 내국인 근로자들을 대체하게 된다는 것이다. 다음으로 분단가설이론에서는 외국인근로자와 내국인 근로자 사이에는 높은 임금과 직업안정성, 높은 사회적 위치 등 이른바 '좋은 직업'으로 이루어진 1차 부문과 낮은 임금과 높은 이직률, 낮은 사회적 지위, 열악한 작업환경을 특징으로 한 2차 부문으로 노동시장이 나눠져 있다고 한다. 즉, 숙련도의 차이, 언어장벽에 따른 제약으로 인하여 국내 근로자가 회피하는 업종에 종사하거나 경기침체 시에는 먼저 실업상태가 되는 경우로 내국인과는 차별적이라는 전제에서 내국인 근로자와 외국인근로자 간의 관계는 보완 관계적 성격을 지니게 된다는 것이다.

위와 같이 두 가지 이론을 바탕으로 외국인근로자의 유입요인을 정리해보면 다음과 같다.

첫째, 외부적 요인으로 국내 출입국의 규제완화, 자국과의 임금차이, 둘째, 내부적 요인으로 1987년 노동자대투쟁 이후 대기업 생산직 근로자 임금이 상승한 시기와 고학력자 증가 및 고도기술 분야의 성장으로 제조업, 단순 노동력의 부족, 저임금 현상 등으로 인한 노동력 부족이다.

4.3. 북한이탈주민의 유입과 쟁점

1) 북한이탈주민 탈북의 역사적 전개

북한이탈주민은 남북이 냉전 이데올로기로 대치하던 1980년대까지 남한으로 탈출한 군인과 민간인으로부터 시작된다. 1990년 이후에는 유학생, 외교관, 무역종사자, 고위인사들이 유입되었고, 1994년 김일성 주석 사망과 1995년 자연재해 등 북한의 경제사정 악화에 의한 식량난으로 일반인들이 그들의 생존전략 차원에서 탈북하였다. 또한 1990년 중반부터 배고픔에 시달린 북한 주민들이 중국에서 식량을 구할 목적으로 도강하였으며, 이들 중에는 중국 등 제3국을 거쳐 남한으로 입국하는 사람들이 빠른 속도로 증가하였다(윤인진, 2007). 2000년 이후에는 좀 더 다른 모양의 탈북이 이뤄지는데 이는 외국인근로자 성격의 삶의 질의 변화를 원하는 탈북이라는 것이다. 이 시기에는 경제적 삶의 모색, 체제에 대한 불만, 처벌에 대한 기피 등 삶의 질적 차원을 높이려는 목적에서(최대석·조영주, 2008) 탈북이 이루어졌다. 또한 중국에서 돈을 벌 목적으로 탈북 하는 사람들이 증가했는데, 이들 중에는 북한에서 최하층보다는 중상류층에 속했던 사람들이 상당수를 차지하였다. 그리고 이미 남한에 입국해서 정착한 사람들이 브로커를 통해 북한 또는 중국에 체류 중인 가족 구성원들을 데려오는 가족결합 성격의 탈북이 자리잡아가고 있었다(윤여상, 2001). 이러한 변화는 탈북주민을 '이주민'의 범주로 간주할 수 있게 했으며, 국내 학계에서는 이에 맞춰 '북한이주민'이라는 호칭을 사용하기 시작했다(윤인진, 2007).

2) 월남귀순용사

한국정부의 북한이탈주민에 대한 처우도 달라져왔다. 권위주의시대인 남북 간의 긴장이 팽팽할 당시, 사선을 넘어 남으로 귀환한 월남귀순용사는 영웅대접을 받았던 시절이 있었다. 시대가 가면서 이탈 주민의 형태와 숫자도 많이 달라져, 북한이탈주민에 관해 한국정부에서 시기별로 그때마다 용어와 대우도 달라진다. 처음에는 국가유공자나 월남 귀순자로 지위를 부여하고, 귀순자에게 국가유공자 같은 지위를 부여한 적이 있다. 1979년 이후에는 사선을 넘어 자유민주주의를 선택한 귀순용사로 간주하고 지원을 실시하였다. 그 후 차츰 많은 북한이탈주민이 들어오고 정부의 지원도 국가유공자에서 생활보호대상자로 등급을 낮추고 지원규모도 축소하였다. 이에 정부는 북한이탈주민들이 우리 사회의 일원으로 자립자활 의지를 갖고, 안정적으로 정착하도록 「북한이탈주민 보호 및 정착지원에 관한 법률」을 1997년 1월 13일 시행한 후 2010년 9월 27일 개정되어 현재에 이르는데, 이 법률은 북한이탈주민지원재단 및 북한이탈주민 예비학교 설립, 취업지원 강화방안 등의 내용 등 다양한 정책적 지원을 하고 있다.

〈그림 11〉 월남귀순용사 기자회견

(출처: 국가기록원)

위와 같은 인구사회학적 배경을 가진 북한이탈주민은 한국사회에서 정치적·경제적·사회적·문화적인 모든 면에서 힘겹게 적응해 나가고 있다. 한국인이 북한이탈주민을 동 시대에 살아가는 이웃으로서 인정하고 이들을 이해하는 인식전환이 이루어진다면, 북한이탈주민이 건전한 시민으로서 정착할 수 있을 것이다(이지경, 2012). 따라서 한국인이 북한이탈주민을 어떻게 인식하고 있는지를 알아보는 것은 북한이탈주민의 정착을 위해서 뿐만 아니라 사회통합을 위해서도 중요하다(이윤수, 2014).

4.4. 외국인 유학생의 유입과 쟁점

1) 국내 외국인 유학생의 유입 역사

국내 외국인 유학생 유입은 우리나라의 국제적 위상변화와 함께 국가와 대학의 외국인 유학생에 대한 정책 영향으로 시기별로 특성이 변화하였다. 고재순(2014)은 외국인 유학생 유입을 시기별로 정리하였는데, 총 4가지 시기로 다음과 같다.

제 1시기(1965년~1979년)는 1950년 이후 전쟁의 폐허를 극복하고 경제 개발 계획을 통해 경제가 급속하게 성장하던 기간으로 이 시기는 정부에서 초청하여 유학생들을 유입하거나, 대만과 외교 관계를 맺어 대만에서 유학생들이 대부분 유입되었다. 1970년 이전 정부 장학금 초청 유학생은 총 77명으로 그 중 일본에서 10명, 중국에서 9명, 미국에서 5명으로 외국인 유학생들의 수는 지속적으로 증가는 하였으나 미흡하여 1980년대까지 한국의 유학생 정책은 국가적 차원의 정책으로서 관심을 받지 못하였다(고재순, 2014).

제 2시기(1980년~2003년)는 제 1시기보다 외국인 유학생의 수가 폭발적으로 증가하고 국가도 총 34개국으로 다양해졌다. 이때 외국인들이 많이 유입된 이유로는 한국의 국제적 위상이 높아진 것을 원인으로 꼽을 수 있다. 1986년 아시안 게임, 1988년 서울 올림픽 개최, 1992년 중국 수교에 이은 북방공산권과의 외교 확대 등으로 세계에 'KOREA'를 각인시키는 계기가 되어 이후 유학생 흐름에 중요한 영향을 끼친 것으로 판단된다(고재순, 2014).

제 3시기(2004년~2010년)에는 한국의 국제적 위상이 더 높아짐과 동시에 정부에서도 외국인 유학생을 유치하기 위해 적극적인 노력을 함에 따라 유학생들의 수가 폭발적으로 증가하게 된다(고재순, 2014). 교육부는 2001년 '외국인 유학생 유치확대 종합방안'을 수립하여 적극적으로 추진하였고, 이어서 2004년에 'Study Korea Project'를 통해 당시 정부는 2010년까지 유학생 5만 명 유치를 목표로 외국인 유학생 정책을 추진하였으나, 2007년에 이미 그 수치에 달하게 된다(박은경, 2011).

제 4시기(2011년~)는 '정책적 전환기'로 판단되는데, 2000년 이후 빠른 성장세를 보이던 외국인 유학생 증가율이 둔화되는 시기이다. 2000년 이후 계속하여 증가하던 외국인 유학생 수는 2011년 89,538명을 기점으로 2012년부터 2014년까지 조금씩 감소하였는데, 이러한 원인은 세계적인 경제 불황으로 판단된다. 그러나 몇 년간 감소하던 외국인 유학생은 2015년 91,332명으로 다시 증가하기 시작하였으며 꾸준히 증가하여 2019년에는 160,165명으로 외국인 유학생 수가 정점을 찍었으나 2020년에는 국내 고등교육기관 외국인 유학생 수가 153,695명, 2021년에는 152,281명[27])으로 유학생 수가 감소하였음을 확인할 수 있다. 2020년과 2021년에 외국인 유학생 수가 임시적으로 감소한 것은 코로나19로 인한 이동 제한으로 인해 외국인 유학생의 수가 감소한 것으로 유추할 수 있으며 코로나19 이전인 2003년부터 2019년까지 대체적으로 꾸준한 증가를 확인할 수 있다(교육부, 2021).

요약하자면, 한국이 경제적으로 발전하기 시작하며 국제적 위상 이 높아지기 시작한 1980년대 후반을 기점으로 외국인 유학생들의 한국 유입이 본격화되기 시작하였고, 정부에서 외국인 유학생 유치 에 대한 꾸준한 노력으로 외국인 유학생의 수는 지속적으로 증가 추 세를 보이고 있다.

2) 잠재인력

전 세계적으로 저출산과 저성장의 기조가 지속되면서 인구 확충 을 위한 성장 잠재력을 제고하기 위해 외국인 전문인력을 확보하는 것에 대한 필요성이 강조되고 있다. 외국인 전문인력은 첨단 지식을 확보하고 기업과 제품을 국제화하기 위한 기반 마련에 기여를 하게 된다. 한국 정부도 2014년 1월에 창조 경제를 구현하기 위한 '경제 개혁 3개년계획'을 발표하며 외국인 투자와 국외의 석·박사급 인재 들을 우수 신진연구자로 유치하는 것을 중소기업과 대학들의 글로 벌 경쟁력 제고를 위한 주요 과제로 제시하였다(전해영, 2014). 이러

---

27) 본 저작물 교육부에서 2021년 작성하여 공공누리 제 2유형으로 개방한 '2021년 국내 고등교 육기관 내 외국인 유학생 통계(작성자:강다영)'을 이용하였으며, 해당 저작물은 '교육부, https://www.moe.go.kr/boardCnts/viewRenew.do?boardID=350&boardSeq=90123&lev=0'에서 무 료로 다운받을 수 있음.

한 외국인 전문인력은 외국인 전문인력과 잠재인력으로 구분되는데, 여기서 잠재인력이란 외국인 본인의 출신국가와 한국을 모두 잘 알고 교육수준이 높은 잠재적인 외국인 전문인력으로 대표적으로 외국인 유학생을 의미한다. 외국인 전문인력의 필요성이 증가함에 따라 유학생 유치는 정부와 대학 과제에서 중요 과제 중 하나로 손꼽힌다. 그렇다면 외국인 유학생들을 잠재인력으로 보고 유치를 하고자 노력하는 이유는 무엇이 있을까? 첫째, 외국인 유학생은 해외 고급인적자원으로 글로벌 문화자본을 가지고 있어 다양한 사회에 대한 이해를 바탕으로 경쟁력과 경제를 성장시키는데 중요한 역할을 담당하는 것으로 본다. 둘째, 국내 출산율 감소에 대한 교육인구 감소세 대응 방안으로, 국내에서 부족한 교육인구를 해외에서 데려와 유치하여 국가경쟁력을 지속적으로 성장시키고자 한다(김경남, 2021). 결과적으로 외국인 유학생의 유치는 외국인 전문인력이 되기 전의 잠재인력으로서 장기적으로 봤을 때 국가 경제를 성장시킬 수 있는 중요 자본으로 바라본다. 세계화 속에서 더 이상 한 국가만 한정해서는 경제 발전이 이루어질 수 없으므로 다양한 인재가 필요한데, 이를 외국인 유학생들이 해결할 수 있다고 보는 것이다. 이러한 외국인 유학생들을 유치하고 활성화하기 위해서는 국내 대학의 경쟁력을 강화하고 대학 홍보를 활성화를 통해 졸업 후 국내 취업을 적극적으로 연계해야 할 것이다(전해영, 2014).

4.5. 외국인지원 시민단체의 태동

1) 외국인근로자 지원단체의 설립 배경

외국인근로자들이 국내에 들어와 내국인이 꺼려하는 3D 업종에 종사하며 중소기업의 인력난 해소에 기여하였지만, 외국인근로자들의 인권과 제도의 문제는 끊임없이 제기되었고, 정부는 그들을 위한 어떠한 복지서비스도 제공하지 못하였다. 이러한 상황에서 외국인근로자의 문제를 해결해주고, 교육과 문화활동 등을 통해 사회문제를 해결하려고 한 것은 정부가 아닌 민간단체를 중심으로 이루어져 왔다.

국내에서는 외국인근로자 상담소 형태의 지원단체들이 서울·수도권을 중심으로 설립되어 전국으로 확산되었다. 이처럼 1993년을 시점으로 지원단체의 설립의 증감은 대체로 외국인근로자 증감에 따른다고 할 수 있다. 또한 1994~1997년에는 지원단체가 가장 많이 설립되었는데, 이것은 외국인 산업기술연수생을 기업이 수입해오면서 외국인근로자가 급증한 때와 같다. 반면 1998년은 한국경제가 IMF를 맞아 심각한 경제난에 놓여 있게 되므로 많은 수의 외국인근로자들이 본국에 귀국함에 따라 지원단체의 수도 줄게 되었다.

하지만 1999년 이후 경제가 호전되면서 지원단체가 신설되는 것보다는 기존 단체의 규모가 증대되는 방향으로 추세가 바뀌었다. 이로 인해 2003년까지 전국의 외국인근로자 지원단체의 대부분은 순수 민간단체 차원이라기보다 종교적 성향을 강하게 띠고 있는 종교적 차원에서 이루어져 오고 있다.

2) 외국인근로자 지원단체의 활동실태

외국인근로자 지원단체는 외국인근로자들에게 생겨난 크고 작은 문제들을 해결해주는 곳이며, 마음의 쉼을, 배움의 기회를, 동료들과의 친교를 나눌 수 있는 장소이다. 이런 외국인근로자 지원단체의 활동실태는 상담활동, 교육활동, 여가지원으로 다음과 같이 구분할 수 있다.

우선 첫째, 상담활동을 들 수 있다. 외국인근로자들의 삶에서 발생하는 여러 가지 문제들을 해결해 주는 일이 상담활동인데, 지원단체들은 외국인근로자가 안고 있는 현실적 문제(불법체류 등)를 뛰어넘어 여건에 따라 외국인근로자들에게 상담 활동을 통해 돕는다. 새로 도입된 고용허가제에서는 국가적 차원에서 이들 상담활동의 일부를 주도적으로 이행함을 명시하고 있다. 즉 임금체불, 인권침해, 산재 등의 상담활동 일부가 국가적인 차원에서 이루어 질 전망이다.

둘째, 교육활동을 들 수 있다. 교육 프로그램은 주로 한국어교육과 컴퓨터 교육을 중심으로 이루어지고 있다. 언어는 한국에서 생활하면서 부딪히는 문제들의 가장 기본적인 원인이기 때문에 많은 외국인근로자들이 한국어교육을 원하고 있고, 이에 따라 거의 모든 지원단체가 자원봉사자 등을 통하여 체계적인 한국어교육을 하고 있는 것으로 나타났다. 특히, 고용허가제에서는 외국인 인력의 선출과정에서 한국어 능력의 유무가 포함되어 있어 국내에 들어와 있는 외국인근로자들의 한국어에 대한 관심이 증폭되어 있는 상황이다. 이는 현재 국내에 있는 외국인근로자가 비자기간이 만료되어 본국에 돌아가더라도 한국어 능력 자격증을 가지고 있으면 재입국에 유리하다고 생각하기 때문이다.

셋째, 여가 및 자조집단 지원활동을 들 수 있다. 지원단체는 외국인근로자들이 한국생활의 적응과 한국문화를 이해할 수 있는 기회를 제공하고, 그들이 건전한 여가생활을 영위할 수 있도록 도와주고 있다. 이러한 지원사업은 대체로 행사를 통해 이루어지는 경우가 많은데 단위행사 중 일부는 지역의 타 지원단체와 연계하여 운영하기도 한다. 지원센터의 여가 및 문화 지원행사를 보면 설·추석의 명절행사, 여름·겨울 캠프, 체육대회, 소풍, 송년행사, 각국의 음식나누기 등을 대부분 기본적으로 하고 있다. 또한 지원단체에 따라 한국가정체험, 공동체 리더십 트레이닝, 세계외국인근로자의 날 행사, 한국어 말하기 대회, 문화공연, 영화감상, 성탄행사, 문화유산기행, 지역주민과 함께 하는 문화축제 등을 볼 수 있다. 이렇게 많은 지원단체는 대부분 종교단체를 기반으로 하여 출발하기 때문에 종교활동이 거의 포함되어 매주 미사나 예배 활동을 통해 지원단체가 선교나 포교들의 개별적 목표를 수행하고 있는 것으로 나타난다. 만일 국가별로 자조집단이 운영된다면 외국인근로자들은 언어적, 문화적 제약을 받지 않고 스스로의 문제를 해결해 나아갈 수 있을 것이며, 서로의 결속력을 높일 수 있을 것이다.

앞으로 지원센터는 처음부터 하나에서 열까지 모든 것을 외부의 도움을 통해 해결하기보다는, 자조집단이 해결할 수 있는 문제는 우선적으로 자체적 해결을 통해 해결하고, 추후에 도움을 요구하는 것이 바람직할 것이다. 이렇게 되기 위해서는 지원센터가 자조집단을 만들 수 있는 기본적 바탕을 마련해 주고, 잘 운영될 수 있도록 지원해 주는 일이 필요할 것이다.

제4장

한국사회의 다문화가족 이해

1. 다문화가족의 출현

1990년대 들어 저출산과 고령화로 인해 경제활동 인구의 부족으로 국내 경제의 경쟁력 유지라는 측면에서 외국인근로자의 유입은 불가피하였다. 이러한 사회적 현상과 함께 1990년대 후반 '농촌총각 장가보내기' 운동의 한 방법으로 국제결혼이 추진되면서 우리 사회의 체류외국인 수가 급증하기 시작했고, 이러한 사회적 현상은 '다문화가족'이라는 신조어의 출현과 더불어 우리 사회에서 다문화와 관련한 담론이 논의되기 시작한 요인으로 작용하였다. 특히 현재의 국제결혼 증가율과 외국인근로자의 수는 코로나19 상황을 제외하고는 2019년까지 증가추세를 보이고 있으며, 2019년 국내 체류외국인 수는 2,524,656명을 기록하였다(출입국·외국인정책 통계연보, 2019).[28] 특히 20세 이하 연령층에서 5명 중 1명은 다문화가족 자녀가 될 것이라는 전망이 나오고 있다. 이러한 추세를 고려할 때 한국사회의 다문화사회로의 진입을 더 이상 부인하거나 되돌릴 수 없게 되었다(경기도 다문화교육센터편, 2012).

한편 일반적으로 우리 사회에서 '다문화가족'이란 용어는 흔히 국제결혼을 통해 이루어진 가족을 뜻하는 것으로 통용되고 있으며,

---

28) 2017년부터 2019년까지 매년 평균 7.2%로 증가했던 국내 체류외국인의 수가 코로나19의 영향으로 2020년부터 연속 감소하였다. 상세 통계 내용은 제2장 참고)

특히 베트남, 캄보디아 등의 동남아시아 결혼이주여성과 한국인 남성의 결합으로 이루어진 가족을 지칭하는 것으로 인식되고 있다. 그러나 '다문화가족'이란 용어는 2003년 건강가정시민연대가 '국제결혼·혼혈아' 등의 차별적 용어에 대한 대안으로 '다문화가정·다문화가정 2세'로 제안한 것이 호응을 얻어 지금까지 사용되고 있다 (이순자, 2012).

현재 국내 다문화가족은 외국인근로자 가족, 국제결혼 가족, 그리고 북한이탈주민 가족으로 유형화 할 수 있다. 그러나 우리 사회의 다문화가족 관련 법규와 지원정책은 국제결혼 가족 및 그 자녀를 중심으로 다문화가족을 정의하고 있으며, 외국인근로자 가족 및 북한이탈주민 가족은 그 대상에서 제외되어 있다. 이는 우리사회의 다문화가족 정책이 다문화주의가 아니라 결혼이주민과 그 자녀를 대상으로 하는 동화주의 정책이라는 비판에서 자유롭지 못한 원인이 되고 있다. 또한 '다문화'라는 용어가 주류사회의 문화가 이미 존재하고 있음을 전제하고 있다는 비판과 함께 현재 학계와 정부 일각에서 그 사용을 멈추어야 한다는 주장이 제기되고 있어 이에 대한 논의가 필요한 시점에 이르렀다 할 수 있다.

이와 같이 우리 사회가 다문화사회로 진입하여 발전해감에 따라 정부는 '재한외국인처우기본법', '다문화가족지원법' 등 국내 외국인 또는 이민자 등을 지원하기 위한 법률을 제정하고, 이들의 한국사회 적응 및 사회통합을 위해 다양한 정책을 추진해왔다.

1.1. 통일교, 국제결혼의 시작인가?

통일교[29]에서 행해지는 결혼을 '축복결혼' 또는 줄여서 '축복'이라고 한다. 통일교에서는 결혼을 통해서 창조이상의 가정을 완성하고 신과의 관계를 회복할 수 있다고 말하고 있다. 또한 민족 간 갈등과 원한에서 벗어나 사랑과 화해의 관계로 돌아서기 위해서, 하나의 사랑에 의한 조화된 세계를 현실에서 실현해 나가기 위한 직접적인 방법이 국제결혼이라고 주장한다. 이러한 통일교의 교기 안에서 많은 국제결혼 가정이 탄생하게 되었고, 통일교를 통해 형성된 국제결혼 가정은 미국, 일본, 남미 등 여러 나라에서 행해졌다.

1980년대까지만 해도 통일교 안에서 한국인과 일본인의 결혼은 민족 간의 갈등을 해결책으로 제시되는 결혼이었다. 통일교를 통한 첫 국제결혼은 1968년 유광열과 오오야마 기미꼬 가정이라고 한다. 하지만 오오야마 기미꼬는 한국에 대해 전혀 아는 것이 없고, 일본에서 자랐지만 국적은 재일교포로서 한국국적을 가지고 있었다. 그렇기에 국적상으로 보자면 국제결혼 가정에 해당되지 않겠지만, 문화적 배경적으로는 국제결혼 가정의 성격을 지니고 있다고는 할 수 있겠다. 이 결혼을 시작으로 1970년에 3쌍, 1974년 미국 LA 본부에서 1쌍, 1975년 장충체육관에서 한국과 일본인 가정 18쌍, 한국과 미국인 가정 7쌍이 국제결혼 가정이었다. 이때까지만 해도 한국인과 일본인이나 다른 외국인과의 결혼은 그렇게 많은 수를 차지하지 않았다. 하지만 1980년대에 국제결혼의 주된 원인을 통일교로 뽑고 있

---

29) 통일교 : 본 고에서는 다문화가족의 태동 관점에서 접근하는 방식으로 독자들의 이해도를 높이기 위해 시기별로 제시하는 과정에서 특정 종교의 국제결혼을 언급할 뿐이다.

는 것은 80년대에 이르러 많은 수의 한국인과 일본인 국제결혼 가정이 탄생했기 때문이다. 1988년 (주)일화 용인연수원에서는 6,500쌍의 국제결혼을 거행하였다. 이 중 2,639쌍이 한국과 일본인의 국제결혼이었다. 이 축복 결혼식 이후 통일교의 교주 문선명은 한일·일한 국제결혼 가정을 한국에서 활동하도록 지시하여 국제결혼 가정이 한국에 정착하게 되었다. 이와 같이 통일교라는 특정 종교의 배경이 있지만 본 고에서는 종교를 떠나 다문화현상의 관점으로 보고자 하며, 이처럼 통일교라는 배경하에 한국에 정주화하고 있는 국제결혼도 있다는 것이다.

1.2. 한국의 농촌총각 장가보내기

산업화 이후 한국의 결혼시장에서 농업에 종사하여 상대적으로 경제적 조건이 불리한 남성들이 결혼하기 힘든 위치를 차지하게 되면서, 이는 '장가 못 가는 농촌총각'의 문제로 등장하게 되었다. 이러한 문제 상황에서 한국 정부는 결혼이 어려운 농촌 총각과 조선족 여성의 결혼을 장려하였다. 조선족 여성들이 결혼상대로 추진된 것은 이들이 '한민족'이기 때문이었다. 즉 이 시기 한국에서 외국인과의 국제결혼은 유교윤리의 혈연 중심적 가족주의에 기반한 혈통의 순수성에 대한 집착으로 금기시 되지만 조선족 여성들은 우리와 '한민족'이기 때문에 혼혈에 대한 공포를 가져오지 않는다. 따라서 국가가 이들의 결혼에 적극적으로 개입할 수 있게 되는 것이다. 한국 정부는 조선족 여성의 결혼과 관련된 행사에 적극적으로 개입하거나 지원하는 것 외에 '결혼'을 가장 손쉽고 유리한 입국통로로 열어

두는 이주정책을 시행하였다. 그리고 노동력의 국내유입은 엄격하게 제한하면서도 조선족 여성들이 한국 남성들과 결혼을 통해 이주하는 것에 대해서는 별다른 제재를 취하지 않았다. 이와 같이 국가가 개입한 한국의 농촌총각과 중국의 조선족 여성들과의 결혼에 대해 구체적으로 살펴보면 다음과 같다.

조선족 여성과 한국 남성 간의 결혼은 한국과 중국 간의 국교가 수립되기 이전인 1990년에 처음 이루어졌다. 정식수교가 이루어지기 전 사회주의 적성국가인 중국인과의 결혼은 정부의 개입과 지원 없이는 처음부터 불가능한 일이었다. 조선족 여성과 한국 남성 간의 결혼은 농림수산부, 보건복지부 등 정부기관의 적극적인 지원과 개입을 통해 이루어지기 시작하였다. 그래서 한국의 장가를 못 간 수많은 농촌총각이 신부감을 찾기 위해 연변으로 가기 시작하였다. 한국 여성과는 결혼할 수 없는 이들에게 조선족 여성과의 결혼은 하나의 대안으로 여겨졌었기 때문이다.

한편 1990년 12월부터 1991년 7월 사이에 맞선을 보기 위해 중국을 다녀온 사람이 모두 27명에 이를 정도로 빠른 시일 안에 조선족 여성과 결혼하고자 하는 한국 남성들의 숫자가 증가하였다. 당시 농촌총각이 중국으로 가기 위한 경비 마련을 위해 '전국 주부교실 중앙회'라는 시민단체에서 농산물 직거래장을 여는 등 이들의 결혼은 정부, 각종 시민단체의 지원을 받았고, 1992년에는 한국통신과 MBC에서 중국 조선족 여성과 한국 남성 간의 영상 맞선을 생중계하기까지 하였다. 1992년 중국과 정식으로 국교가 성립되기 이전 농촌총각들은 <영농후계자 중국농촌시찰단>이라는 명목으로 결혼을 하기 위해 중국을 방문하기도 하였다. 이처럼 초기 조선족 여성과 한국 남성과의 결혼은 만남에서부터 결혼식이 이루어지는 과정까지 국가가 개입하였다.

1.3. 한국어와 국제결혼

한·중수교 이후 민간교류가 증가하면서 조선족 여성과 한국 남성 간의 결혼은 주로 주변 사람의 소개나 결혼소개소를 통하는 등 사적인 경로를 통해 이루어짐과 동시에, 이들의 결혼을 정부가 주도하는 모습 또한 볼 수 있다. 1993년 충북 옥천군에서 군 내의 노총각들을 장가보내기 위해 조선족 여성들과의 결혼을 주선하였고,[30] 전남 나주시는 1996년도와 97년도에 '농촌총각 장가보내기'를 특수시책 사업으로 선정하여 추진하였다.[31]

국가에서 조선족 여성과 한국 남성 간의 결혼을 적극적으로 중개할 수 있었던 것은 이들 간의 결혼이 '국제결혼'으로 사고되기보다는 '동족 간의 결합'으로 여겨지기 때문이었다. 피부색이나 언어 등 가시화되는 인종 혹은 민족적 차이 때문에 한민족의 순수성을 위협한다고 생각하는 다른 국제결혼과 달리 이들의 결혼은 민족의 재생산을 담보한다고 간주되었다. 한국인은 단일민족이라는 의식이 유달리 강하고, 성향은 유교윤리의 혈연 중심적 가족주의에 뿌리를 두고 있다. 말하자면 한국인의 '우리' 의식의 기초는 가족주의라는 이름의 혈연적 집단주의라는 것이다. 이러한 성향은 혈통의 순수성에 대한 집착으로 나타난다. 이는 깨끗하고 순수한 '우리 것'에 대

---

30) 중앙일보, 1993년 1월 30일자, '충북 옥천군 농촌총각 11명, 교포처녀와 맞선 위해 방중'.

31) 중앙일보, 1997년 2월 20일자, '나주시, 농촌총각, 중 교포처녀 현지 만남 주선'.

한 도덕적 정당성을 부여하며, 애착과 집착을 갖도록 만든다. 반면에 '우리'가 아닌 '남'은 불확실하고 위험한 미지의 것으로 여겨진다. '남'은 '우리'를 불안하게 만드는 존재이며, 따라서 회피해야 할 대상이 된다.

이러한 점에서 조선족 여성들이 한국 남성과 같은 언어를 사용한다는 것은 중요한 역할을 하였다. 이때 언어는 단지 말이 아니라 같은 민족성의 체현이며, 한 사회의 집단적 정체성을 담보하는 도구이다. 한국 남성과 조선족 여성과의 결혼이 가능하다고 생각하는 가장 기본적인 조건이 바로 이 언어이고, 이는 한 민족이라는 증거로 작용하여 한국어를 사용하는 조선족 여성은 '한민족'32)으로 인식되었다. 한국 남성과 결혼한 조선족 여성은 '아버지'의 고향을 찾아온 여성이지, 낯선 외국인 여성이 아니라고 여겨지는 것이다. 중국 조선족 사회에서도 한국 남성과의 결혼은 '동족' 간의 결합으로 여겨져 국내에서의 이민족 통혼보다는 더 쉽게 받아들여지는 경향이 있다. 많은 여성들이 한국으로 오는 것은 '한민족'이기 때문이지 돈 때문만은 아니라고 이야기한다. 아무리 돈을 많이 주더라도 미국 사람한테는 시집가지 않으며, 말이 통하고, 생활습관이 비슷하여도 한족하고는 쉽사리 결혼하지 않는다고 한다.

그러나 언어가 같다고 해서 사고방식이나 인식체계마저 같은 것은 아니다. 사회주의 계획경제 체제이자 다민족 국가인 중국에서 소수민족으로 살아온 조선족들의 삶의 경험은 분명 한국인들과는 다르다. 조선족은 20세기 초반에 이주하여 중국에 뿌리를 내리고 살아

---

32) 한민족(韓民族) : 한국어를 공통으로 사용하며 한반도를 중심으로 공동의 문화권을 형성하고 있는 아시아계 민족(두산백과)

왔다. 조선족들은 중국의 국가형성기에 많은 '혁명열사'를 배출하였고, 중국의 소수민족 정책에 의해 민족 언어와 문화를 유지하면서 살아가고 있는 '중국공민'이다. 그러나 '단일국가'에서 '단일민족'으로 살아온 한국인들은 조선족들의 국가와 민족에 분리된 정체성을 이해하지 못하며 한민족이기 때문에 무조건 우리와 같을 것이라고 생각한다. 한민족이 한국에 사는 것은 당연하다고 생각하였으며 중국에 살고 있는 조선족의 상태는 불완전한 것으로 이해하였다. 이에 따라 조선족들이 자신들을 중국인으로 정체화하는 것 또한 이해하지 못하였다. 그러나 이들은 중국인이지만 조선족이라는 이중적인 정체성을 가지고 있다. '한민족'이라는 정체성과 감정은 실제 다른 공간에서 다른 국적을 가진 사람들의 일상적인 삶의 경험 앞에서는 무기력할 수밖에 없다. 그러나 한국과 조선족이 다르다는 '차이'가 문제시되는 지점은 조선족 여성들의 경험 안에서이다. 낯선 사회로 이주한 것은 여성들이기 때문이다. 따라서 '차이'를 인정받아야 할 사람은 조선족 여성들이지만 이들의 '차이'는 한국의 입장에서 규정되기 때문에 무시된다. 한국사회에 돈을 벌러 오는 조선족 외국인근로자들은 중국국적을 가진 외국인이지만 한국 남성과 결혼하는 조선족 여성들은 한민족으로 규정되기 때문이다. 이렇게 한국 내에서 결혼하지 못하는 남성들과 한국으로 이주하고 싶어 하는 조선족 여성들은 '민족'이라는 이름하에 국가에 의해 결합되고 있다.

이들의 결혼은 단순히 개인들 간의 사적인 결합이 아니라, 단절되었던 역사를 잇고 한민족의 통일을 앞당기는 과정으로 정부에 의해 그 의미를 부여받은 것이다. 이 시기 조선족 여성이 한국 남성과 결혼하는 것은 그들이 남성의 국가로 이주하고, 남성의 국가에서의 생활방식을 익히고, 남성의 아이를 낳는 것을 통해 단절된 역사를 잇고 한민족의 통일을 앞당기는 과정이라고 여겼으며, 여기서 단절된 역사를 잇는 주체는 바로 한국 남성이라고 보았다. 이 시기에 이루어진 조선족 여성과 한국 남성의 국제결혼은 상대적으로 경제력이 낮은 조선족 여성이 한국으로 이주하는 형태였다. 이에 따라 경제력에 의해 위계화된 민족의 틀 안에서 한국이 조선족을 자신의 본국으로 데려오는 구원의 과정이라고 여겼다. 이들의 결혼이 이루어지는 것은 한국사회 내에서 특정한 계층의 남성들이 결혼하지 못하는 문제에 기인하지만 이러한 문제는 위계화된 '민족' 안에서 자연스러운 질서로 무마되어진다. 조선족 여성들이 대부분 경제적 지위가 낮은 한국 남성들과 결혼을 하다 보니, 보편적으로 사회적 도움을 필요로 하는 대상으로 인식되기도 하였다.

1.4. 결혼중개업을 통한 국제결혼

1) 결혼중개업

결혼중개업은 1999년 이전까지 「가정의례에 관한 법률」에 의해 규제되어 왔다. 해당법률은 1969년 「가정의례 준칙에 관한 법률」이라는 이름으로 제정되었으며, 1980년 「가정의례에 관한 법률」로 그 법명을 변경하고 당시 상황에 맞도록 전문개정 되었다. 이후 1993년 개정을 통해 영업의 허가제와 요금 고시제를 신고제 등으로 변경하여 그 규제가 완화되었다. 이후 1997년에는 행정절차법 개정에 따라 처분 규정에 관한 개정을 거쳤으나 1999년 2월, 본 법률이 폐지되고

「건전가정의례의 정착 및 지원에 관한 법률」이 제정되기에 이르렀다. 잠시 폐지된 구법에서 정하고 있는 결혼중개행위에 관련된 규제를 살펴보면 다음과 같다.

우선, 「가정의례에 관한 법률」(이하 구법) 제5조 제1항에서는 '결혼상담 또는 중매행위를 하는 것을 업으로 하고자 하는 자는 시장·군수·구청장에게' 영업신고를 하도록 하였다. 또한, 제6조 제1항에서 '임대료 또는 수수료를 정하여 시장·군수·구청장에게 신고하여야' 하며, 동조 제2항에서 '물품대금 등을 표시한 가격표를 손님이 보기 쉬운 곳에 게시하여야 하며, 표시된 가격을 초과하여 요금 또는 대금을 받아서는 아니 된다.'라고 규정하여 수수료 및 중개요금을 투명하게 공개하고 준수할 것을 규정하였다. 만약 제5조 제3항의 규정에 의한 시설기준이나 준수사항을 위반하거나, 제6조의 요금신고 및 준수 규정을 위반한 때에는 제9조에 의해 영업소 폐쇄 혹은 6개월 이하의 영업정지라는 행정처분이 내려지도록 되어 있었다.

그러나 행정규제기본법에 의한 규제정비계획에 따라 가정의례 관련 규제를 폐지하고, 국가 및 지방자치단체의 건전한 가정의례의 정착 및 지원에 관한 책임을 강화하는 한편, 민간단체 등의 건전한 가정의례활동에 대한 지원 등을 통하여 허례허식을 일소하고 건전한 사회기풍을 진작한다는 이유로 구법은 1999년 폐지되고, 「건전 가정의례정착 및 지원에 관한 법률」이 제정되게 된다. 당해 법률에서는 중개업에 관한 규정을 별도로 두지 않았으며 이에 따라 결혼소개 및 중개업은 자유업종이 되어, 세무서에 등록만 하면 상담소를 열수 있게 되었다. 이후 국내 결혼중개 뿐만 아니라 국제 결혼중개업이 활성화되었는데, 업체 간 과당경쟁 및 결혼대상자의 인권보호를 위한 기본적인 인식이 뒷받침되지 못하여 국제결혼 건수는 기하급수적으로 증가하였으나, 인권침해적인 문제도 함께 급증하게 되었다. 물론, 중개행위 계약내용 중 일부는「방문판매 등에 관한 법률」,「할부거래 등에 관한 법률」,「전자상거래 등에서의 소비자 보호에 관한 법률」등으로 계약 후 일정기간 내에 청약철회가능, 계약 전 정보제공, 계속 거래에서의 과다한 위약금 청구 등의 관련 조항으로 일부 규제가 가능하였고, 부당한 표시 광고행위 등은「표시광고의 공정화에 관한 법률」의 해당 조항으로 제재할 수 있었다. 소비자의 피해를 보상할 수 있도록 재정경제부 고시로 제정된 '소비자피해 보상기준'에 결혼중개업체에 대한 보상기준을 두고 이를 통해 소비자 피해발생 시 보상기준을 제시하였으나, 이는 주로 중개업체와 계약을 맺은 국내 남성들의 소비자로서의 권익을 보호하는 차원에 머물렀기 때문에 기타 중대한 인권침해부분에 대해서는 아무런 규제장치가 없었다고 볼 수 있다. 이렇게 왜곡·과열된 국제결혼 중개관행은 국제결혼 중개의 상행위를 더 이상 자유시장의 논리에만 맡길 수 없게 되었고, 정부의 적절한 정책적 개입과 규제가 필요하다는 사회적 필요성이 제기되었다.

결국 2007년 11월, 이용자들에게 생길 수 있는 피해를 예방하고, 국제결혼 증가에 따른 인신매매성 위장결혼, 사기결혼, 허위정보 제공에 따른 피해를 방지하기 위해「결혼중개업의 관리에 관한 법률」이 제정되어 중개업체의 규제가 다시 법률의 틀 속으로 들어오게 되었다.

2) 국내 다문화가족의 문제점

우리나라의 다문화가족은 생성배경 및 현재의 구성에서 다른 나라와 많은 차이점을 보이고 있는데 이에 따라 우리나라 다문화가족이 겪고 있는 문제점도 다른 나라와는 다소 상이한 측면이 있다. 이하에서 우리나라 다문화가족의 문제점에 대해서 살펴보겠다.

첫째, 결혼이민자의 인권유린 문제이다. 이는 결혼이민자의 국내 유입과정에서 매매혼의 성격을 띤다는 것인데, 국제결혼이 상업화된 전문 결혼중개업체에 의존하게 되면서 막대한 비용이 들게 되고 이들 대부분이 남성 혼자 부담하기 때문이다. 이로 인해 결혼생활에서 부부가 평등관계에서 주종의 성격을 띠게 된다.

둘째, 문화적 차이이다. 결혼이민자는 정착과정에서 문화적 차이에서 오는 어려움을 겪는데, 대부분 아시아 국가로부터 입국한 여성은 한국어를 접할 기회조차 없었기 때문에 언어에서부터 식생활 등에서 여러 가지 문화적 차이로 어려움을 겪게 된다.

셋째, 한국사회의 편견과 차별이다. 순혈주의에 기반한 단일민족을 고집하는 사회적 편견과 타 문화에 대한 이해부족으로 인하여 특히 경제적으로 열악한 국가에서 온 이민자에 대한 편견이 심하다. 이는 남편이나 그들의 가족원조차 부끄럽게 생각하여 결혼이민자의 노출을 꺼리게 만들기도 한다.

넷째, 경제적 어려움이다. 국제결혼을 하는 한국 남성의 경우 대부분이 경제적으로 빈곤하고 사회적으로 하급계급의 성격을 띠고 있는데, 실제로 2005년 가구당 최저생계비를 기준으로 할 때 여성 결혼이민자 가정의 52.9%가 최저생계비 이하의 소득수준에 있는 것으로 나타나 국제결혼 이주여성 가구의 절대빈곤 문제가 매우 심각한 수준임을 나타낸다.

다섯째, 시부모님의 부양 문제이다. 이는 도시와 농촌이라는 거주지에 따라 약간 차이가 있다. 즉 도시에 거주할수록 핵가족 형태가 많아서 핵가족은 70%에 달하고 있고 확대가족 형태는 14%에 불과하다. 그러나 농촌에서 핵가족 유형이 45%에 그치고 있고 확대가족 형태도 45%나 되었다(정석훈, 2010). 따라서 농촌에 살수록 시부모를 모시는 경우가 많아서 이로 인한 결혼이민자와 시부모 간의 문제를 야기하고 있다.

여섯째, 다문화가정의 이혼급증이다. 배우자가 한국국적을 취득한 후에 이혼이나 별거로 가족해체가 일어난다는 것이다. 이혼과 별거 그리고 여성의 무단가출을 통하여 10% 가까운 국제결혼 가정이 해체되었다(정석훈, 2010). 이는 남겨진 가족 즉 남편과 자녀에게 심각한 또 다른 사회적 문제를 남기게 된다. 또한 많은 어려움을 헤치고 다른 나라에 와서 짧은 시간에 혼인생활을 하다 이혼할 경우 나타나는 많은 부작용은 개인적인 고통과 어려움도 많은 문제지만, 그들의 자녀가 있는 경우 더 많은 고통과 어려움을 겪을 가능성이 크다고 본다.

3) 결혼중개업의 문제점

(1) 국제결혼중개업체에 대한 단속필요성

중국, 베트남, 필리핀, 태국 등 동남아시아 여성들이 국제결혼을 통해 대거 국내로 유입되고 있는 상황이다. 그 과정에 소규모 국제결혼중개업체들이 난립하면서 결혼당사자들로부터 거액을 중개수수료로 부당하게 요구하는가 하면, 중개수수료에 집착하여 외국인 여성들에게 국내 배우자에 대한 허위, 과장된 정보를 제공하게 되면서 이주여성들의 인권이 침해되거나 입국 후 부당한 처우를 받게 되는 경우가 상당히 많아졌다.

(2) 현행 결혼중개업법에 대한 개정 필요성

① 벌칙의 강화 필요성(제26조 제2항)

현행 결혼중개업법에서는 결혼중개업자가 그 이용자에게 잘못된 정보를 제공하지 못하도록 금지규정을 두고 있고, 위반하였을 경우 처벌하는 벌칙규정을 두고 있으며 구체적으로 거짓된 정보를 제공하였을 경우 2년 이하의 징역 또는 1,000만 원 이하의 벌금에 처하도록 규정하고 있다. 잘못된 정보제공에 대해 처벌하는 규정을 둔 것 자체는 긍정적이나, 처벌내용이 2년 이하의 징역 또는 1,000만 원 이하의 벌금형으로서 그 형량이 매우 낮은 문제점이 있다. 결혼중개업자가 국제결혼 중개 1건당 받는 수수료가 1,000만 원을 상회하는 현실에 비추어 볼 때 1,000만 원 이하의 벌금형 규정을 두는 것은 위력을 거의 갖지 못해 벌금형의 현실적인 상향조정이 필요하다고 본다.

② 민·형사상 책임부과 필요성(제25조)

현행 결혼중개업법은 거짓된 정보를 제공하는 경우 처벌하는 규정을 두고 있는데, 정작 문제가 발생하는 경우는 적극적으로 허위정보를 제공하는 경우뿐 아니라 알면서도 제대로 정보를 전달하지 않은 채 침묵하는 경우, 알고자 하는 노력을 전혀 하지 않은 채 결혼을 주선하는 경우라 할 것이다. 따라서 상인으로서의 통상의 주의의무를 기울인다면 알 수 있었을 지적장애 등의 내용에 대해서조차 침묵한 채 이주여성에게 그 사실을 알려주지 않는 경우에도 적극적 정보제공의무 위반으로 형사처벌하는 규정을 두고 중개업자의 주의의무 위반에 대한 민사상 책임 또한 강화할 필요가 있다고 본다.

2. 다문화가족 정책과 관련 부처

2.1. 다문화가족 정책

이주민, 다문화에 대해 사회적으로 별다른 관심이 없었던 우리 사회는 2000년도부터 외국으로부터의 이주가 늘어나고, 이주를 둘러싼 지극히 제한적인 기회를 부여했음에도 불구하고 우리나라에 합법적으로 정주할 수 있는 '정주형 이주민'이 급격히 증가하게 된다. 이러한 이주민의 증가와 이들에 대한 사회적 이슈가 부각되면서 변화하는 사회질서에 대응하기 위한 국가 차원의 다문화정책에 대한 관심이 고조되기 시작하였다.

다문화가족 정책의 핵심은 외국인의 유입과 관련해 일정한 기준을 설정하고 그 기준에 따라 입국한 이들의 존재를 함께 제기되는 제도나 사회질서의 모순에 어떻게 대응할 것인지의 문제를 다루는 데 있다고 할 수 있다. 이 가운데 외국인의 유입과 관련된 정책은 1990년대부터 시행되어 왔는데, 주로 단순인력으로 분류되는 외국인근로자를 어떠한 조건에서 입국을 허용하고 체류하도록 할 것인지에 초점이 주어져 있다. 이에 대해 정부는 1993년 산업기술연수생 제도를 선택한 시점부터 줄곧 입국자격, 거주기간, 취업분야 등을 강력히 제한하고 입국 후 체류자격에 영향을 미치는 작업장 이동횟

수 등 노동조건에서도 상당히 규제적인 접근을 취하고 있다. 이와 함께 외국인력 가운데 '재외동포'에 대해서는 한국인과 특별한 관계 성으로 인정해 2007년부터 방문취업제라는 별도의 제도를 시행하고 있다. 이외에 유학생이나 전문인력 역시 유입 차원의 정책의제로 통합되어 교육부의 Study in Korea, 산업통상자원부의 Contact Korea 등 프로젝트가 추진되고 있다.

외국인 유입과 관련된 정책은 국내외 경제상황과 인력구조를 고려해 국내 노동시장의 부족분을 외부로부터 공급하는 정책으로서 인구·노동정책으로서의 성격이 강하며 인력을 중심으로 이주자의 양과 질을 관리하는데 초점으로 둔다는 점에서 '이주관리 정책'으로 개념화될 수 있다.

다문화가족과 관련이 있는 또 다른 정책의 축은 외국인력 유입정책과 출입국제도를 통해 국내에 거주하는 이주민들이 늘어나면서 발생하는 각종 문제에 대응하고 문화적, 종족적 다양성을 인정하는 환경을 조성하고 이에 적합한 사회질서를 만들어가는 데 있다. 이러한 방향의 정책은 제도적, 일상적 차원에서 이주민을 사회구성원으로 수용하고 이들의 증가에 따라 급변하는 환경에 맞는 사회, 문화 질서를 구축해가는 움직임으로 구현되며 인권, 복지, 교육, 문화 등 광범위한 사회·문화 정책 분야를 포괄해 발전해간다. 다문화가족 정책의 목표를 다양한 자격으로 국내에 거주하는 이주민들이 종족적, 문화적 차이로 인해 체류 기간 동안 직면하는 각종 어려움을 적절히 해소할 수 있도록 지원하고 나아가 다양한 종족적, 문화적 배경을 지닌 이들이 공존할 수 있는 사회질서를 확립해 가는데 있는 것으로 볼 때, 사회통합 차원의 정책이야말로 다문화가족 정책의 근간이라고 할 수 있다.

이주관리 정책과 다문화가족 정책의 관계는 관련 법, 제도가 시행된 시점을 통해서도 유추해볼 수 있다. 외국인력 유치관련 정책이 1990년대부터 출발한 이후 10여 년간 사회통합 차원의 다문화가족 정책은 가시화되지 않았으며, 그 출발 역시 정부의 유치정책을 통해 입국한 이들과는 전혀 다른 성격의 이주민, 즉 결혼이민자에게 있었다. 이처럼 이주관리 정책과 사회통합 차원의 다문화가족 정책은 상당한 연관성을 갖고 있음에도 불구하고 그 목적과 방향, 성격 등에서 서로 구분될 수 있다(김이선, 2011).

2.2. 중앙정부의 다문화가족 지원정책

1) 각 부처별 지원정책 현황

우리나라 공공부문 다문화정책의 다문화정책네트워크 형성은 중앙정부 차원에서 시도되어 진행되고 있다. 우선 다문화정책 관련 법률로 헌법정신을 기저로 2007년 '재한외국인처우기본법'[법률 제8442호]이, 2008년 '다문화가족지원법'[법률 제8937호]이 제정되었고, 2008년 3월 14일 '국적법'[법률 제8892호]의 일부 개정을 통한 수정 및 보완, 그리고 2008년 '재한외국인처우기본법'을 통해 제도적 정비를 갖추어 나가고 있다. 향후 사회권 및 참정권의 확대 논의가 진행될 경우, 건강가정기본법, 아동복지법, 사회보장기본법, 국민연금법, 산업재해보상법 등의 수정이 필요하며, 참정권의 확대에 따라서는 정당법, 공직선거법 및 정치자금법 등의 보완이 필요할 것으로 보인다.

다문화정책 아젠다는 참여정부[33])에서 처음 시도되었다. 2003년 5월 6일 대통령훈령 제109호에 따라 '삶의 질 향상 기획단'이 사회통합기획단으로 개편되면서 빈부격차·차별시정 태스크 포스가 업무를 시작하여 대통령령 제18410호에 의해 2004년 6월 5일 빈부격차·차별시정위원회로 개편되었다. 빈부격차·차별시정위원회는 2004년 7월 1일 위원회 현판식과 위원 위촉식을 갖고 빈곤대물림 차단을 위한 희망투자전략 국정과제회의를 마련하며 업무를 시작하여 2008년 2월 폐지되었다.

또한 참여정부의 다문화정책은 주로 다문화가족 지원에 초점을 두고 정책은 빈부격차 및 차별의 시정이라는 차원에서 접근하는 특성을 보였다. 2006년 지원정책에 따르면 전반적인 외국인관리 및 이민정책은 법무부에서 주관하고, 여성결혼이민자 지원정책은 가족정책 차원에서 여성가족부에서 주관하되 여성결혼이민자 업무관련 부처 기관 간 특성과 장점을 살려, 상호 호혜적 역할분담을 추진하도록 하였다. 지방자치단체를 지원하기 위한 기초자치단체 단위로 민간기관인 「결혼이민자 가족지원센터」를 지정·지원하여 출발 당시 51개소로 시작하여 단계적으로 확대되고 있다. 부처 간 역할분담 및 협조체제 구축을 위해 주관부서로 여가부, 복지부, 법무부, 교육부, 노동부, 경찰청, 행안부로 하고 해당 업무의 특성에 따라 담당부처 간 중앙정부와 지방자치단체 간의 협조체제를 구축하도록 하였다.

이를 구체적으로 살펴보면 <표 24>과 같다.

---

33) 2003년 2월 25일 대한민국 제16대 대통령인 노무현 대통령의 취임과 함께 공식 출범한 정부의 명칭이다(시사상식사전).

〈표 24〉 다문화가족지원 대책에 의한 부처 간 협조체제 구축방안

구분	연계체제
■ 탈법적인 결혼중개 방지 및 당사자 보호 정책	보가부, 경찰청, 법무부, 외교부, 여성부
■ 가정폭력피해자 등의 안정적 체류지원	여성부, 문화부, 법무부, 행안부
■ 한국사회 조기적응 및 정착지원 정책	여성부, 경찰청
■ 자녀의 학교생활 적응 지원 정책	교육부, 보가부
■ 안정적인 생활환경 조성정책	보가부, 노동부, 여성부
■ 결혼이민자에 대한 사회적 인식 개선	전 부처

출처: 빈부격차·차별시정위원회(2006), 내부자료

이명박 정부에서는 2008년 '제1차 외국인정책기본계획(2008~2012)'을 수립하여 ① 개방적 이민허용, ② 질 높은 사회통합, ③ 질서있는 이민행정, ④ 외국인 인권옹호의 4대 분야로 분류하여 사업을 추진하였다(출입국외국인정책본부, 2010). 4대 분야의 정책과제 중 다문화가족 지원과 관련된 영역은 '사회통합'과 '외국인 인권옹호' 분야에서 다루어졌다. 이명박 정부 당시 외국인정책의 재원투자 규모는 2008년 813억 원에서 298억 원을 추가로 투자(전년 대비 36.6% 증가)하여 2009년 1,111억 원을 편성하고 2017년까지 꾸준히 증가하다가 제3차 외국인정책 기본계획이 시행된 2018년부터 감소추세에 있다.

중앙정부의 다문화관련 가족지원정책은 그 특성상 연계성이 강한 관계로 상호 독립된 이해를 통해 분석하기는 곤란하지만, 업무의 기능별 특성을 통해 실태를 파악할 수 있다. 현재 중앙정부 부처의 다문화가족 관련 업무는 법무부, 여성가족부를 비롯해 약 10여 개가 넘는 부처에서 담당하고 있으며, 이는 제1차 외국인정책 기본계획 4개 주요 시책 중 '질 높은 사회통합'과 '외국인 인권옹호' 분야에서 직접적인 지원이 이루어졌다는 것을 확인할 수 있다. 이에 대한 성과평가와 총괄업무는 법무부 산하의 외국인정책본부에서 진행하였

으나, 각 기관별로 특색 있는 정책을 전략적으로 계획하여 시행하기보다는 사후적 조치에 그치는 것으로 평가할 수 있었다. 동시에 정책연계성의 미흡으로 부처 간 중복적 지원이 이루어지거나 정책혼선을 빚는 경우도 발견되었다. 예를 들어 법무부에서 시행하고 있는 '질 높은 사회통합 분야'의 통합지수 개발이나, 건전한 국제결혼 문화조성 등 법무부의 주관 사업은 복지부 등과 협력체계 구축을 모색해야 할 분야로 파악되었다.

그래서 법무부는 제2차 외국인정책 기본계획에서 제1차 외국인정책 기본계획의 여러 가지 단점을 보완하여 정책을 수립·시행하였다.

아래의 <표 25>은 법무부의 제2차 외국인정책 기본계획에 의거하여 각 부처에 질 높은 사회통합분야 및 외국인 인권옹호분야에 대한 지원 정책을 수정·보완하여 현재까지 시행하고 있다.

〈표 25〉 중앙정부의 다문화가족 지원정책 현황

분야	담당부처	다문화가족 지원정책 내용
질 높은 사회통합 분야	교과부	-각급 교육과정에서 다문화 이해교육 강화 -유·초·중등교사의 다문화교육 역량 강화 -이중언어 교육환경 조성 -학교단위 다문화가정 학부모 자녀행복교실운영 -학교부적응·중도탈락 학생에게 교육기회 확대 -다문화가정 유아를 위한 기본학습능력발달 교육지원 -다문화가정 학생의 특성을 고려한 맞춤형 교육지원 등
	법무부	-결혼이민자의 안정적 사회적응 지원 -건전한 국제결혼 환경조성을 위한 국제결혼 안내프로그램 시행 -다문화교육 강사 확충 -다문화 관련 포럼·세미나 등 개최 -공익광고 방송프로그램 등 추진(다문화 포용분위기 확산 행사) -다문화행사 등의 세계인 주간 실시(세계인의 날 기념행사 개최)
	행안부	-여성결혼이민자 지도자양성 교육 -결혼이민자 정보화 교육 -다문화가족 화상상봉 등

분야	담당부처	다문화가족 지원정책 내용
	문체부	-다문화가족 밀집지역 작은 도서관 조성 -다문화가정 자녀 어울림생활체육 활동지원
	농식품부	-이민여성농업인 1:1 맞춤형 영농교육 -여성결혼이민자 기초농업교육 등
	복가부	-기초생활 보호를 받는 국적 미취득 결혼이민자 적용범위 확대 -부모 소득수준과 관계없이 다문화아동보육료 지원확대 -결혼이민자와 가족에 대한 상담활성화 -이중언어 교육환경 조성(아동복지교사 운영지원) -다문화아동 보육료지원 확대 등
	고용부	-결혼이민자의 취업지원
	여성부	-찾아가는 생애주기별 지원/아동양육 지원서비스 확대 -다문화가족지원센터설치 확대 -자조모임 지원 및 정책모니터링단 운영 -배우자 등 자조모임 운영·교육실시
외국인 인권 옹호 분야	법무부	-범죄피해 이주여성 지원체제 구축 -외국인권익보호 및 권익증진협의회 운영 -차별시정 모니터링시스템 구축 -다문화교육 강사 확충 등
	여성부	-가정폭력 등 피해 외국여성 보호·지원 등

출처: 법무부, '제2차 외국인정책 기본계획'

3. 다문화가족 지원 기관과 프로그램

3.1. 다문화가족 지원 기관의 법적근거 및 연혁

2000년대 후반부터 급증하는 결혼이민자들로 인하여 2006년, 중앙정부에서는 범부처 차원에서 '결혼이민자가족지원센터'를 설치하여 결혼이민자를 위한 서비스를 제공하기 시작하였다. 이후 2008년 「다문화가족지원법」이 제정되면서 '결혼이민자가족지원센터'에서 '다문화가족지원센터'[34]로 명칭을 변경하여 다문화가족을 위한 전반적인 서비스를 본격적으로 지원하기 시작한다(여성가족부, 2013).

한국의 다문화가족지원법은 2008년 9월 22일 당시 보건복지가족부의 소관으로 다음과 같은 목적으로 제정되었다. 제1조(목적) 다문화가족 구성원이 안정적인 가족생활을 영위할 수 있도록 함으로써 이들의 삶의 질 향상과 사회통합에 이바지함을 목적으로 한다. 동법 제12조(다문화가족지원센터의 지정 등)에서 지원센터의 업무와 인력 및 예산과 절차를 규정하고 있다.

2010년에 다문화가족지원법 개정안에는 제3조 다문화가족지원센

---

34) 다문화가족지원센터는 2022년 7월 현재 가족센터로 명칭이 바뀌었으나 여성가족부 다누리 홈페이지에서는 여전히 다문화가족지원센터라고 소개가 되어 있으며, 독자들 또한 다문화가족지원센터에 대부분 익숙해져 있기 때문에 본 고에서도 다문화가족지원센터라고 소개하고자 한다(다문화가족지원 포털 다누리https://www.liveinkorea.kr/portal/KOR/main/main.do.).

터의 지정신청 등의 업무소관이 2010년 3월 19일을 기점으로 보건복지가족부 소관에서 여성가족부 소관으로 이전되었다. 2011년 다문화가족지원법 개정 시에는 기존에 규정하고 있는 다문화가족의 범위가 지나치게 좁아 실질적인 지원이 필요한 다양한 형태의 다문화가족을 포괄하고 있지 못하다는 점에 착안하여 다문화가족의 범위를 확대하였고, 출생에 따른 국적취득자 뿐만 아니라 인지와 귀화에 따른 국적취득자도 포함하였다(제2조 제1호) 그리고 다문화 가족지원을 위한 기본계획 및 시행계획 수립도 규정하였다. 이를 통해 여성가족부 장관이 5년마다 다문화가족 지원정책의 기본방향을 정해 계획을 수립하도록 하였다. 또한 다문화가족 정책위원회 설치 규정을 추가(제3조의4), 다문화가족에 대한 이해증진을 위한 교육 실시(제5조 제5항), 결혼이민자 등에 대한 한국어교육 지원 내용도 추가하였다.

3.2. 다문화가족지원센터 현황

다문화가족지원센터는 전국에 228개소가 설치 및 운영되고 있으며, 17개 권역으로 나누어 각 권역마다 거점 센터가 운영되고 있다. 센터의 운영 유형에는 건강가정지원센터 중 다문화가족지원센터로 지정받고 국비 또는 지방비를 지원받아 운영하는 '병합형 다문화가족지원센터'와 다문화가족지원에 필요한 전문인력과 시설을갖춘 법인·단체 중 다문화가족지원센터로 지정받고 국비 또는 지방비를 지원받아 운영하는 '독립형 다문화가족지원센터'로 나눠볼 수 있다(한국행정연구원, 2012). 이 가운데 국비와 지방비를 지원받아 지방

자치단체가 직접 운영하는 경우를 직영센터라고 하며 운영을 전문
기관(법인·단체 등)에 위탁하는 형태인 위탁센터로 나눌 수 있다.

〈표 26〉 전국 다문화가족지원센터 현황(2022년 기준)

(단위: 개소)

계	서울	부산	인천	대구	대전	울산	광주	세종	경기	경남	경북	전남	전북	충남	충북	강원	제주
228	26	14	9	8	5	5	5	1	31	20	23	22	14	15	12	18	2

출처: 다문화가족지원포털 다누리 홈페이지 http://www.liveinkorea.kr/kr/

3.3. 다문화가족지원센터 및 지원 프로그램

1) 다문화가족지원센터

2000년대 후반부터 결혼이민자의 국내 유입이 급증하면서, 결혼
이민자를 위한 서비스를 제공하기 위해 중앙정부에서는 범부처 차
원에서 '여성결혼이민자가족의 사회통합 지원방안'을 마련하였다.
이에 2006년 당시 '결혼이민자가족지원센터'라는 명칭으로 21개소
의 센터가 시·군·구별로 설치되었으며, 이후 2008년 「다문화가족
지원법」이 제정되면서 '다문화가족지원센터'로 명칭을 변경하였고,
전국에 있는 다문화가족을 위한 전반적인 서비스를 지원하기 시작
하였다(여성가족부, 2013).

또한 다문화가족지원센터는 「다문화가족지원법」 제6조 제1항에
따라 '국가 및 지방자치단체는 결혼이민자 등이 대한민국에서 생활
하는데 필요한 기본적 정보를 제공하고, 사회적응 교육과 직업교육
훈련 등을 받을 수 있도록 필요한 지원을 할 수 있다'는 근거를 두
고 설립되었다.

이러한 다문화가족지원센터는 2017년에 전국 217개로 확장되면서 짧은 기간에 큰 성장세를 보여주고 있다. 또한 다문화가족지원센터는 그 지원 대상에 있어서도 몇 차례의 개정을 통해 변화를 겪어 왔는데, 2011년에는 다문화가족지원법 개정으로 귀화·인지에 의한 국적취득자와 결혼이민자 등으로 이루어진 가족도 다문화가족에 포함되는 것으로 다문화가족의 범위가 확대되었으며, 「2014년 다문화가족지원사업안내서」에서는 법적 지원대상 외에도 다문화가족지원센터를 이용하는 중도입국자녀, 외국인근로자, 외국인 유학생, 북한이탈주민까지 회원으로 명시하고 있다. 이것은 그 동안 여러 연구결과를 통해 언급되었던 지원대상확대에 대한 필요성과 요구를 어느 정도 반영한 지침으로 보인다. 그리고 다문화가족지원센터는 지역의 다문화가족이 안정적으로 정착하고 생활하는 것을 지원하기 위해 한국어교육, 가족 및 자녀교육·상담, 통·번역 및 정보제공, 역량강화지원 등 종합적인 서비스를 제공하고 있다(황명아, 2014).

이처럼 다문화가족지원센터는 다문화가족이 한국사회에 잘 적응할 수 있도록 하는 것을 목적으로 하고 있기 때문에 센터를 이용하는 주된 대상자를 다문화가족으로 두고 있다.

<표 27> 다문화가족지원센터

■ 한국건강가정진흥원	■ 거점센터
· 다문화가족지원센터 지원 　- 시범사업운영 및 프로그램 개발 　- 인적자원 역량강화 교육 　- 센터 지원 및 평가 　- 자원 연계 및 홍보 · 이중언어환경조성사업 관리 · 다문화가족 자녀 언어발달지원사업 　관리 · 결혼이민자 통번역서비스사업 관리 · 다문화가족 정보제공 사업 · 다문화 인식개선 사업 · 지역 다문화프로그램 사업 관리 · 다문화가족 종합정보 전화센터 　1577-1366	※ 2022년 거점센터 * 16개 광역시도별 거점센터 1개소 설치(총 16개소) - 1거점: 서울/영등포구 다문화가족지원센터 - 2거점: 부산/남구 다문화가족지원센터 - 3거점: 대구/동구 다문화가족지원센터 - 4거점: 인천/부평구 다문화가족지원센터 - 5거점: 광주/북구 다문화가족지원센터 - 6거점: 대전/대전광역시 다문화가족지원센터 - 7거점: 울산/남구 다문화가족지원센터 - 8거점: 경기/안산시 다문화가족지원센터 - 9거점: 강원/춘천시 다문화가족지원센터 - 10거점: 충북/음성군 다문화가족지원센터 - 11거점: 충남/아산시 다문화가족지원센터 - 12거점: 전북/익산시 다문화가족지원센터 - 13거점: 전남/순천시 다문화가족지원센터 - 14거점: 경북/구미시 다문화가족지원센터 - 15거점: 경남/경상남도 다문화가족지원센터 - 16거점: 제주/제주시 다문화가족지원센터 · 시·도별 특성에 맞는 다문화가족지원 프로그램 　개발 및 보급 · 권역 내 다문화가족지원센터 사업지원 및 관리 · 중앙관리기관과 권역 내 센터와의 연계 역할 · 권역 내 센터·관련기관 간 네트워크 구축·운영

2) 다문화가족지원센터 프로그램

다문화가족지원센터의 사업은 기본사업과 기타사업으로 구분하여 추진하고 있으며, 다문화가족 및 지역사회 주민을 대상으로 제공하는 사업으로 기본사업에는 한국어교육, 다문화가족 통합교육(가족통합교육, 다문화 이해교육), 다문화가족 취업연계 및 교육지원, 개인·가족 상담 등 센터에서 공동필수사업으로 수행하여야 하는 5개 영역사업이며, 기타사업으로는 다문화가족 나눔봉사단, 다문화가족 자조모임, 다문화 인식개선 및 지역사회홍보, 지역사회 네트워크강화 사업 등이다.

다문화가족지원센터 등 다문화와 관련된 정부 부처의 용어는 부처의 성격에 따라 명칭이 각각 다를 수 있고 시대적 환경에 따라 용어는 변화될 수 있다. 그러나 정부 부처의 용어는 시대적 환경에 따라 변화될 수 있지만 용어의 선택에 있어서는 내외국인, 정부 이해 종사자, 전공자들 등 관련 전문가들의 충분한 논의가 이루어진 끝에 정의를 내리는 방법이 가장 주요하다고 본다.

〈표 28〉 다문화가족지원센터 프로그램

■ 한국어교육	체계적인 한국어교육을 실시하여 결혼이민자의 한국사회 적응을 돕고 조기정착을 지원하며, 결혼이민자를 대상으로 수준별 반 편성을 통해 단계별 교육을 실시
■ 다문화사회 이해교육	결혼이민자들이 가정, 지역사회 및 한국생활 전반에 대해 쉽게 적응할 수 있도록 지원하고, 결혼이민자 대상 우리나라의 법률 및 인권, 결혼과 가족의 이해, 다문화가족생활교육을 강의 체험방식 등을 병행하여 진행
■ 가족교육	의사소통 교육 및 부재로 인한 가족 간 갈등을 예방하고 가족구성원 교육을 통해 가족 내 역할 및 가족문화에 대한 이해력을 향상 시키는데 목적 다문화가족 대상 가족전체 통합교육, 시부모교육, 배우자(예비) 교육, 자녀지원 프로그램 운영 등 다양한 교육 프로그램을 진행
■ 가족개인상담	결혼이민자와 그 가족의 심리·정서적 지원에 목적이 있고, 부부·부모·자녀·성·경제문제 등 결혼이민자와 그 가족 문제를 파악, 심리·정서적 지원 및 정보를 제공
■ 취업연계 및 교육지원	다문화가족의 경제활동 참여를 위해 지역 특성 및 결혼이민자의 수요 등을 고려하여 취업연계 준비 프로그램을 운영
■ 통번역서비스 자조모임	서비스 수요를 분석하여 센터 내 기존 프로그램 및 외부기관과의 연계를 통해 멘토 양성·활동하는데 목적이 있고, 센터와 지자체 협력을 통하여 법률지원, 가사도우미 등 서비스 영역별로 지역사회 인적자원을 활용하여 다문화가족 자원봉사단 구성을 운영
■ 멘토링·자원봉사단 등 지역사회 민간자원 활용 프로그램	건강하게 정착한 다문화가족이 봉사자로 활동하여 다문화가족의 자긍심 향상 및 지역사회 인적자원 활용 목적

▪ 다문화 인식 개선사업	결혼이민자들과 지역사회 구성원들이 다양한 문화를 체험하는 기회를 통해 서로에 대한 이해를 높이고 공동체의식 함양하는데 목적
▪ 지역사회 협력 네트워크 강화	지역사회 내 다문화가족 지원사업이 통합적, 체계적, 효율적으로 추진될 수 있도록 서비스 전달체계 구축 및 서비스제공기관 연계하는데 목적

제5장

한국사회의 다문화 정책 이해

1. 다문화 이론

1.1. 동화주의

동화주의는 이민자를 일방적으로 유입국 사회에 통합시키는 정책이다. 이 관념은 이민자가 출신국의 언어·문화·사회적 특성을 완전히 포기하고 주류사회의 일원이 되는 것을 목표로 하는데 즉, 주류사회가 자국사회의 일원이 되기를 원하는 이민자에게 문화적 동화를 대가로 사회의 일원으로 인정하는 정책인 것이다. 이 경우 국가의 역할은 이민자의 적응과정을 보다 손쉽게 하는 조건들을 만들어 주는 것이다. 유입국 정부는 이민자들이 주류사회의 언어를 습득할 수 있도록 돕고 이민자 자녀의 정규학교 취학을 지원함으로써 동화가 순조롭게 이루어지도록 한다. 이민자의 입장에서 동화는 '어떤 개인 또는 집단이 다른 개인이나 집단의 기억, 정서, 태도 등을 획득하고 그들의 경험과 역사를 공유함으로써 공통의 문화생활 속으로 통합되는 해석과 융합의 과정'으로 정의된다. 동화주의를 채택한 사회에서는 이민자의 문화, 언어, 생활습관을 보호하고, 직업이나 교육의 기회에서 인종차별 금지 등 정책적으로 이민자를 지원하며 사회참여를 유도한다. 1960년대까지 미국사회가 표방하였던 '용광로(melting pot)' 모형, 프랑스 사회가 지속적으로 견지해온 동화주의

(공화주의)등이 대표적인 사례이다(김미나, 2009). 그런데 대부분의 경우 동화주의는 시간이 흐름에 따라 포기되고 보다 유연한 '통합정책'(integration policies)으로 대체되었다. 이러한 변화는 1960년대 호주, 캐나다, 영국이 경험한 것처럼 이민자들이 자신들만이 종족공동체를 형성함에 따라 이러한 현실을 반영한 결과로 나타났다. 통합전략은 주류사회에의 적응이 점진적인 과정이며 이 과정에서 이민자들이 속한 집단에서 유대가 중요한 역할을 한다고 간주한다. 그럼에도 불구하고 여전히 정책의 최종목표는 주류문화에의 흡수이다(엄한진, 2011).

1.2. 차별배제주의

차별배제모형은 구분배제모형과 유사한 의미이며, '종족적 민주주의'에 입각한 민족관념을 가지고 있는 국가들에서 주로 나타나는 현상이다. 지배적인 종족집단은 이민자와 그 후손들을 자국의 구성원으로 받아들이기를 꺼려한다. 이러한 태도는 가족재결합(family reunion)을 제한하고 안정적인 체류조건을 부여하기를 꺼려하는 것과 같은 '배제적인'(exclusionary) 이민정책, 엄격한 귀화조건, 자국은 이민의 나라가 아니라는 관념 등으로 표현된다(엄한진, 2011). '차별적'(differential)이라는 표현은 유입국 사회가 이민자를 3D 직종의 노동시장과 같은 특정 경제적 영역에만 외국인을 받아들이고, 복지혜택, 국적 및 시민권, 선거권 및 피선거권 부여와 같은 사회적·정치적 영역에서는 이주민을 받아들이지 않아 원치 않는 외국인의 정착을 원칙적으로 차단한다. 그래서 이주 집단에 따라서 공식적인 권한을 인정하기도 하고 부인하기도 하는 이중적 접근을 취한다. 또한 대부분의 이민자는 사회의 일부가 아닌 손님으로 여겨질 뿐 정책의 대상으로 통합되지 않는다(김미나, 2009).

1960년대 독일에서 외국인근로자를 받아들일 때 사용한 '손님 노동자제도(guest worker system)'는 대표적인 차별배제주의의 전형이라고 할 수 있다. 한국사회의 생산기능직 외국인력 제도인 고용허가제와 산업연수제 역시 이러한 원리에 기반을 두고 있다. 반면 엄격한 조건을 통과해 공식적인 권한을 부여 받은 이민자들이 자국의 제도와 문화에 적응, 동화되어 가는 것을 당연한 과정으로 받아들임으로써 문화적 단일성을 유지해 나가는데 초점을 두게 된다. 일본, 독일, 스위스, 오스트리아 등이 이 유형의 전형적 사례라고 할 수 있다.

그러나 경제의 전지구화가 진전되면서 이민자 통합정책의 기조로 차별배제모형을 고수하는 나라는 거의 사라지고 있다. 선진사회에서는 생산기능직 외국인력 제도의 교체순환 원칙을 여전히 철저하게 견지하고 있다. 그렇지만 이민이 가능한 전문기술직 종사자와 결혼이민자 등의 수가 급증하고 있다. 더욱이 우수 전문기술인력 이주자를 자국으로 유치하려는 각국 정부의 노력이 두뇌유치(brain gain)정책으로 표출되고 있는 상황에서 차별배제주의의 입지는 점점 제한되고 있다.

1.3. 다문화주의

다문화주의가 등장한 것은 그리 오래되지 않았다. 비교적 동질적인 문화를 지녔던 한 사회 내에 다양한 문화정체성을 가진 외국인 이민자들의 유입이 증가함에 따라 서로 완전히 다른 문화적 배경을 가진 사람들이 함께 어울려 잘살기 위한 생각들이 제기되면서 이 용어에 관한 논의들이 나오게 되었다. 특히 정치적으로 민주주의가 발전하고 개인에 대한 자유와 평등 그리고 개인의 권리에 대한 인식이 강화되고 확산되기 시작한 1970년대부터 본격적으로 나온 정책이다.

다양한 인종과 민족이 한 사회에서 함께 살아가면서 발생하는 정체성에 대한 문제가 일어나자 국민통합을 위한 이념의 한 방편으로서 다문화정책의 필요성이 강하게 제기됐던 것이다. 이때 학문적, 정책적으로 부상한 다문화주의는 국가나 인종, 민족 등의 거시적인 차원에 국한된 것이 아니었다. 거시적인 차원보다는 사회 내의 소외계층이나 마이너리티 혹은 세대 간 갈등이나 성 역할의 차이 등 미시적인 문제까지 포함하는 매우 광범위한 주제를 다루었다. 그러므로 초창기 다문화주의는 어떤 체계적인 이론이나 조직적인 사회운동이라기보다는 특정 사회의 지배적인 문화의 억압으로 실현되지 못한 다양한 문화적 차이에 대한 인식을 말하는 것이었다. 지속적으로 다문화에 대한 논의와 논쟁이 학문적, 정책적으로 이어져왔지만 오늘날 또다시 사회통합 혹은 국민통합이라는 정치적이며 사회적인 이슈의 중심으로 다문화 담론이 등장한 것은 외국인 이민자를 사회의 구성원으로 수용하려는 과정에서 나타난 것이다.

사실 다문화주의라는 용어는 일반인들에게는 긍정적인 의미로 받아들여지고 미국에서는 문화다양성으로 이해되기도 한다. 올리에(Ollier)에 의하면, "다문화주의는 흔히 소수문화의 인정, 문화 다원주의, 다양한 문화의 소통, 공동체주의처럼 긍정적인 의미로 이용되며 대부분의 사람들은 다문화주의를 자신이 가진 정치성이나 도덕성을 강조하기 위해 사용한다."라고 하였다. 이처럼 다문화주의라는 용어에 대한 긍정적인 반응은 선진국뿐만 아니라 우리나라에서도 동일하게 사용된다. 동화주의 모델이 소수집단이 자신이 가진 문화적 정체성을 포기하고 주류집단의 문화를 따르는 것이라면 다문화주의는 소수집단의 고유한 정체성을 버리지 않더라도 주류사회의 완전한 구성원이 될 수 있다는 것으로 여긴다.

이와 같이 동화주의보다 다문화주의에 대해 동, 서양 모두 긍정적인 의미로 받아들이지만 사실 일반적으로 외국인 이민자를 사회로 흡수하는 방식은 동화주의 정책을 통한 수용이 보편적이었다. 그러나 동화주의 모델은 많은 이민자들의 반발로 인한 사회적 갈등을 불러 일으켰다. 이것은 결국 그동안 시행해 왔던 동화를 통한 통합정책들을 전면 재검토해야 하는 상황이 되었음을 의미하는 것이었고 이로 인해 새로운 대안으로 다문화주의가 나오게 된 것이다. 이러한 상황에서 정치적으로 민주주의 발전과 심화는 이민자들을 통합하는 원리로서 동화주의가 아닌 다문화주의가 가장 발전한 형태의 것으로 생각하게 되었다.

다문화주의 정책은 앞에서 말했듯이 소수집단이 자신들만의 고유한 정체성을 버리거나 완전한 참여를 제한받지 않더라도 주류사회의 구성원이 될 수 있다고 여긴다. 따라서 다문화주의 정책에서는 각각의 인종, 민족의 전통적 문화, 언어, 생활습관을 국가가 적극적으로 보호, 유지하기 위해 공적원조를 한다. 또한 인종차별금지 혹은 적극적 차별시정조치를 도입하여 각 집단 내에 불만이 쌓이는 것을 예방하기 위한 정책을 취한다. 그러므로 다문화주의는 정치적, 사회적, 경제적, 문화적 불평들과 차별을 해소해서 국민사회의 통합을 유지하려는 이데올로기이며 구체적인 정책원리인 것이다. 따라서 다문화주의의 목표는 상호존중의 분위기 속에서 다양성을 인정하고 이해하며 각각 다른 문화적인 전통을 가진 사람들이 조화롭게 공존하며 올바른 사회를 만들어가는 데 있다.

이러한 다문화주의 하에서는 외국인 이민자들에게 강압적으로 주류문화에 동화하도록 요구하지 않으며 자신들의 출신문화와 정체성을 유지하도록 지원하고 다양한 문화적 배경을 가진 사람들이 사회 각 분야에서 함께 어울려 살아갈 수 있는 방안 등을 모색하게 된다. 따라서 다문화주의에서는 비록 외국인 이민자라 하더라도 각 개인의 자유와 다양한 의사표현 등 개인의 정치적, 사회적 권리요구와 권리의 행사를 중요시 여기게 되었다.

이처럼 다문화주의 모델은 동화주의 모델을 뛰어넘는 가장 이상적인 외국인 이민자 정책으로서 거의 대부분의 나라에서 짧은 시기 동안 다양한 배경의 외국인 이민자 집단을 통합시키는 가장 최선의 방법으로 받아들여지게 되었다. 결국 민주주의의 발전과 확산으로 인해 개인과 소수자들인 이민자들의 다양성을 이해하고 받아들일 수 있는 토대가 마련된 것은 바로 다문화주의 정책 덕분이다. 그러므로 다문화주의가 잘 정착되기 위해서는 한 국가의 모든 국민들이 자신들이 서로 상이하고 특수한 민족의 후손임을 인정하고 국민 개개인 모두가 각각 다른 민족에 속한다는 것을 인식할 때 가능해지는 것이다. 국가가 나서서 법적, 제도적 지원을 통해 외국인 이민자들이 자신들의 정체성을 유지하면서도 타 문화 또한 이해하고 받아들이며 조화롭게 공존할 수 있는 사회적 분위기를 조성하며 이런 정책의 일환으로 다문화교육이 점점 중요성을 갖게 되는 것이다(고종환, 2012).

1.4. 상호문화주의

상호문화주의는 서유럽 특히 프랑스와 독일에서부터 발달된 개념으로 미국에서 시작된 다문화주의와는 근본적으로 다른 철학적 전통을 가지고 있다(장한업, 2010). 이는 서유럽의 지리적 특징에 의한 것으로 여러 형태의 국가들이 인접해 있고 여러 역사적 및 정치적 문제와 관련해 서유럽에서의 이민은 북미보다 더 빈번하고 규모가 컸기 때문이라고 할 수 있다(박경숙, 2012). 유럽은 다문화사회의 갈등을 해결하기 위해 미국에서 시작된 다문화주의와 관련하여 비판적인 입장을 취하였고, 1970년대 말에 이르러서 이에 대한 해결방안으로 상호문화주의와 상호문화교육을 등장시켰다. 다문화주의는 정책적 관용과 융합을 강조하였으나 이민자들이 가지는 문화적 차이를 강조함으로써 소수자에 대한 차별과 배제를 극복하지 못하였고, 오히려 이들을 고립시키는 결과를 낳았다. 이러한 현실에 봉착한 유럽은 상호문화적인 의사소통을 통해서만 극복이 가능하다고 판단하였다. 다문화가 단순히 여러 문화들의 공존을 지칭하는 표현이라면 상호문화는 문화 간의 연관성과 상호작용을 드러내는 표현(정영근, 2006)이라고 할 수 있다. 주로 미국에서 사용하는 '다문화'라는 개념이 다양한 문화라는 의미로의 상황적인 사실만을 뜻하는 것과 달리 상호문화는 다민족, 다문화 시대를 살아가는 방법적인 태도를 기르는 교육적 의미(이경수, 2014)이며 다문화사회에 대한 실용적인 선택이라고 할 수 있다.

상호문화주의는 상호작용이 핵심이다. 상호는 집단 간, 개인 간, 정체성 간의 상호작용과 관련짓고(M. Abdallah-Pretceille; 장한업 역;

2010) 있는데 다양성에 대한 이해와 존중을 기반으로 '상호 문화 간', '개인 간의' 소통에 관한 철학이다. 즉 각 개인의 차이를 유지하고 서로 인정하면서 이 차이에 대해 어떤 입장을 취할 것인가 하는 관심을 가지고 그 절차를 중요시 여기는 특징을 가진다. 그 범위는 개인과 타인의 관계뿐만 아니라 문화적, 사회적 현실과 나아가 세계 간의 관계를 모두 포함해서 다룬다.

다문화주의가 단순히 타 문화 간의 다양성을 인정한 것에 그쳤다면 상호문화주의는 문화 간의 상호작용에 그 중점을 두고 있다. 또한 집단성이 아닌 개별성을 기반으로 두고 있으며, 서로 다른 문화보다는 그 안에 있는 각 개인이라는 입장을 취하고 있다. 이때 각 개인은 문화의 산물이 아닌 문화생산자로 이들이 문화를 이해한다고 하는 것은 상호 간의 이해와 존중 그리고 그러한 절차를 실행하는 것(M. Abdallah-Pretceille; 장한업 역; 2010)이라 할 수 있겠다. 이처럼 상호문화주의는 서로 다른 문화 사이의 다름을 인정하고 공통분모를 찾을 뿐 아니라, 자신과 타인의 문화, 익숙한 문화와 낯선 문화 사이의 중간지대, 그 중간적 관점을 소화하는 직업을 통해 이루어진다는 점을 강조한다.

1.5. 초국가주의

이주민에 대한 초기 연구들은 이주민이 주류사회에 녹아들어 결국엔 그들 고유의 문화적 특성을 잃어버린다는 '동화(assimilation) 이론'으로 설명되었다(Park, 1950). 고든(Gordon, 1964)은 이주민이 주류집단의 문화적 특징을 습득하고 사회적 제도 안으로 들어오게

됨으로써 자신의 민족성을 잃어버리는 정체성 동화를 겪는다고 주장하였다. 그러나 1960년대 이후, 동화이론을 대체하며 서로 다른 문화를 가진 두 집단이 만나 문화 간의 충돌이 발생하면서 다양한 변화가 뒤따르게 되는 현상인 '문화적응(acculturation)이론'이 도입되었다. 문화적응은 개인이나 집단이 새로운 문화와 접촉할 때 경험하는 변화로서 무조건 한쪽 문화를 흡수하거나 대치하는 것이 아니라 지속적이고 직접적인 접촉을 통해 한쪽 또는 양쪽 문화에 변화가 생기는 현상이다(Redfield et al., 1936). 따라서 문화적응은 원칙적으로는 중립적인 용어로서 상호작용을 하는 두 집단 모두에 해당되나, 실제적으로 어느 한 집단이 다른 집단에 비하여 더 많은 변화를 겪는 경우가 대부분이다(Berry, 1990). 그러나 문화적응은 기존의 동화이론과의 명확한 차이점을 보여주지 못했다는 점에서 비판을 받아왔다.

이러한 동화이론과 문화적응이론을 비판하고 이를 대체하기 위해 초국가주의 이론이 대두되었다. 초국가주의는 1990년대 들어 바쉬(Bash), 쉴러(Schiller), 블랑(Blanc) 등의 학자들에 의해 제시된 것으로 이주민이 그들의 모국과 이주국 사이에서 가족, 경제, 사회, 조직, 종교, 정치적인 다양한 사회적 관계들을 동시다발적으로 유지한다는 개념(Basch, Schiller, and Blanc, 1994)이다. 현재 많은 이주연구들은 이주민이 정착하고 있는 이주국의 영토를 벗어나 모국의 가족, 공동체, 전통을 유지하고 있다는 초국가적 양상을 강조하고 있다(Rouse, 1991; Vertovec, 2001). 또한 기존에 이주민을 설명했던 디아스포라 개념이 모국을 잃거나 모국과의 단절을 의미할 때, 초국가주의는 이주민이 두 개 이상의 국가에서 평행적인 삶을 가진다고 주장한다.

초국가주의의 특징은 다른 국가들 사이에 사는 사람들을 묶어내는 연계성(linkage)과 초국가적 연계를 지속시키는 동시성(simultaneity)이다. 과학기술의 발전은 과거에 비해 저렴하고 효율적인 커뮤니케이션과 교통수단을 제공하며, 이주민들이 초국가적 주체로 살아갈 수 있도록 한다. 특히 값싼 국제전화는 이주민들을 모국과 연결해주는 사회적 접착제(social glue) 역할을 하며, 초국가적 연계망과 동시성을 더 두텁게 만든다(Vertovec, 2001). 또한 베르토벡은 초국가주의의 특징을 여섯 가지로 제시했는데, ① 개인적인 위치가 초국가적인 사회적 회로에서 접촉점으로 작용해 경계선을 가로지르는 사회적 구성형태, ② 한 국가 이상의 여러 국가와의 다양한 동일시에 의해 자극을 받는 새로운 의식의 형태, ③ 문화적 혼합, 혼종성, 브리콜라주(bricolage)로 특정 지워지는 문화적 동일시와 재현의 새로운 양식, ④ 지구화를 가능케 하는 초국가적 기업에 의해 설립되는 자본의 흐름, ⑤ 출판과 언론 등의 새로운 공학적 발전에 의해 가능해진 정치참여, ⑥ 멀고도 가까운 장소나 지역에 대한 새로운 개념의 구성 등이다(Vertovec, 1999a; 김홍구, 2011).

이러한 변화 속에서 이제 이주민들을 자연스럽게 '초국가적 이주민(transmigrant)'으로 지칭할 수 있다(Basch et al., 1994). 하지만 초국가주의가 자유로운 유목민처럼 모든 제약을 초월해 영토를 넘나드는 행위를 뜻하는 것이 아니다. 이주자들이 추구하고 실천에 옮기는 것은 거창한 정치적인 행동이 아니라 일상의 삶을 위한 전략으로써 생존적인 요소들이 늘 따라다닌다(Castles, 2000a). 또한 국경을 가로지르는 현상에도 영토적인 선호가 존재하기에 결국 초국가주의는 특정 지역이나 국가의 제한적인 사회적·지리적 공간 속에서 발생하는 현상이라고 할 수 있다(Faist, 2010; 윤인진, 2012; 재인용).

초국가적 이주민에 의해 형성된 국경을 넘나드는 새로운 형태의 공동체는 '초국가적 사회의 장(transnational social field)'으로 불리며, 이 속에서 나타나는 행태는 사적영역과 공적영역으로 구분할 수 있다. 사적영역에서 나타나는 초국가적 행태는 주로 송금이나 사업을 목적으로 모국의 가족이나 친지들과 유기적 관계를 유지하는 것이다. 공적영역에서의 초국가적 행태는 개인 혹은 집단이 모국 사회의 정치적, 혹은 경제적 환경개선을 위한 활동으로 볼 수 있다. 한편 사회문화적 초국가주의는 이주국에서 모국의 사회문화적 정체성을 유지하기 위한 각종 공동체적 활동의 형태로 나타난다(Portes et al., 1999a; 김동엽, 2010; 재인용).

2. 외국인근로자 고용 정책 및 재한외국인 정책

  한국에서 외국인근로자 정책이 주목받게 된 배경에는 여러 가지
요인이 있으나 일반적으로 다음과 같이 정리될 수 있다. 우선 근로
자 유출국과의 소득격차가 발생했기 때문이다. 한국으로 외국인근로
자가 유입된 가장 큰 이유는 지속적이고 비약적인 한국의 경제성장
이 근로자 유출국들과 소득격차를 크게 벌리기 시작했고, '86서울
아시안게임과 88서울올림픽'을 계기로 한국의 경제성장이 후진국
혹은 개발도상국들에게 알려지기 시작하면서 외국인근로자들이 한
국으로 몰려오게 된 것이다. 더불어 국가 간 인구증가율 차이에 기
인한 바도 크다. 요컨대 유럽을 비롯한 신흥 산업선진국인 한국의
경우 빠른 고령화가 진행되고 있으며, 함께 저출산 현상도 강해지고
있다. 반면에 인구가 꾸준하게 늘고 있는 후진국이나 개발도상국들
은 자국 내에서 노동력의 공급이 과다하여 취업기회도 부족해지고
급증하는 생산가능 인구를 모두 흡수할 수도 없게 되어버렸다. 그에
따라 근로자들이 외국으로 진출하게 되는 경우가 다분해진 것이다
(임안나, 2009). 그리고 전술한 것처럼 한국의 경제성장이 급속도로
이루어지면서 노동수요 역시 급증하게 되었으며, 1990년대 이후 경
제구조가 기술집약적으로 재편되면서 저임금 노동력에 의존해왔던
3D 제조업 중심으로 단순기능인력 부족현상이 심각해졌다. 또한 한

국 자국민 근로자들의 근로의식이 향상됨에 따라 3D 업종의 상대적으로 열악한 작업환경, 장시간 노동, 저임금, 낮은 직업 자부심 등을 기피하게 되고, 그로 인해 외국인근로자들의 3D 업종에 대한 취업기회가 확산되었다(하성규·고성열, 2006).

이러한 배경에서 한국도 늘어나는 외국인근로자들에 대한 국가적 관리의 필요성을 자각하고 그에 다양한 정책과 제도를 운용하기 시작하였다. 고용노동부가 발간한 1991년부터의 노동백서를 참조하여 정리하면 한국의 외국인근로자 정책은 다음과 같다.

첫째로 산업연수생제도이다. 1990년 초반 다양한 국제행사로 인해 출입국 관련 규제가 완화되면서 불법 체류하는 외국인의 수가 늘어나게 되었다. 그에 경영 여건이 상대적으로 열악한 중소기업은 불법체류외국인근로자에 노동력을 의존하기 시작했고, 급기야 당시까지 금지하고 있던 단순기능직 외국인력 수입금지 원칙의 개선을 요구하기에 이른다. 정부는 현실적인 중소기업의 요구에 부응하여 1991년 법무부 훈령 '외국인 산업기술연수 사증 발급 등에 관한 업무처리지침 및 시행세칙'을 통해, 해외투자 기업이 연수생 명목으로 외국인근로자를 유입하는 해외투자기업 연수생제도를 도입하였다. 해외투자기업이 현재 고용한 인력의 기능향상과 해외로의 기술이전을 명분으로 현지 법인 직원을 초청해 연수시키는 본 제도는 연수 허용기간이 최대 2년, 기업규모에 따른 연수 허용인원 제한, 법무부의 출입국 및 체류 관리 담당을 규정하였다. 하지만 해외투자기업 연수생제도를 비롯한 일체의 산업연수생제도는 세부적인 연수생 관리체제와 법적 근거 마련, 기타 구체적인 연수생 관련 운영기준이 마련되지 않아 개별기업에 의해 자의적으로 관리가 이루어졌다. 그 때문에 제도의 확대와 함께 관리체계 미비로 외국인근로자의 저임금 장시간근로, 사업장 이탈 등 부작용이 양산됨에 따라 폐지되었다.

둘째는 취업관리제도이다. 산업연수생제도를 보완하기 위해 2002년 시행한 제도로 외국국적 동포의 한국 내 취업을 허용한 제도이다. 허용대상은 한국에 8촌 이내의 혈족 또는 4촌 이내의 친인척으로부터 초청을 받거나 대한민국 호적에 등재되어 있는 자 및 그의 직계존비속으로 40세 이상의 외국국적 동포만 가능했지만 2003년 30세, 2004년 25세로 조정되었다. 허용기간은 1년에 한번 갱신하여 최대 2년까지 가능했으며 허용업종이 건설업까지 확대되었지만 특정조건을 충족해야 취업할 수 있다는 점에서 형평성 차원의 문제가 존재하였다.

셋째, 방문취업제도이다. 취업관리제가 안고 있는 문제점들을 보완하기 위해 2007년부터 시행한 제도이다. 외국인근로자의 고용 등에 관한 법률개정안을 통해 그동안 입국기회가 제한되었던 국내 무연고 동포들에게 연간 쿼터의 범위 내에서 입국과 취업을 허용한 제도이다. 쿼터제 도입은 국내 노동시장 혼란방지를 위해서이며, 국내 친척이 있는 연고 동포는 과거와 같이 쿼터제한을 받지 않고 입국을 허용하고 있다.

외국인 고용허가제는 상기 언급한 제도들의 총괄정책이자 한국 외국인근로자 정책의 핵심 제도이다. 고용허가제도는 한국 내 비합리적이고 편법적인 국제 노동력 이동을 개선하려는 노력이다. 본 제도의 운용을 통해 쿼터 범위 내에서 기업은 고용허가, 외국인은 취업허가를 받아 자유롭게 취업 및 경제활동을 할 수 있으며, 외국인근로자도 자국민 근로자와 동일하게 정식 노동자로서 지위를 인정받게 된다. 당연히 외국인근로자도 외국인근로자로서 단결권, 단체교섭권, 단체행동권의 노동3권을 보장받게 되고, 산업재해보상보험법과 최저임금법의 적용을 받으며, 퇴직금과 상여금, 사회보험 혜택을 받을 수 있다.

2.1. 산업연수생제도 및 고용허가제도

1) 산업연수생제도

(1) 외국인 산업연수제도의 정의

1990년대 국내 산업인력 수요가 급증하면서 3D 업종을 중심으로 인력부족현상이 야기되었다. 특히 중소제조업 분야의 인력난이 심화됨에 따라 중소제조업의 인력난을 완화하고 산업기술연수를 통한 연수생 송출국가로의 기술이전 등 국제협력강화를 도모하기 위하여 외국인 산업연수생제도가 도입되었다. 산업기술연수생은 해외투자, 기술제공, 설비수출 등 국제협력관련 산업연수생과 중소기업협동조합중앙회를 통해 들어온 단순기능 산업연수생으로 구분된다. 이 중 단순기능 산업연수생은 1991년부터 해외투자기업을 통해 외국인근로자를 도입하는 산업기술연수생제도를 확대 실시하게 되면서 도입하게 되었는데, 1993년까지는 주로 국제협력관련 산업연수생들이 법무부 훈령 제255호의 규정에 의해 상공부 장관이 추천하는 사업체에서 소규모로 산업기술연수를 받아왔다. 이는 해외 직접 및 합작투자기업, 해외 기술제공 기업, 산업설비수출 기업들에게 상공부 장관이 추천하는 기업이 현지에서 고용한 인력의 기능향상을 위해 국내연수를 실시할 수 있도록 허용하는 것이었다. 이에 따라 해외현지 법인을 둔 국내기업은 최대 50명 이내에서 외국인 산업기술연수생을 자유롭게 도입할 수 있었다.

그런데 해외진출 업체라는 요건을 채울 수 있는 기업은 중소기업보다는 사실상 대기업과 중견기업이 대부분이었다. 이 때문에 중소기업가들은 외국인산업기술연수생을 도입할 수 있는 길을 마련해줄 것을 요구하였다. 그래서 1993년 12월 동령이 법무부 훈령 제294호로 개정되고 상공부 장관이 지정한 공공단체인 중기협이 추천하는 산업체에서 산업기술연수를 받게 되었다.

(2) 외국인 산업연수제도

1960~70년대 우리나라는 독일, 베트남, 중동 등지에 많은 근로자를 송출하여 국내의 취업기회 부족을 메우고 외화를 벌어들인 적이 있었다. 이 시기에는 빈곤으로부터의 탈피를 위해 이른바 3D 업종도 마다하지 않고 취업하려는 단순기능 인력이 많았다. 그러나 1980년대 중반 이후부터 소득수준의 향상에 따라 3D 업종에 취업하려는 사람들이 급격히 감소하기 시작하였다. 이는 어느 나라나 겪는 현상으로, 소득수준이 향상되면 많은 실업자가 생기면서도 3D 업종 분야에서는 인력난이 나타나게 되는데 우리나라도 예외는 아니었다. 1980년대 중반 이후, 우리나라 산업현장에 단순기능 인력에 대한 부족현상이 본격, 심화되면서 시장의 대응은 크게 두 가지로 나타났다. 하나는 3D 업종의 생산설비를 동남아 등 해외로 이전하여 현지에서 값싸고 풍부한 노동력을 활용하여 생산을 계속하는 것이었으며, 다른 하나는 국내에서 생산 활동을 하면서 국내인력의 부

족을 외국인을 고용하여 해결하는 것이었다. 그런데 이 두 가지 대응 중, 국내에서 외국인력을 고용하여 3D 업종의 인력부족을 해결하는 과정에서 외국인이 불법 취업하는 사례가 발생하기 시작하였다.

우리나라는 종래 외국인의 국내취업을 출입국관리법에 의하여 내국인으로 대체할 수 없는 전문, 기술직종에 한해 허용함으로써 단순기능 외국인력의 국내취업은 원칙적으로 금지해 왔다. 따라서 단순기능 외국인력을 고용하는 것은 불법행위에 해당하는 것이었다. 그럼에도 불구하고 심한 인력난을 겪고 있는 국내 3D 업종의 중소기업체는 외국인의 불법취업을 감수함으로써 외국인 불법체류와 관련한 제반 문제를 야기하였다. 1990년대에 들어 3D 업종의 인력부족 현상이 더욱 심화되고 불법취업 외국인이 급증하여 중소기업체에서는 외국인근로자의 채용을 합법화시켜 줄 것을 요구하였다.

경제성장을 배경으로 노동력부족이 일시적인 현상으로 그치지 않고 소규모 제조업이나 건설업을 중심으로 저숙련 노동력 부족이 눈에 띄게 나타나자 정부는 '외국인 산업기술연수 사증 발급 등에 관한 업무지침(법무부 훈령 제255호)'에 근거하여 1991년 11월 「해외투자기업대상 산업기술연수생제도」를 도입하였다. 이 제도는 해외투자기업이 자회사에서 고용한 근로자를 본사가 있는 한국에서 연수시킨 후, 다시 투자국의 원래 자리에 배치할 수 있는 시스템이다. 즉, 이 제도는 해외투자업체의 현지 고용 인력의 기능향상과 산업설비 수출업체 등의 해외 기술이전을 위해 현지법인의 종업원을 초청하여 국내기업에서 연수시키는 제도로 출입국관리법시행령 제24조의2 내지 제24조의4를 근거로 하고 있다. 그러나 실제로는 이 제도의 목적인 연수보다는 국내인력난 해소를 위한 외국인력 편법활용이라는 모순을 가지게 되었다. 이 과정에서 합법적으로 외국인력을 활용할 수 없는 중소기업에서 사업장을 이탈한 연수생 등을 불법으로 고용한 사례가 증가하면서 불법체류자가 증가하여 사회문제가 되었다고 볼 수 있다. 불법체류자의 증가로 정부는 1992년 6월에서 7월까지 불법체류 근로자를 자진 신고토록 하여 불법취업자 및 사업자의 처벌을 면제해주고 신고사업주 책임 하에 12월 말까지 출국기한을 연장하는 한시적 국내체류를 허용하였다. 이 시기에 국내 노동시장의 여건은 중소기업의 인력난이 가중되는 등 3D 업종에 대한 취업기피 현상이 확산되자 1992년 8월 정부는 구인난에 시달리고 있는 염색, 도금, 열처리, 주·단조, 기계류, 신발, 유리, 피혁, 전기, 전자 등 10개 업종의 중소기업에 대해 상공부 장관의 추천을 받아 1만 명 이내의 범위에서 외국인 연수생도입을 허용하였다. 이 제도에 의하면 연수생 수는 산업체별로 50명 범위 내에서 법무부 장관이 정하도록 되어 있으며 산업기술연수생의 체류기한은 연수기간 6개월을 원칙으로 하되, 6개월 범위 내에서 연장이 가능하도록 하였다.

(3) 산업연수생 제도의 시행

해외투자기업 산업기술연수생제도의 혜택이 중견기업 이상인 해외투자기업에만 집중되었기 때문에 중소기업의 경우 외국인력을 합법적으로 활용할 수 있는 방안이 되지 못하였고 노동력부족은 완화되지 않은 채로 남았다.

기업체의 요구 등 여러 가지 문제점이 드러나면서 산업기술연수생제도는 새로운 변화를 모색하게 되는데 1993년 11월 「외국인 산업기술연수 사증 발급 등에 관한 업무처리 지침」을 개정하여 「산업연수생제도」를 시행하였다. 산업연수생제도는 300인 이하의 중소제조업체에 대해 외국인을 연수생으로 도입하여 1년간 활용할 수 있도록 하는 제도로서 필요한 경우 연수기간을 추가로 1년간 더 연장할 수 있도록 하였다. 산업연수는 1993년까지는 상공부(통상산업부) 장관이 추천하는 산업체에서의 산업기술 연수형태로 소규모로 시행되었으나 1993년 12월 민간경제단체 중 하나인 중소기업협동조합중앙회가 추천하는 산업체에서의 산업기술연수제도로 바뀌었다. 이때부터 중소기업협동조합중앙회가 산업연수생의 모집·알선·연수 및 사후관리를 담당하게 되면서 1994년 5월부터 산업연수생이 본격적으로 도입되기 시작하였다. 그러나 외국인산업연수생은 법률적으로 근로자가 아닌 연수생으로 취급되어 초기에는 노동관계법의 보호를 전혀 받지 못하였다. 그리하여 산업연수생제도는 외국인력을 사실상 노무에 종사하게 하면서 근로자 신분이 아닌 연수생 신분으로 활용함으로써 3D 업종의 인력난 해소에는 도움을 주었으나, 외국인력의 편법활용, 사업주의 부당한 대우, 사업체 이탈, 임금체불, 이주근로자의 인권침해 등으로 각종 경제·사회적 문제를 유발하였을 뿐만 아니라 3D 업종의 인력난 해소 위주의 저숙련 인력만을 도입하여 산업구조조정을 지연시키고 중장기적으로 한국경제의 사회적 비용만을 증가시킨다는 비판을 받았다. 결국, 1995년 1월에 열악한 연수조건을 견디지 못한 '네팔' 산업연수생이 사업체를 이탈하여 명동성당에서 외국인 산업기술연수생제도의 개선을 요구하는 농성을 벌인 사건이 발생하였다. 이 사건으로 인해 산업연수제도와 이주근로자 문제가 사회적으로 크게 부각되었다. 이에 노동부는 1995년 2월 「외국인산업기술연수생의 보호 및 관리에 관한 지침」을 제정하여 산업연수생도 산업재해보상보험, 의료보험의 적용과 근로기준법상의 강제근로금지, 폭행금지, 금품청산, 근로시간준수 등 일부규정의 법적 보호를 받을 수 있게 하였고 산업안전보건법상의 안전과 보건상의 조치 및 건강진단 등의 혜택을 받을 수 있게 하였다.

2) 고용허가제도

(1) 산업연수제의 문제점과 '고용허가제'로의 전환

정부는 산업연수제의 개선효과가 미미하고 불법체류자 문제가 사회문제화 됨에 따라 2002년 12월에 국무총리실에 민관연구기관으로 구성된 <외국인력 제도개선 기획단>을 설치하여 근본적인 개선방안을 검토하였다. 그 결과 첫째, 산업연수제도 하에서는 외국인력의 체류자격이 취업자가 아닌 연수생 신분이기 때문에 우리나라의 노동관계법의 보호를 제대로 적용받지 못함에 따라 외국인력의 관리 및 보호라는 차원에서 한계를 안고 있었다. 특히 이러한 제도적 한계 때문에 외국인력에 대한 수요가 급증하여 왔지만 산업연수생을 확대하지 못하였고 결과적으로 불법취업자가 증가하게 되었다. 둘째, 사업주가 연수생을 선발하는 것이 아니라 민간단체인 연수추천단체에서 연수생을 선발하여 공급해주는 방식은 외국인 연수생과 고용주와의 업종 및 기술·기능의 불일치를 초래하여 사업주가 필요로 하는 외국인력을 활용하기 어렵다는 문제가 있었다. 또한 사업주와 외국인 연수생 간 직접 협의에 의한 임금 등 근로조건 결정기능을 배제시킴으로써 시장임금이 아닌 저임금을 구조적으로 초래하게 되고, 그 결과 보다 높은 임금을 찾아 사업장을 이탈함으로써 시장기능에 의해 임금이 형성되는 불법체류자로 전락하는 결과를 초래하여 왔다. 셋째, 산업연수제도 운영의 실무를 제조업, 연·근해어업, 농축산업의 사용자 단체인 업종별 단체가 수행하도록 되어 있어 인력정책차원에서 통일된 정책수행을 곤란하게 하고 업무의 중복에 따른 비효율성을 내재하고 있었다. 또한 업종별 단체의 외국인력 관리도 이탈 방지만을 목적으로 한 통제위주의 관리체제를 구축해 인권침해 논란을 야기하여 왔다. 넷째, 외국인력에 대한 수요조절장치가 마련되어 있지 않아 외국인력에 대한 수요가 급증할 가능성을 내재하고 있고 이에 따라 불법취업자 문제, 내국인 근로자의 대체문제 등 노동시장이 교란될 여지가 많다는 문제를 안고 있었다. 다섯째, 출생률 저하 및 고령화 사회의 진전에 따라 우리나라에서의 외국인력 수요는 점증할 전망이므로 중장기적으로도 통용될 수 있는 본격적인 외국인력 제도의 마련이 절실히 요청되어 왔다(최상률, 2005).

이런 이유와 더불어 산업연수제도는 불법체류, 인권침해로 인하여 장기적으로 사회비용을 증가시킬 뿐만 아니라 제조업 등의 인력부족 문제를 해결하기에 어려움이 있었다. 또한, 출국기간을 연장한 26만 명의 불법체류자 문제를 원만하게 처리하기 위해 결과적으로 고용허가제를 도입해야 한다는 결론에 도달하였다. 이에 정부는 고용허가제를 도입한다는 방침을 2003년 3월에 발표하고 이재정 의원 등 33명의 의원이 국회에 제출한「외국인근로자의 고용허가 및 인권보호에 관한 법률안」을 토대로 법률제정을 추진하였다. 그 결과 2003년 8월 16일에「외국인근로자의 고용 등에 관한 법률」이 제정되었다. 정부는 이 법률에 따라 2003년 9월 1일부터 11월 30일까지 기존의 불법체류자에 대해 합법적인 체류자격을 부여하였고, 고용허가제는 2004년 8월 17일부터 본격적으로 시행되었다. 다만 「외국인근로자의 고용허가 및 인권보호에 관한 법률」에서는 산업연수제를 폐지하는 것으로 되어 있었으나 국회에서 법률안을 심의하는 과정에서 고용허가제와 산업연수제를 병행 실시하는 쪽으로 조정되었다. 이에 따라 고용허가제는 「외국인근로자의 고용 등에 관한 법률」에 의하여 산업연수제는 「출입국관리법」에 의하여 각각 실시하게 되었다.

1995년부터는 산업연수생제도를 고용허가제도로 전환하기 위한 노력이 곳곳에서 시도되었으나 정부와 노조 그리고 경영계의 뚜렷한 입장차이로 현실화 하지 못하였다. 그러나 계속되는 생산직 인력난을 완화하고 외국인력 고용관리체계를 확립하기 위해 2003년 8월 16일 외국인근로자의 고용 등에 관한 법률을 제정하여 2004년 8월 17일부터 고용허가제를 시행하였다. 또한 2007년에 외국국적 동포를 대상으로 한 방문취업제가 도입되어 고용허가제 특례법은 방문취업제에 흡수되었다.

(2) 일반 고용허가제

고용허가제는 유입국의 필요와 상황에 맞게 외국인근로자의 유입을 결정하는 수요 주도적 제도(demand driven system)로서 국내인력을 구하지 못한 기업에 적정 규모의 외국인근로자를 합법적으로 고용할 수 있도록 허가해 주는 제도이다. 이는 내국인의 고용기회를 보호함과 동시에 내국인이 기피하는 3D 업종 등 중소기업의 인력부족현상을 해결하고, 외국인근로자에 대한 효율적인 관리체계를 구축하는 것을 목표로 한다.

2003년 「외국인근로자의 고용 등에 관한 법률」 제정으로 인하여

2003년 9월 1일에서 11월 30일까지 2003년 3월 31일 기준, 국내체류기간 4년 미만 불법체류외국인(227,000명)에 대하여 합법화 조치를 시행하였다(동법 부칙 제2조). 2004년 8월 31일 필리핀 근로자 92명이 고용허가제로 최초로 입국하였으며, 2004년 12월 23일에는 한국외국인근로자지원센터를 개소하였다. 이에 따라 외국인근로자에 대한 체계적인 고충상담, 생활적응서비스 등을 제공하고 있다. 현재 외국인근로자는 필리핀을 비롯하여 베트남, 중국 등 16개국에서 온 외국인근로자들이 한국에서 일을 하고 있다.

고용허가제 특례법(이하 방문취업제)이 적용되는 재외동포를 제외한 나머지 외국인 구직자에게는 고용허가제 일반법(이하 고용허가제)이 적용된다. 고용허가제는 국가 간 MOU(양해각서)[35]를 체결하여 외국인 구직자 선발조건, 방법, 기관, 상호 간 권리 및 의무사항 등을 규정하며, 외국인근로자 도입과정에서의 민간기관 개입이 배제되어 있다. 송출국 정부 또는 공공기관은 한국어 성적 및 경력 등 객관적 지표를 활용하여 취업을 희망하는 외국인근로자 명부를 작성하여 우리나라에 보내야 한다.[36] 고용허가제 하에서 외국인근로자를 고용하고자 하는 사업주는 7일 이상 내국인 구인노력을 하였음에도 필요한 인력이 충원되지 않았을 경우 관할 고용지원센터에 외국인고용허가를 신청할 수 있다.

외국인근로자는 단순기능 업무에 종사할 수 있는 비전문취업(E-9)

---

35) 국가 간 양해각서(MOU)가 체결된 국가는 필리핀, 태국, 베트남, 스리랑카, 몽골, 인도네시아, 우즈베키스탄, 파키스탄, 캄보디아, 중국, 방글라데시, 네팔, 키르기스스탄, 미얀마, 동티모르 등 15개국이다.

36) 외국인근로자는 다음의 자격을 만족해야만 한다. ①만 18세 이상자, ②유효한 여권 소지자, ③ 신원에 결격사유가 없는 자(출입국관리법 제11조의 규정에 의한 입국제한 자), ④한국어능력 시험 합격자(2005년 8월 이후).

사증을 발급받아 입국 전에 국내 사업주와 근로계약을 체결하여 종업원 수가 300인 미만인 중소제조업, 농·축산업, 연근해어업에 1년을 초과하지 않는 계약기간으로 최장 3년까지 취업할 수 있으며 갱신 신청을 통해 최대 5년까지 취업이 가능하고, 원칙적으로 고용허가를 받은 사업장에서 계속 취업하여야 한다. 그러나 사업장의 휴업, 폐업, 사용자에 대한 외국인근로자의 고용허가 취소 및 고용제한 등의 사유가 발생하여 그 사업장에서 정상적인 고용관계를 지속하기 어려울 때에는 외국인근로자가 사업장을 변경할 수 있다.

2012년 7월 2일 성실근로자 재입국 취업 특례제도를 시행하여 외국인근로자의 취업활동기간 만료자의 불법체류를 방지하고 숙련인력의 재고용이 가능하게 되었다. 재입국 특례제도는 근로가 끝나면 출국하여 1개월 후 다시 4년 10개월을 한국에서 한번 더 근로를 할 수 있다는 제도이다. 이 제도에 속하는 외국인근로자는 9년 8개월을 한국에서 체류함으로써 장기화 대상에 조금씩 진입하고 있다. 이와 같이 외국인근로자 취업 만료 기간 전에 그 업장의 사용주와의 재고용이 이루어지는 재입국 특례제도 외에 또 다른 재입국 특례제도는 취업 만료 후 출국하였다가 한국어특별시험을 응시하여 합격하면 된다. 2020년부터는 재입국 특례 대상자를 확대하여 서비스업 업종에 적용하였다. 또한 2020년은 코로나19로 인한 취업활동기간 50일 특별연장을 시행하였으며, 2021년에는 최초로 고용허가를 받은 사용자에게 교육이 의무화되었다.

외국인근로자의 매년 국내 인력수급 동향과 연계하여 외국인근로자의 도입규모 및 허용업종 등을 결정하고, 송출국가를 선정하는 운영조직은 외국인력정책위원회가 국무총리실에 설치되어 있다. 외국인력정책위원회의 구성은 기획재정부, 외교부, 법무부, 산업통상자원부, 고용노동부, 중소벤처기업부 및 대통령이 정하는 관계 중앙행정기관의 차관 등을 위원으로 하여 위원장(국무조정실장)을 포함하여 20명 이내로 구성되어 있다.

또한 부당차별 처우를 받지 않도록 내국인 근로자와 동등하게 근로기준법 등 노동관계법을 적용받을 수 있어서 4대 사회보험(건강보험, 국민연금, 고용보험, 산재보험), 최저임금, 노동3권 등 기본적인 권익보호를 받을 수 있다. 단, 국민연금은 상호주의 원칙에 따라 외국인의 송출국 법이 대한민국 국민에게 국민연금 등을 적용하지 않는 경우 적용이 제외되며, 고용보험은 임의 가입한다.

외국인근로자가 체류기간 만료 후에 출국하도록 유도하기 위한 장치로서 사용주는 외국인근로자를 피보험자로 하는 출국만기보험이나 출국만기일시금 신탁에 가입하여야 할 의무가 부과된다. 또한 외국인근로자의 자율적인 구직활동은 불가능하며 사업주의 요청에 따라 정부가 외국인력을 배정하는 시스템으로 노동수요자의 입장이 많이 고려되는 정책임을 알 수 있다.

(3) 특례 외국인근로자: 방문취업(H-2) 입국

방문취업제는 요건을 갖춘 외국국적동포가 재외공관에서 방문취업(H-2) 사증을 발급받아 입국하거나 국내에 친척방문(F-1-1)으로 체류 중인 외국국적동포(만 18세 이상)가 출입국사무소에서 방문취업으로 체류자격을 변경할 수 있다(외국인근로자 고용법 시행령 제19조). 방문취업제에 해당되는 외국국적동포는 국내에서 서비스업 등 허용업종에 취업하고자 하는 자는 반드시 고용센터에 구직신청을 하여야 한다. 취업교육 시 외국인 취업교육기관에 구직신청서를 제출한 경우도 인정이 되며, 구직신청의 유효기간은 1년이다. 특례 외국인근로자는 고용센터에서 사업장을 알선 받거나 본인 스스로도 사업장을 구할 수 있다.

외국국적 동포에 대한 취업정책은 2002년 11월 도입된 취업관리 제로 운영되어 왔다. 국내에 8촌 이내의 혈족 또는 4촌 이내의 인척 이 있거나 대한민국 호적에 등재되어 있는 자 및 그의 직계존비속으 로서 30세 이상인 외국국적 동포는 방문동거(F-1-4) 사증을 발급받 아 입국 후 고용지원센터의 소개를 통해 취업이 가능하였다. 이 제 도하에서 외국국적 동포에게 최장 2년간 국내취업을 허가하고, 산업 연수제와 중복을 피하기 위하여 취업가능 업종을 서비스업으로 제 한하였으나, 2004년 7월부터는 건설업이 추가되고, 2006년 1월부터 제조업, 농·축산업, 연근해어업이 추가되었다. 그러나 2004년 8월 외국인 고용허가제의 시행에 따라 방문동거 사증(F-1-4)으로 입국한 재외동포는 고용특례 외국인근로자로서 비전문취업(E-9)사증으로 전환하여 고용지원센터를 통해 건설업과 서비스업, 제조업, 농·축 산업 등에 취업할 수 있다.

2007년 3월 외국국적 동포에 대한 포용정책의 일환으로 자유로운 고국 왕래 및 취업기회 확대를 위해 신설된 방문취업제는 재외동포 에게 방문취업 사증(H-2)을 통해 국내취업의 기회를 제공하였다. 방 문취업제는 고용허가제의 특례에 해당하는 제도로 일반고용허가제 와 마찬가지로 매년 외국인력정책위원회에서 도입규모와 업종을 결 정한다. 중국 및 구소련 지역 등에 거주하는 만 25세 이상의 동포를 대상으로 발급되는 방문취업(H-2) 사증은 5년간 유효하고, 최장 3년의 체류연장이 가능하다. 방문취업(H-2) 사증으로 입국한 외국국적 동포는 한국산업인력공단에서 소정의 취업교육을 이수한 후 고용지원센터에 구직등록 후 고용지원센터의 알선 혹은 자율적인 구직활동을 통해 취업할 수 있다.

방문취업제도 일반고용허가제와 마찬가지로 사용주의 내국인 구직노력이 선행되어야 하며 특례 외국인근로자와 특례 고용가능확인서를 받은 사용자는 고용지원센터 외에도 노동부 장관이 위탁·위임한 곳의 알선으로 근로계약을 체결할 수 있다. 근로계약은 1년을 초과할 수 없다.

2.2. 외국인 계절근로자 프로그램 제도

외국인 계절근로자 프로그램은 농번기 및 어번기의 고질적인 일손 부족 현상을 해결하기 위해 단기간 동안 외국인을 합법적으로 고용하여 근로를 할 수 있게 하는 제도이다. 즉 파종기 및 수확기 등 계절성이 있어 단기간에 집중적으로 일손이 절실히 필요한 농업과 어업 분야에서 합법적으로 외국인을 고용할 수 있는 제도를 말한다. 일손이 필요한 기간이 짧아서 고용허가제를 통한 외국인 고용이 힘든 농업과 어업 분야에 최대 5개월 간 계절근로자 고용을 허용하는 제도이다.

외국인 계절근로자 도입은 계절근로자 도입을 희망하는 기초 지방자치단체장, 즉 시장이나 군수가 도입 주체가 된다. 도입은 연 2회로 법무부(주재), 고용노동부, 농림축산식품부, 해양수산부, 행정안전부로 구성된 배정심사협의회를 통해 지자체별 계절근로자 배정 규모를 확정한다.

외국인 계절근로자 프로그램에 참여가 가능한 외국인은 다음과 같은 요건을 갖추어야 한다.

첫째, 대한민국 지자체와 계절근로 관련 MOU를 체결한 외국 지자체의 주민으로 주로 농어민이다.

둘째, 결혼이민자 본국의 가족 및 사촌 이내의 친척 및 그 배우자도 포함된다.

셋째, 계절근로 참여요건을 갖추고 국내에 체류하는 외국인이 해당된다(문화예술(D-1), 유학(D-2), 어학연구(D-4), 구직(D-10), 방문(F-1), 동거(F-3)) 체류자격을 소지한 자가 해당된다.

외국인 계절근로자 고용은 경작 면적 등 기준에 따라 고용주별 9명까지 고용이 허가되며, 지자체에서 정한 인센티브 기준에 따라 최대 3명 추가 허용도 가능하다. 이러한 외국인 계절근로자 고용은 지역사회에서 농업 및 어업 분야 실정에 부합하는 맞춤형 외국인력 도입을 통한 농촌과 어촌의 구인난 해소에 기여하는 효과가 있다(출처: 법무부 출입국외국인정책본부 https://www.immigration.go.kr/immigration/1528/subview.do).

2.3. 재한외국인 정책

1) 법에 근거한 재한외국인 정책

「재한외국인 처우 기본법」[37]은 법의 목적을 다음과 같이 명시하고 있다. "재한외국인에 대한 처우 등에 관한 기본적인 사항을 정함

---

37) 「재한외국인 처우 기본법」은 2007.5.17. 공포 2007.7.18. 시행됨

으로써 재한외국인이 대한민국 사회에 적응하여 개인의 능력을 충분히 발휘할 수 있도록 하고, 대한민국 국민과 재한외국인이 서로를 이해하고 존중하는 사회 환경을 만들어 대한민국의 발전과 사회통합에 이바지함을 목적으로 한다." 참여정부 시기에 '제1회 외국인정책회의(2006. 5. 26)'에서 '외국인정책 기본방향 및 추진체계'를 마련하게 되었다. 이 법은 2007년 5월 17일 공포되어 2007년 7월 18일에 시행되었다. 이 법의 제정은 그간 각 부처에서 개별적·단편적으로 시행하던 외국인 관련 정책을 종합적·거시적으로 수립하기 위한 추진체계 마련과 재한외국인에 대한 조기 사회적응의 지원을 통한 국가발전과 사회통합의 기여를 목적으로 하였다. 또한 이 법은 외국인 정책수립 및 추진체계, 재한외국인 등의 처우, 국민과 재한외국인이 더불어 살아가는 환경조성 등에 관한 내용을 규정한다(법무부, 2007). 이 법률은 외국인에 대한 인권 존중과 사회통합을 통하여 '외국인과 더불어 살아가는 열린 사회'로 한국사회를 만든다는 취지로 제정되었다. 더불어 외국인도 자신의 능력을 충분히 발휘하여 국적과 인종을 떠나 서로 이해하고 존중하는 상생할 수 있는 사회를 만든다는 취지로 제정된 법이다.

이 법의 주요 내용은 다음과 같다. 첫째, 법무부가 5년마다 외국인정책에 관한 기본계획을 수립하고, 중앙행정기관 및 지방자치단체는 기본계획을 바탕으로 연도별 계획을 수립하도록 하며, 둘째, 국무총리를 위원장으로 하는 '외국인정책위원회'를 구성하여 외국인정책에 관한 주요 사항을 심의조정 한다는 것이며, 셋째, 결혼이민자 및 그 자녀, 영주권자, 난민지위를 인정받은 자 등 정주하는 외국인들의 사회적응 교육을 지원하고, 이들에 대한 불합리한 차별방지와 인권옹호를 위해 정부가 교육·홍보 기타 필요한 노력을 할 것을 요구하였다(법무부, 2007). 실제로 이 법안을 근거로 법무부는 재한외국인의 우리 사회 적응을 실질적으로 지원하고 법·제도 개선을 통해 외국인과 더불어 사는 사회를 조성하기 위해 정부 합동 고충상담회(2007. 11. 20~11. 29)를 전국 11개 지역에서 6개 중앙부처와 11개 지방자치단체와 함께 열었다. 이 법은 나아가 외국인의 사회적응을 돕기 위해 한국어와 문화교육을 외국인에게 지원해 주는 것은 물론이고 한국 국민에게도 다문화적 이해를 촉진시킨다는 내용을 포함하여 한국인-외국인 양방소통을 중시한다는 것이 이전의 외국인 관련 법령에서 다루지 않은 새로운 내용이라는 점에서 주목받았다.

그런데, 이 법의 시행을 계기로 논란이 된 문제는 우리 사회가 민족의 뿌리 깊은 단일민족 사상과 순혈주의였다는 것이다. 2005년 말 파리 교외의 이민자 밀집지역에서 청년 2명이 경찰의 검문을 피하려다가 감전사한 사건을 계기로 촉발된 프랑스 소요사태의 영향과 한국계 미식축구 스타 하인스 워드의 한국방문으로 결혼이주여성이나 이민자와 한국인 사회에서 태어난 다문화가정 자녀(혼혈인) 문제가 화두가 되어 외국인 처우와 사회적응 문제, 그리고 뿌리 깊은 인종편견 등이 담론화 되면서 이에 대한 사회공감대가 형성하게 되었다. 또한, UN 인종차별위원회가 인종차별금지조항과 관련해 2007년 8월 정부가 제출한 통합이행보고서에 대해 심사한 뒤 발표한 권고사항 중에서 한국에서 '단일민족'을 강조하는 것이 국제적으로 볼 때 인종차별적 행위에 해당할 수 있으므로 정부가 다른 인종, 국가 출신에 대한 차별을 근절하기 위해 앞장서야 한다는 권고내용은 사회에 큰 파장을 일으켰다. 주요 언론들이 이를 통해 문화에 대한 사회적 담론을 이끌어내었고 여론조사 등이 시행되기도 하였다. 「재한외국인 처우 기본법」에서 매년 5월 20일을 '세계인의 날'(Together Day)로 지정하기도 하였다.

또 다른 논란이 제기되는 부분은 법 적용 대상의 이분화라는 지적을 들 수 있다. 「재한외국인 처우 기본법」의 제2조에서 '재한외국인'을 '대한민국의 국적을 가지지 아니한 자로서 대한민국에 거주할 목적을 가지고 합법적으로 체류하고 있는 자'로 정의하면서 법의 적용 대상을 합법 외국인으로 국한하고 불법체류외국인에 대해서는 아예 언급조차 하지 않음으로써 이들이 법의 적용대상에서 배제되었다는 점이다(윤인진, 2008; 엄한진, 2006). 다시 말해, 법의 적용대상을 합법 외국인과 불법 외국인으로 이분화하여 관리 통제한다는 측면과, 다문화를 표방하지만 결국은 외국인의 상당수를 차지하는 미등록외국인근로자를 배제하는 결과를 가져와 아직도 정부의 외국인정책은 외국인에 대한 관리기제로 보인다는 점이 그것이다(윤인진, 2006).

2.4. 사회통합프로그램

1) 사회통합프로그램 도입배경

사회통합프로그램(Korea Immigration & integration program, KIIP)은 이민자의 한국어능력, 한국사회 이해정도 등을 측정하기 위하여 기본소양의 사전평가 및 이수 레벨을 지정하여, 이민자들이 국내생활에 필요한 한국어, 경제, 사회, 법률 등 기본소양을 체계적으로 습득할 수 있는 프로그램이다.

사회통합프로그램의 도입 취지는 다음과 같다.

첫째, 이민자가 한국어와 한국문화를 익히도록 하여 원활한 의사소통으로 지역사회에 빨리 융화될 수 있도록 지원하기 위한 것이다.

둘째, 재한외국인에 대한 각종 지원정책을 사회통합프로그램으로 표준화하고 이를 이수한 이민자에게 국적취득 필기시험을 면제하는 등 다양한 혜택을 제공하여 자발적이고 적극적인 참여기회를 부여하는 것이다.

셋째, 이민자에게 꼭 필요하고 적절한 지원정책 개발과 세부지원 항목 발굴을 위하여 이민자의 사회적응지수를 특정하여 이민자 지원정책 등에 반영하는 것이다.

2000년대 들어 한국의 체류외국인은 결혼이민자, 외국인근로자, 유학생 등 매년 증가하고 있다. 이는 우리 사회에 이민자 사회통합이라는 새로운 과제를 안겨주었다. 그러나 이민자들에게서 의사소통의 어려움과 그에 따른 여러 가지 문제가 제기되었다. 따라서 국가나 지자체 등이 이민자의 한국사회 적응지원을 위해 노력하는 만큼, 이주자도 자신의 책임과 노력을 바탕으로 미래 한국사회에 부담이 되지 않도록 자립력을 키우기 위해 법무부는 이민자의 사회부적응을 예방하고, 국민과의 마찰 등으로 인한 사회적 비용을 절감하고, 교육과 취업의 기회로부터 소외되어 사회적·경제적 취약계층으로의 전락을 방지하고자 2009년 초부터 사회통합프로그램 시범 시행, 2010년부터 2022년 기준 현재까지 자율 시행을 하고 있다. 2022년 기준 전국의 거점운영기관과 거점운영기관 산하 일반운영기관 366개 기관을 통해 사회통합프로그램을 운영하고 있다.

<표 29> 사회통합프로그램 소개

■ 기본방향	· 이민자의 국내생활에 필요한 한국어, 경제, 사회, 법률 등 기본소양을 체계적으로 습득할 수 있는 사회통합프로그램 개발 · 이민자의 한국어 능력, 한국사회 이해정도 등을 측정하기 위한 기본소양 사전평가 및 이수 레벨지정 · KIIP를 이민자에게 직접 제공할 운영기관 (교육기관) 지정 · 운영기관에서 KIIP강의 및 다문화 이해 등을 지도할 전문인력 양성 및 관리
■ 도입취지	· 이민자가 우리말과 우리문화를 빨리 익히도록 함에 따라 국민과의 원활한 의사소통으로 지역사회에 쉽게 융화될 수 있도록 지원 · 재한외국인에 대한 각종 지원정책을 KIIP로 표준화하고 이를 이수한 이민자에게는 국적취득 필기시험 면제 등 다양한 인센티브를 제공하여 자발적이고 적극적인 참여기회 부여 · 이민자에게 꼭 필요하고 적절한 지원정책 개발과 세부지원 항목 발굴을 위하여 이민자의 사회적응지수를 측정, 이민자 지원정책 등에 반영
■ 이수혜택	· 국적필기시험면제 및 국적면접심사 면제 · 국적심사 대기기간 단축 · 점수제에 의한 전문인력의 거주자격(F-2) 변경 시 가점(최대 28점) 부여 · 일반 영주자격(F-5) 신청 시 한국어능력 입증 면제 · 국민의 배우자 및 미성년자녀 영주자격(F-5) 한국어능력 입증 면제 · 외국인근로자의 특정활동(E-7) 변경 시 한국어능력 입증 면제 · 장기체류외국인의 거주(F-2)자격 변경 시 한국어능력 입증 면제

출처: 법무부 사회통합정보망 Soci-Net 홈페이지 자료
(https://www.socinet.go.kr/soci/contents)

2) 이수혜택

사회통합프로그램을 이수한 자는 다음과 같은 혜택을 받을 수 있다. 국적필기시험 면제 및 국적면접심사 면제, 국적심사 대기기간 단축, 점수제에 의한 전문인력의 거주자격(F-2) 신청 시 한국어능력 입증 면제, 국민의 배우자 및 미성년자녀 영주자격(F-5) 한국어능력 입증 면제, 실태조사 면제, 외국인근로자의 특정활동(E-7) 변경 시 한국어능력 입증 면제, 장기체류외국인의 거주(F-2) 자격 변경 시 한국어능력 입증 면제 등이다. 귀화신청 시 혜택 대상은 한국이민귀화적격시험 이수완료자이며, 2017년 8월 29일 개정된 국적법 시행

령 및 동법 시행규칙에 따라 2018년 3월 1일부터 다음과 같은 혜택을 받을 수 있다.

첫째, 귀화필기시험이 사회통합프로그램 귀화용 종합평가로 대체되어 실시

둘째, 사회통합프로그램 한국이민귀화적격과정 이수완료자 중 귀화용 종합평가 합격자만 귀화면접심사가 면제되는 것으로 변경

3) 교육과정 구성

사회통합프로그램은 크게 한국어교육과 한국사회 이해교육으로 구성되어 있고, 학습 수준평가, 학습 성취도 평가 등 전문적인 평가제도와 국적체류 상담제 등이 결합된 이민자 교육프로그램으로 가장 핵심적인 이민자 사회통합정책이다.

〈표 30〉 교육과정 및 이수시간

과정별 단계							
	한국어와 한국문화					한국사회의 이해	
단계	0단계	1단계	2단계	3단계	4단계	5단계	
과정	기초	초급1	초급2	중급1	중급2	기초	심화
이수시간	15시간	100시간	100시간	100시간	100시간	70시간	30시간
평가	없음	1단계 평가	2단계 평가	3단계 평가	4단계 평가	영주용 종합 평가	귀화용 종합 평가
참고	- 5단계 심화과정은 기본과정 수료(수료인정 출석시간 수강) 후 참여 - 영주 신청자 대상 영주용 종합평가 합격자는 5단계 기본과정부터 수업에 참여하고 심화과정을 참여할 수 있음						

출처: 법무부 사회통합정보망 Soci-Net 홈페이지 자료
(https://www.socinet.go.kr/soci/contents)

한국어와 한국문화과정은 0단계(기초)와 1단계(초급1), 2단계(초급2), 3단계(중급1), 4단계(중급2), 한국사회의 이해는 5단계 등의 총 6개 과정으로 구성되어 있다.

4) 평가 종류

사회통합프로그램은 교육의 전문성을 갖추고 있어 사전평가와 단계평가, 중간평가, 종합평가 등 여러 평가로 구성하여 전문적이고 체계적인 평가체계로 운영되고 있다.

프로그램 참여 전에 이민자의 한국어능력을 측정하는 레벨테스트 성격의 '사전평가'를 실시하고 있으며, 사전평가 점수에 따라 참여자가 시작할 교육단계와 이수해야 할 교육시간 등이 개인마다 다르게 배정되어 이수하도록 하고 있다.

사전평가 결과 기본적인 한국어능력을 갖춘 것으로 인정된 5단계 배정자는 한국어과정이 면제되고, 곧바로 한국사회 이해과정으로 진입하도록 되어 있다. 그리고 1단계, 2단계, 3단계를 마친 참여자는 해당 단계에 대한 성취도 평가차원의 '단계평가'에 합격해야만 다음 단계로 진입이 가능하며, 한국어과정(4단계)을 마친 경우 '중간평가'를 통해 자신의 종합적인 한국어능력을 점검하고 최종 단계인 '한국사회 이해과정'(5단계)으로 진입하도록 설계되어 있다. 특히 '중간평가'에 합격할 경우 관할 출입국관리사무소장 명의의 '사회통합프로그램 한국어능력시험 합격증(KIIP-KLT)'을 발급하고 있어 프로그램 참여이민자에게 한국어학습 동기부여에 큰 기여를 하고 있다.

이러한 과정을 거쳐 사회통합프로그램 최종 단계인 '한국사회 이해과정'을 마친 이민자를 대상으로 최종적으로 졸업시험 성격인 '종합평가'를 통해 한국어와 한국사회 이해 등 사회통합프로그램 전반에 대한 참여성과를 측정하게 되며, 이 시험에 합격할 경우 마찬가지로 관할 출입국관리사무소장 명의의 '한국이민귀화적격시험(KINAT) 합격증'을 발급하고 있다. 기본적으로 모든 평가는 객관식 필기시험과 구술시험으로 구성되어 있으며, 쓰기능력 측정을 위해 사전평가는 단답형 주관식 문제로 측정하고 중간평가와 종합평가는 작문형 시험을 추가로 실시하고 있다.

〈표 31〉 기본소양평가(사전평가)

■ 사전평가	·평가 대상: 사회통합프로그램 참여 신청자는 모두 응시해야 함 ·평가 내용: 한국어 능력 등 기본소양 정도 ·평가 장소: 관할 출입국에서 지정하는 별도 장소 ·평가 방법: 필기시험(50) 및 구술시험(5) 등 총 55문항 가. 필기시험(50문항) 　-문항수는 총 50문항으로 객관식(48), 단답형 주관식(2) 　-시험시간은 총 50분 　-답안지는 OMR카드를 사용함 나. 구술시험(5문항) 　-문항수는 총 5문항으로 읽기, 이해하기, 대화하기, 듣고 말하기 등으로 구성 　-시험시간은 총 10분 ·평가 결과 조치 　-단계배정을 받은 날부터 2년 이내에 해당 단계의 교육에 참여하여함 　-사전평가 85점 이상 득점자는 희망할 경우 결과일로부터 2년 이내 교육 참여 없이 영주 신청자 대상 종합평가 신청 가능 　-단, 합격하더라도 사회통합프로그램 이수로는 인정되지 않으며, 영주 기본소양능력 충족만 인정

출처: 법무부 사회통합정보망 Soci-Net 홈페이지 자료
(https://www.socinet.go.kr/soci/contents)

<표 32> 기본소양평가(단계평가)

단계평가	· 평가 시기: 한국어 초급1, 초급2, 중급1의 각 과정 종료 후 · 평가 대상: 한국어 해당 과정 종료자 전원 · 평가 주관: 운영기관장 · 평가 내용: 한국어 해당 과정 내용 · 평가 방법: 필기시험(20) 및 구술시험(5) 등 총 25문항 · 합격 기준: 100점 만점에 60점 이상 · 합격자: 다음 단계로 승급되며, 1년 이내에 승급 단계에 참여해야함 · 불합격자: 교육 종강일로부터 1년 이내 재수료할 경우 평가 결과에 관계없이 다음 단계 승급되며, 승급된 날로부터 1년 이내 다음 단계 참여해야함

<표 33> 기본소양평가(중간평가)

중간 평가 (KIIP-KLT)	· 평가 명칭: 사회통합프로그램 한국어능력시험(KIIP-KLT) * KIIP-KLT: Korea Immigration and Integration Program-Korean Language Test · 평가 대상: 배정된 한국어과정 최종 단계 종료자 전원 -중간평가에 응시하지 않은 경우 5단계에 진입할 수 없음 · 주관: 법무부 · 평가 내용: 한국어과정 전반에 대한 내용 · 평가 장소: 관할 출입국에서 지정한 장소 · 응시 신청: 평가일 7일 전까지 사회통합정보망(마이페이지)을 통해 응시 신청 · 평가 방법: 필기시험(30) 및 구술시험(5) 등 총 35문항 가. 필기시험(30문항) -문항수는 총 30문항으로 객관식(28), 작문형(2) * 작문형은 제시된 주제에 따라 작문하며 2문항을 통합하여 1문제로 제시 -시험시간은 총 45분으로 객관식(40분), 작문형(5분) * 객관식 답안지는 OMR카드를 사용하고, 작문형은 200자 원고지 1/2장을 제공(1/2장 이내로 작문) 나. 구술시험(5문항) -문항수는 총 5문항으로 이해하기, 대화하기, 듣고 말하기 등으로 구성 -시험시간은 총 10분 · 합격기준: 100점 만점에 60점 이상 득점 · 평가결과 확인 -평가 후 사회통합정보망(마이페이지)에서 점수 및 합격여부 확인(평가일로부터 7일 이내에 게시) * 개별통보 또는 전체 게시 없음 (반드시 마이페이지에서 개별 확인) · 평가 결과 조치 -합격자에게는 관할 사무소장 명의로 '사회통합프로그램 한국어능력시험 (KIIP-KLT)' 합격증 발급 -불합격자는 중간평가에 재응시하여 합격하거나, 한국어과정 4단계를 재이수해야만 다음 단계인 5단계(한국사회이해)로 이동 가능

출처: 법무부 사회통합정보망 Soci-Net 홈페이지 자료
(https://www.socinet.go.kr/soci/contents)

<표 34> 기본소양평가(종합평가)

■ 종합평가 종류(KIPRA T/KINAT)	* 영주용 종합평가 KIPRAT: Korea Immigration and Permanent Residence Aptitude Test * 귀화용 종합평가 KINAT: Korea Immigration and Naturalization Aptitude Test ·평가 대상: <영주용 종합평가> -사회통합프로그램 5단계(한국사회이해과정) 50시간 수료한 후 최초 기본과정 종강일로부터 2년 이내인 사람 -5단계 기본과정을 수료하지 않았으나, 사전평가에서 85점 이상을 득점한 날로부터 2년 이내인 자 <귀화용 종합평가> -5단계 기본과정(50시간)과 심화과정(20시간)을 수료한 후 최초 기본과정 종강일로부터 2년 이내인 자 -단, 기본과정 이수완료자(영주용 이수완료자)는 최초 심화과정 종강일로부터 2년 이내로 함 ·평가 내용: 한국어능력, 한국사회 이해정도 등 종합적인 기본소양 정도 ·평가 장소: 관할 출입국에서 지정한 장소 ·응시 신청: 평가일 7일 전까지 사회통합정보망(마이페이지)을 통해 신청 ·평가 방법: 필기시험(40) 및 구술시험(5) 등 총 45문항 가. 필기시험(40문항) -문항수는 총 40문항으로 객관식(38), 작문형(2) * 작문형은 제시된 주제에 따라 작문하며 2문항을 통합하여 1문제로 제시 -시험시간은 총 60분으로 객관식(55분), 작문형(5분) * 객관식 답안지는 OMR카드를 사용하고, 작문형은 200자 원고지 1장을 제공(1장 이내로 작문) 나. 구술시험(5문항) -문항수는 총 5문항으로 이해하기, 대화하기, 듣고 말하기 등 구성 -시험시간은 총 10분 ·합격기준: 100점 만점에 60점 이상 득점 ·결시자 조치 -응시신청 후 해당 평가에 결시 (무단 및 유고 불문)한 경우에는 모두 불합격 처리 * 단, 응시신청 후, 부득이한 사유로 응시할 수 없을 경우에는 해당 평가 신청기한 내에 한해 관할 출입국에 응시 취소신청 가능 ·평가결과 확인 -평가 후 사회통합정보망(마이페이지)에서 점수 및 합격여부 확인(평가일로부터 7일 이내에 게시) * 개별통보 또는 전체 게시 없음 (반드시 마이페이지에서 개별 확인) ·평가결과에 따른 조치

	-합격자 조치: <영주용 종합평가> -5단계 기본과정 수료자: 한국이민영주적격과정 이수완료 인정 및 합격증 (KIPRAT) 발급 -5단계 기본과정 미수료자: 영주 신청자 대상 종합평가 합격증 (KIPRAT) 발급(이수완료로 인정되지 않음) -단, 합격증에 미이수로 표기되며, 추후 5단계 기본과정 이수할 경우 이수로 변경 <귀화용 종합평가> -사회통합프로그램 5단계 전체과정 수료자: 한국이민귀화적격과정 이수완료 인정 및 귀화면접심사 면제 -귀화허가 신청자 대상 귀화용 종합평가 응시자: 귀화허가 신청자 대상 귀화용 종합평가 인정, 사회통합프로그램 5단계 배정 -불합격자 조치
■ 종합평가 종류(KIPRAT /KINAT)	<영주용 종합평가> -5단계 기본과정 수료자: 영주용 종합평가 재응시하여 합격하거나 5단계 기본과정 1회 재수료하고 영주용 종합평가에서 최저점수제(40점)을 초과 득점하여 이수완료 -5단계 기본과정 미수료자: 사전평가 85점 이상 득점한 날로부터 2년 이내 영주 신청자 대상 영주용 종합평가 재응시 가능 <귀화용 종합평가> -사회통합프로그램 5단계 전체과정 수료자: 귀화용 종합평가 재응시하여 합격하거나 5단계 전체과정 1회 재수료하고 귀화용 종합평가에서 최저점 수(40점)을 초과 득점하여 이수완료 -귀화허가 신청자 대상 종합평가 응시자: 귀화허가 신청일로부터 1년 이내 2회 재응시 가능하며, 총 3회 모두 불합격할 경우 귀화신청 불허 -2018년 3월 1일 전 재수료 이수완료자: 희망할 경우 귀화용 종합평가 재 응시 가능 -2012년 종합평가에서 50-59점 득점하여 이수완료된 결혼이민자: 희망할 경우 귀화용 종합평가 재응시 가능 * 특별 배려대상 평가 -(장애인) 장애인복지법 시행규칙 제2조 별표1의 '장애인의 장애등급표'에 근거한 항목의 어느 하나에 해당하는 자 -시각장애 1-4급, 자폐성 장애 1-2급, 지적 정신 뇌병변 장애 1-3급, 언어장 애 3-4급, 청각장애 1-6급, 지체장애(손 사용에 현저한 장애), 기타로는 3 급 이상으로 일반 평가가 불가능한 자(그 외) 장애 등급을 받은 자는 아니 나, 일반적인 평가 방법으로 평가 시행이 불가능하다고 판단되는 자

출처: 법무부 사회통합정보망 Soci-Net 홈페이지 자료
(https://www.socinet.go.kr/soci/contents)

2.5. 외국인 조기적응프로그램

1) 조기적응프로그램 도입배경

외국인들에게 있어 조기적응(initial adjustment)이란 한국의 새로운 문화 속에서 생활하면서 가족생활, 대인관계 및 정서적 측면에서 적절하게 대응할 수 있는 반응을 의미하며, 조기적응프로그램(initial adjustment support program)은 외국인들이 입국 초기의 한국생활에서 겪게 될 어려움을 사전에 예방하고, 조기의 적응을 전제한 플랫폼 교육이라고 할 수 있다. 또한 인권침해와 범죄피해로부터 보호하고 내외국인 사회통합에 기여하도록 유도하는 조기적응프로그램은 입국 초기의 이민자 대상 법, 제도, 문화의 차이로 인한 부조화, 이질감 및 고충을 해소하고 한국생활에 적응할 수 있도록 지원하는 프로그램으로 초기 적응지원과 안정적인 정착유도, 헌법가치 공유 및 통합이라는 정책방향에 따라 도입되었다. 따라서 조기적응프로그램은 외국인들의 한국 입국 초기에 한국사회 정착화 및 통합의 기초가 되는 유의미한 교육이라고 할 수 있다.

2) 조기적응프로그램 참여대상 및 이수자 혜택

조기적응프로그램에 참여대상자는 의무대상자와 자발적 참여대상자로 나누어진다. 우선 의무대상자는 방문취업(H-2) 자격으로 외국인등록하려는 외국국적 동포로, 만기출국 후 재입국한 만기출국자(H-2-7)는 제외된다. 또한 조기적응프로그램을 이수하고 외국인등록한 자가 체류기간 이내에 출국 후 재입국하여 외국인등록하려는 자도 제외된다. 그리고 자발적 참여대상자는 입국 초기에 일반 외국인으로 현재에는 결혼이민사증(F-6)을 소지하고 입국한 결혼이민자 및 그 배우자 등 가족과 예술·흥행사증 소지한 외국인 연예인(E-6-2), 국내 대학에 입학한 외국인 유학생(D-2) 및 어학연수생(D-4-1), 그리고 국외에서 출생하고 성장과정 중에 대한민국에 체류하게 된 외국국적의 중도입국 미성년자녀, 외국인 7천명 이상 거주하는 밀집지역에 거주하는 외국인, 그 외 기타 입국초기 사회적응지원이 필요한 외국인이자발적 참여대상자로 분류된다.

한편 조기적응프로그램을 이수한 결혼이민자에게는 최초 체류기간의 연장 시 2년의 부여와 이수자 가운데 법무부에서 시행하는 사회통합프로그램을 수강할 경우 한국사회의 이해영역에서 2시간을 수강한 것으로 인정하고 있다.

〈표 35〉 유형별 참여대상

체류유형		참여대상자 또는 참여 자격
외국인 유학생		국내 대학에 입학한 외국인 유학생(D-2) 및 어학연수생(D-4-1)등
밀집지역 외국인		외국인 밀집지역에 거주하는 외국인
외국인 연예인		호텔업 시설·유흥업소 등에서 공연을 하는 예술·흥행(E-6-2) 체류자격의 외국인 연예인
결혼이민자		단기사증을 소지하고 최초 입국한 국민의 외국인 배우자 ※ 결혼이민자는 내국인 배우자와 동반 참석
중도입국 자녀		결혼이민자의 자녀로서 외국에서 출생한 뒤 성장과정 중 국내에 입국·체류하게 된 미성년의 외국인(F-1-52, F-2-2)
외국국적동포 (H-2, F-4)	신규입국	국내에 최초 입국하여 방문취업(H-2), 외국국적동포(F-4) 자격으로 외국인등록을 하려는 사람
	재입국 또는 자격 변경	방문취업(H-2), 외국국적동포(F-4) 자격이 만료되어 출국 후 재입국하여 방문취업(H-2-7), 외국국적동포(F-4) 자격으로 외국인등록을 하려는 사람
		국내에서 체류하다가 방문취업(H-2-99), 외국국적동포(F-4) 자격으로 체류자격 변경 허가를 받으려는 사람

출처: 법무부 사회통합정보망 Soci-Net 홈페이지 자료 (https://www.socinet.go.kr/soci/contents)
※ 교육참여 관련 유의사항 - 조기적응프로그램을 이수하지 않으면 방문취업(H-2), 호텔 유흥(E-6-2)는
외국인등록 불가

<표 36> 유형별 주요 교육내용

참여대상	특수과목	공통과목	교육시간
외국인 유학생	○ 성공적인 유학생활을 위한 조언 ○ 진로개척 및 직업선택	○ 필수 생활정보 ○ 기초 법·질서와 문화 ○ 출입국 및 체류 관련 제도	3시간 (밀집지역 등: 2시간)
밀집지역 외국인	○ 외국인의 권리와 의무 ○ 준법의식		
외국인 연예인	○ 인권침해 발생 시 대처방법 및 구체절차		
결혼이민자	○ 부부, 가족 간 상호 이해 ○ 선배 결혼이민자의 조언		
중국입국자녀	○ 학교 교육제도 소개 ○ 청소년 문화·복지시설 안내		
외국국적 동포 (중국, CIS)	○ 준법의식, 생활법률 ○ 체류·영주 허가제도, 국적 취득		

출처: 법무부 사회통합정보망 Soci-Net 홈페이지 자료
(https://www.socinet.go.kr/soci/contents)

3. 외국인정책과 다문화가족지원정책 기본계획

3.1. 외국인정책 기본계획

이민정책에 관한 정책이념 또는 신념을 파악하기 위해서는 외국인정책위원회에서 결정된 외국인정책 기본계획을 통하여 분석할 수 있다. 외국인정책 기본계획은 2007년 7월 제정된 「재한외국인 처우 기본법」 제5조38)에 근거하여 수립된다. 2008년 제1차 외국인정책 기본계획이 수립될 당시, 외국인정책의 기본 방향을 '우리나라를 자본과 기술을 보유한 세계적 인재가 모여드는 국가로 육성하기 위한 「국가전략」으로서 외국인정책을 추진'하며, '외국인정책은 미래 우리 사회의 인적구성을 결정하는 정책으로서 사회적 파급효과가 광범위하므로 「중장기적·종합적 관점」에서 추진' 하도록 정하였다. 이러한 기본 방향을 바탕으로 각 부처에서 개별적으로 추진해온 외국인정책을 중장기적인 관점에서 종합적·체계적으로 추진하도록 하며 다음과 같은 내용을 제시하였다.

---

38) 「재한외국인 처우 기본법」 제5조(외국인정책의 기본계획) : 법무부장관은 관계 중앙행정 기관의 장과 협력하여 5년마다 외국인정책에 관한 기본계획(이하 '기본계획'이라 한다)을 수립하여야 한다.

① 개방을 통한 국가경쟁력 강화
② 인권이 존중되는 성숙한 다문화사회로의 발전
③ 법과 원칙에 따른 체류질서 확립

개방을 통한 이익과 비용을 비교 형량하여 국가경쟁력 강화에 도움이 되는 방향으로 입국 문호의 개방대상과 방식을 결정하여 개방을 통한 국가경쟁력을 강화하고, 국내 정착이민자의 증가에 따른 다문화사회의 도래에 대비하며 개방된 사회의 보편적 가치로서의 외국인 인권보장으로 인권이 존중되는 성숙한 다문화사회로의 발전을 모색하며, 개방의 긍정적 효과를 극대화하고 부작용을 방지하기 위해 법과 원칙에 따라 체류질서 확립을 세부사항으로 설정하였다.

이와 같이 이민정책의 정책목표는 국가경쟁력, 경제활성화 지원과 인재유치로서 국가이익과 사회질서 유지라는 정책 이념 내지 신념이 중요한 비중을 차지하였다. 따라서 우리나라가 채택한 이민정책의 기본적 정책이념 내지 신념은 국익에 도움이 되고 우수한 외국인의 유입을 허용하되 유입된 외국인을 활용함으로써 경제활성화, 사회안전 유지 등 국가이익과 국가경쟁력을 보장하기 위한 것이라고 할 수 있다.

제4차 외국인정책 기본계획은 2023년부터 2027년까지 5개년 계획으로 시행될 예정이다. 외국인정책 1, 2, 3차 수립 당시에는 자문위원회, 세미나 등을 통해 관련 분야 이해종사자의 의견을 수렴하여 정책을 입안하였으나 제4차 외국인정책 기본계획에서는 내외국인들의 목소리를 더욱 더 반영해야 할 것이다. 또한 국내외 연구자료를 바탕으로 하여 빅데이터 구축도 요구된다. 외국인정책 기본계획에서 1, 2차 기본계획은 주 대상이 결혼이민자와 그들의 자녀가 주 정책대상이었다면 제4차 외국인정책 기본계획은 계절근로자 등의 유입에 따라 전체 사회통합뿐만이 아니라 지자체의 계절근로자 사회통합 등 지역적 차원도 고려해야 한다는 것이다. 이와 같이 한국사회의 다문화현상은 다양한 유형 및 형태로 다변화되고 있다.

1) 제1차 외국인정책 기본계획(2008-2012)

2008년에 수립된 <제1차 외국인정책 기본계획>은 외국인과 함께하는 세계 일류국가를 비전으로 제시하였다. 적극적인 이민허용을 통한 국가경쟁력 강화, 질 높은 사회통합, 질서 있는 이민행정 구현, 외국인 인권 옹호를 4대 정책목표로 설정하였으며, 13대 중점 과제와 169개 세부과제를 선정하였다. 기본계획에서 설정한 목표의 달성을 위해서는 연도별 시행계획을 수립하여 추진하도록 하였다. 구체적인 과제는 <표 37>과 같다.

〈표 37〉 제1차 외국인정책 기본계획 추진과제 내용

비전 : 외국인과 함께하는 세계 일류국가	
정책목표	중점과제
적극적인 이민 허용을 통한 국가경쟁력 강화	· 우수인재 유치를 통한 성장동력 확보 · 국민경제의 균형발전을 위한 인력 도입 · 외국인에게 편리한 생활환경 조성
질 높은 사회통합	· 다문화에 대한 이해 증진 · 결혼이민자의 안정적 정착 · 이민자 자녀의 건강한 성장환경 조성 · 동포의 역량 발휘를 위한 환경 조성
질서 있는 이민행정 구현	· 외국인 체류질서 확립 · 국가안보 차원의 국경관리 및 외국인정보 관리 · 건전한 국민확보를 위한 국적업무 수행
외국인 인권 옹호	· 외국인 차별 방지 및 권익보호 · 보호 과정의 외국인 인권 보장 · 선진적 난민 인정·지원 시스템 구축

출처: 법무부(2008), 제1차 외국인정책 기본계획

<제1차 외국인정책 기본계획>에서 '외국인정책'은 '대한민국으로 이주하고자 하는 외국인에 대해 일시적·영구적 사회구성원 자격을 부여하거나 국내에서 살아가는 데 필요한 제반 환경조성에 관한 사항을 정치·경제·사회·문화 등 종합적 관점에서 다루는 정책'을 의미하였다. 대한민국으로 이주하고자 하는 외국인에 대하여 사회구성원 자격부여에 관한 내용을 포함하는 종합적 관점에서 다루는 정책이라는 점에서는 의의가 있다 할 것이다. 하지만 기본계획에서의 이민은 '외국인에 대한 일시적 영구적 사회구성원 자격부여'로 정의되며, 이민정책은 '입국, 체류, 귀화 허가 등 이민허용에 관한 사항'을 다루는 정책으로 보고 있는 등 이민정책을 협의로 정의하고 있는 점은 아쉽다는 평가가 있었으며, 이러한 점은 제2차 기본계획에서의 이민정책에서 수정되었다. 그리고 결혼이민자의 유입이 증가하고, 다문화가정에 대한 사회적 관심이 높아지면서 결혼이민자정책, 다문화정책 등 용어가 혼용되면서 정책적인 혼선과 중복현상이 나타나게 되었다.

한편, 외국인정책 기본계획에서는 '대한민국에 이주하고자 하는 외국인에 대해~'라고 규정하고 있으나, 1993년 단기체류를 가정하는 '산업연수생' 제도 하에서의 외국인근로자에 대한 고려는 보이지 않는다. 또한 '여성' 외국인근로자에 대한 개념은 나타나지 않는다. 2006년 국가인권위원회의 「국가인권정책기본계획(NAP) 권고안」[39]은 외국인근로자 인권보호의 4대 영역의 하나로 '외국인근로자 가족

---

39) 권고안은 핵심 추진과제로 ① 외국인근로자 자녀의 제반권리를 보호하기 위해 그들의 출생등록을 제한하는 법령·제도 개선, ② 국민건강보험 혜택을 받지 못하는 미등록외국인근로자와 그 가족의 의료혜택 강화방안 마련, ③ 취학연령 외국인근로자 자녀에 대한 적극적 취학장려, ④ 외국인근로자 아동의 교육권 강화 등을 들고 있다(국가인권위원회, 2006).

의 인권보장'을 설정하고, '외국인근로자 가족의 양육권, 건강권, 교육권, 문화권 등을 보장'하는 것을 목적으로 제시하고 있다. 그러나 이러한 권고는 <제1차 외국인정책 기본계획>에 반영되지 않았다.

2) 제2차 외국인정책 기본계획(2013-2017)

<제2차 외국인정책 기본계획>에서 가장 유의미한 변화라고 할 수 있는 것은 '이민정책'의 정의에 대한 부분이다. <제2차 외국인정책 기본계획>에서는 외국인정책을 '국경 및 출입국관리, 국적부여 정책과 이민자 사회통합 정책을 포괄하는 개념으로서 이민정책을 의미하는 것'으로 규정하였다. 앞선 제1차 계획안에서 '외국인정책'의 개념을 사용하였기에 명칭은 '외국인정책'으로 사용하기로 하였지만, 실질적인 내용은 '이민정책'을 담고 있다.

제1차 기본계획에서의 이민정책, 외국인정책 개념정리, 용어사용은 기존 서구의 이민정책(immigration policy)연구의 개념들과 괴리가 있었다. 또한 국제결혼이주민의 증가로 다문화사회 다문화담론이 넘쳐나면서 결혼이민자정책, 다문화정책 등의 용어와 혼용되면서 정책적인 혼선과 중복현상이 나타나는 문제가 지적되었다. 이에 따라 제2차 외국인정책 기본계획에서는 '이민정책'의 개념, 용어사용부터 정립되었고, 실질적인 이민정책 계획으로 자리 잡기 시작하였다고 볼 수 있다.

<제2차 외국인정책 기본계획>은 '세계인과 더불어 성장하는 활기찬 대한민국'을 비전으로 제시하였으며, 개방·통합·인권·안전·협력 등 5개 분야의 정책목표를 수립하였고, 19대 중점과제와 146

개의 세부과제를 제시하였다. 구체적인 정책목표와 중점과제는 <표 38>과 같다.

〈표 38〉 제2차 외국인정책 기본계획 추진과제 내용

비전 : 세계인과 더불어 성장하는 활기찬 대한민국	
정책목표	중점과제
1. 개방 경제활성화 지원과 인재유치	· 내수 활성화 기여 외래관광객 유치 · 국가와 기업이 필요한 해외 인적자원 확보 · 미래 성장동력 확충을 위한 유학생 유치 · 지역 균형발전을 촉진하는 외국인 투자 유치
2. 통합 대한민국의 공동가치가 존중되는 사회통합	· 자립과 통합을 고려한 국적 및 영주제도 개선 · 체계적인 이민자 사회통합프로그램 운영 · 국제결혼 피해방지 및 결혼이민자 정착 지원 · 이민배경자녀의 건강한 성장환경 조성 · 이민자 사회통합을 위한 인프라 구축
3. 인권 차별방지와 문화다양성 존중	· 이민자 인권존중 및 차별방지 제도화 · 다양한 문화에 대한 사회적 관용성 확대 · 국민과 이민자가 소통하는 글로벌 환경 조성
4. 안전 국민과 외국인이 안전한 사회구현	· 안전하고 신뢰받는 국경관리 · 질서 위반 외국인에 대한 실효적 체류관리 · 불법체류 단속의 패러다임 다변화 · 외국인에 대한 종합적인 정보관리 역량 제고
5. 협력 국제사회와의 공동발전	· 이민자 출신국, 국제기구 등과의 국제협력 강화 · 국가 위상에 부합하는 난민정책 추진 · 동포사회와의 교류, 협력 확산

출처: 법무부(2013), 제2차 외국인정책 기본계획

또한 <제2차 외국인정책 기본계획>에서는 국제적으로 유럽 국가들이 '다문화주의 실패'를 선언하고, 이민자 유입으로 인한 사회적 갈등을 관리하기 위한 이민정책을 강화하는 한편, 국내적으로 경제활동 인구의 감소에 따른 성장 동력 및 내수시장 축소에 대한 위기감의 확산과 외국인 범죄, 인종적·문화적 갈등에 대한 우려가 높아지는 사회적 환경의 변화에 대응하는 것에 중점을 두었다. 이를 통해 국민의 다양하고 상반된 요구들을 최대한 반영하여 균형 잡힌 정책기조로 안정적인 미래를 준비하며, 질서와 안전, 이민자의 책임과 기여를 강조하는 국민적 인식을 반영함으로써 <제1차 외국인정책 기본계획>과 차별화하고자 하였다.

그 외에도 제1차 기본계획과 비교해 제2차 기본계획에서 달라진 점은 이민자의 사회통합의 의무와 외국인 관리, 외국인 범죄와 불법체류 단속, 그리고 국제사회와의 교류·협력이 강화되었다는 것이다. 제1차 기본계획에서는 이민자의 인권보호와 사회적응 지원이 강조되었던 것과 대조적으로 제2차 기본계획에서는 이민자가 영주권 또는 한국국적을 취득하기 위해 사회통합교육을 이수하거나 면접심사 시 읽기능력 평가가 추가된 귀화시험에 합격해야 하는 등의 의무를 강화하였다. 그리고 외국인 범죄와 불법체류자 단속, 외국인 집중지역 대상 치안활동, 외국인에 대한 정보관리를 강화하는 등 질서와 안전 측면이 부각되었다(윤인진, 2013).

3) 제3차 외국인정책 기본계획(2018-2022)

<제3차 외국인정책 기본계획>에서는 '국민 공감! 인권과 다양성이 존중되는 안전한 대한민국'이라는 비전을 가지고 상생, 통합, 안전, 인권, 협력이라는 핵심가치를 토대로 한 정책목표를 세웠으며 그 정책목표는 첫째, 국민이 공감하는 질서 있는 개방, 둘째, 이민자의 자립과 참여로 통합되는 사회, 셋째, 국민과 이민자가 함께 만들어가는 안전한 사회, 넷째, 인권과 다양성이 존중되는 정의로운 사회, 다섯째, 협력에 바탕한 미래 지향적 거버넌스 등이다. 구체적인

정책과제는 <표 39>와 같다.

<표 39> 제3차 외국인정책 기본계획 추진과제 내용

비전 : 국민 공감! 인권과 다양성이 존중되는 안전한 대한민국	
정책목표	중점과제
1. 상생 국민이 공감하는 질서있는 개방	· 우수인재 유치 및 성장지원 가오하 · 성장동력 확보를 위한 취업이민자 유치·활용 · 관광객 및 투자자 등 유치를 통한 경제 활성화 · 유입 체계 고도화 및 체류·국적 제도 개선
2. 통합 이민자의 자립과 참여로 통합되는 사회	· 이민단계별 정착지원 및 사회통합 촉진 · 이민배경 자녀 역량 강화 · 이민자 사회통합을 위한 복지지원 내실화 · 이민자의 지역사회 참여 확대
3. 안전 국민과 이민자가 함께 만들어가는 안전한 사회	· 안전하고 신속한 국경관리 체계 구축 · 체류외국인 관리 체계 선진화
4. 인권 인권과 다양성이 존중되는 정의로운 사회	· 이민자 인권보호 체계 강화 · 여성·아동 등 취약 이민자 인권증진 · 문화다양성 증진 및 수용성 제고 · 동포와 함께 공존·발전하는 환경 조성 · 국제사회가 공감하는 선진 난민정책 추진
5. 협력 협력에 바탕한 미래지향적 거버넌스	· 이민관련 국제협력 증진 · 중앙부처·지자체·시민사회 협력 강화 · 이민정책 및 연구기반 구축

출처: 법무부(2018), 제3차 외국인정책 기본계획

<제3차 외국인정책 기본계획>은 이전의 외국인정책 기본계획을 토대로 하되, '인권' 부분이 강화된 것을 볼 수 있는데, 이민자와 관련된 추상적인 인권 옹호에서 차별방지를 위해 구체적으로 규정을 마련하고 인권증진과 관련된 협의회를 강화, 난민심판 전문기관 설치를 검토하는 등 이민자들의 인권을 증진하기 위해서 보다 적극적으로 정책을 추진하고자 하였다. 이민자들을 '통합'하기 위해 사회통합 프로그램을 확대하면서도 이민자들의 자립과 자율성을 보다

존중한다는 점에서 이전의 외국인정책 기본계획과 차이를 보인다.

<제3차 외국인정책 기본계획>은 이민자들을 국가경쟁력과 경제 활성화에 초점을 맞추어 받아들이던 지난 정책목표와 비교하였을 때, 외국인들이 국내에 거주하며 국민 수용성을 제고하여 지속 발전이 가능한 체계를 구축하고자 하였다. 그런 점에서 질적 고도화를 병행한 적극적인 이민 정책과 이민자들의 체류, 영주, 국적 연계를 강화하여 재한외국인이 국내에서 사회구성원으로 자질을 갖출 수 있도록 유도하고자 하였다는 점에서 차별성을 보인다. '국민이 공감하는 질서 있는 개방'이라는 정책목표에 따라 경제적으로 국익에 도움이 되는 우수인재, 관광객과 투자자, 취업이민자를 유치하고 지원하면서 활성화하되 유입 체계 고도화를 위한 체류 제도나 국적 제도를 개선하고자 하였다. 취업과 직장생활에 대한 지원 대상도 확대되었는데, 기존에는 결혼이민자로 그 대상을 맞추어 한정적이었으나, 제3차 기본계획에서는 결혼이민자를 포함한 이주 청소년과 난민인정자 등 대상을 확대하여 지원할 수 있도록 하였다.

결혼이민제도와 관련하여 국제결혼 안내프로그램[40]을 확대하면서 교육 내용에 인권교육을 추가하고 결혼이민자의 조기적응 프로그램을 강화하고, 결혼이민자 맞춤형 사회통합프로그램을 법무부에서 개발할 수 있도록 하였다.

이외에도 이민 관련 위원회의 협력 부족과 지방자치단체 및 시민단체에서 외국인정책 기본계획의 참여 체계가 미흡했다는 지난 외국인정책 기본계획의 문제점을 보완하기 위해 지방자치단체와 협의

---

40) 중국·베트남 등의 7개국에서 온 외국인 배우자를 국내로 초청하려는 국민을 대상으로 초청하려는 국가의 제도와 문화, 예절 등을 교육하고 결혼사증을 발급하여 국제결혼의 절차와 심사기준 등과 같이 정부정책을 소개하는 프로그램을 말한다(법무부, 2018).

체를 구성하여 컨설팅을 제공하고자 하였으며 이민 관련 위원회 간의 연계를 강화하고자 하였다.

<제3차 외국인정책 기본계획>은 이전 기본계획에서 미비했던 점을 보완하면서도 이민자들의 인권을 보다 존중하고자 했다는 점이 전반적으로 반영되었음을 알 수 있다.

3.2. 다문화가족지원정책 기본계획

다문화사회 관련 다양한 법과 제도로서 「재한외국인 처우 기본법」, 「국적법」, 「출입국관리법」, 「결혼중개업의 관리에 의한 법률」등이 제정되었는데, 특히 다문화가정을 위한 별도 법률로 2008년 「다문화가족지원법」이 제정되었다. 다문화가족지원정책 기본계획은 2010년에서 2012년까지의 제1차 기본계획을 시작으로 하여, 이후 2011년 개정된 「다문화가족지원법」 제3조의2[41])를 근거로 하여 다문화가족 지원을 위하여 5년마다 수립되었다.

다문화가족지원정책 기본계획은 다음과 같은 사항을 포함하여 수립된다. ① 다문화가족 지원 정책의 기본 방향, ② 다문화가족 지원을 위한 분야별 발전시책과 평가에 관한 사항, ③ 다문화가족 지원을 위한 제도 개선에 관한 사항, ④ 다문화가족 지원을 위한 재원 확보 및 배분에 관한 사항, ⑤ 그 밖에 다문화가족 지원을 위하여 필요한 사항 등으로 총 5가지 사항이다.

다문화가족지원정책 기본계획은 수립 당시 한국의 다문화사회 현

---

41) 다문화가족지원법 제3조의2(다문화가족 지원을 위한 기본계획의 수립) ① 여성가족부장관은 다문화가족 지원을 위하여 5년마다 다문화가족지원정책에 관한 기본계획(이하 "기본계획"이라 한다)을 수립하여야 한다.

상을 반영하였기 때문에 기본계획의 내용을 통해 한국의 다문화사회에서 시급한 문제가 무엇인지, 어떤 문제가 중점적으로 이슈가 되었는지 알 수 있다(권오경 외, 2022). 다문화가족지원정책이 2006년 수립되면서 이를 안정적으로 수행하고자 다문화가족지원정책위원회가 구성되고, 다문화가족지원센터를 전국으로 확대하며 다문화가족 실태조사가 실시되었다. 그러나 체계적인 역할 분담이나 대처 등이 미흡하여 안정적인 사회통합을 위해 정책 재정비의 필요성이 대두되면서, 국격 제고 및 안정적인 사회통합 차원에서 기존의 양적 지원에서 벗어나 서비스의 질적 수준을 제고하는 방향으로 다문화가족지원정책을 체계적으로 재정비하기 위해 다문화가족지원정책 기본계획이 수립되었다.

1) 제1차 다문화가족지원정책 기본계획(2010-2012)

2010년 수립된 <제1차 다문화가족지원정책 기본계획>은 '열린 다문화사회로 성숙한 세계국가 구현'을 비전으로 하여 다문화가족의 삶의 질 향상 및 안정적인 정착 지원, 다문화가족 자녀에 대한 지원 강화 및 글로벌인재 육성을 목표로 설정하였다. 다문화가족지원정책 추진체계정비, 국제결혼중개관리 및 입국 전 검증시스템 강화, 결혼이민자 정착지원 및 자립지원강화, 다문화가족 자녀의 건강한 성장환경 조성, 다문화에 대한 사회적 이해 제고 등을 중심으로 5대 영역, 20개 중점과제, 61개 세부과제로 전개해 진행하였다. 구체적인 내용은 <표 40>과 같다.

<표 40> 제1차 다문화가족지원정책 기본계획 추진과제 내용

비전	열린 다문화사회로 성숙한 세계국가 구현	
목표	다문화가족의 삶의 질 향상 및 안정적인 정착 지원 다문화가족 자녀에 대한 지원 강화 및 글로벌 인재육성	
추진 과제	다문화가족 지원정책 추진 체계 정비	• 다문화가족지원 관련 총괄·조정 기능 강화 • 다문화가족지원 서비스 전달체계 효율화 • 다문화가족지원정책 추진 기반 확충
	국제결혼중개 관리 및 입국 전 검증시스템 강화	• 국제결혼중개에 대한 관리 강화 • 결혼이민 예정자 대상 사전정보, 제공 확대 • 자립가능한 이민자 유입을 위한 입국 전 검증시스템 강화
	결혼이민자 정착 지원 및 자립역량 강화	• 결혼이민자 한국어교육 및 의사소통 지원 강화 • 결혼이민자 직업교육 및 취업지원 활성화 • 안정적 사회통합을 위한 국적취득 합리화 • 결혼이민자 생활적응 지원 및 사회보장 확대 • 이혼 및 폭력피해 결혼이민자 인권보호 증진 • 배우자교육 운영 및 다문화가족 간 네트워크 강화
	다문화가족 자녀의 건강한 성장환경 조성	• 글로벌 인재육성을 위한 맞춤형 교육지원 강화 • 다문화가족 유아 등의 언어발달 지원사업 확대 • 다문화가족 학부모의 자녀교육 역량 강화 • 학교부적응 자녀 지원을 위한 인프라 확충
	다문화에 대한 사회적 이해 제고	• 다문화이해 증진을 위한 사회교육 활성화 • 다문화이해 증진을 위한 학교교육 강화 • 지자체 일선공무원 등 다문화 관계자에 대한 교육 확대 • 다문화이해 증진을 위한 홍보활동 강화

출처: 국무총리실·관계부처합동(2010), 다문화가족지원정책 기본계획(2010-2012)

2) 제2차 다문화가족지원정책 기본계획(2013-2017)

<제2차 다문화가족지원정책 기본계획>(이하 제2차 기본계획)부터
는「다문화가족지원법」제3조의2에 의거하여 수립되는 법정계획이
다. 이 규정에 의하면, 여성가족부 장관은 다문화가족 지원을 위하
여 5년마다 기본계획을 수립하여야 하고, 기본계획은 동법 제3조의4
에 따른 다문화가족지원정책위원회의 심의를 거쳐 확정한다. 또한
법 규정에 따라 여성가족부는 2012년 마무리되는 '제1차 다문화가

족지원정책기본계획'의 후속으로 2013년부터 적용되는 '제2차 기본계획(안)(13~17)'에 대한 공청회를 2012년 10월 10일 외환은행 본점(서울) 대강당에서 개최하였다. 공청회의 핵심논의는 결혼이민자의 한국 거주기간이 점차 길어짐에 따라 결혼이민자의 취업지원과 자녀세대의 학교생활 적응문제 해소 등 다문화가족 구성원의 역량 강화에 중점을 두었으며, 다문화가족의 사회통합에 대한 기본 관점을 정립하고, 법적·제도적·실질적 사각지대를 해소하여 진정한 다문화사회를 구현하는 것을 중점적으로 논의 하였다. 공청회 이후에도 지역토론회를 개최하여 그동안 수렴된 의견을 검토하여 기본계획에 반영하고, 2012년 12월 11일 국무총리 주재로 제6차 다문화가족지원정책위원회를 열어 기본계획을 심의·확정하였다.

제2차 기본계획은 그동안 다문화사회의 환경변화 및 수요를 고려하여 중점 추진과제들을 도출하였고, 추진과제들은 다음의 기반으로 구성되었다. 먼저, 가족구성원 간 상대방의 문화를 존중하는 평등한 가족문화 구축 및 가족서비스를 강화하는 것과 다문화가족 자녀의 취학 및 학교생활 지원과 군대 및 사회의 다문화 이해 제고에 중점을 두는 것이다. 또한 신규 입국 결혼이민자에 대하여는 사회통합적 차원의 서비스를, 일정기간 경과 시부터는 취업지원 등을 강화하는 것이다. 마지막으로 다문화가족 정책의 공고화를 위해 정책추진 체계구축 및 다문화가족지원센터 등 서비스 전달체계의 효율화 및 평가를 강화하고, 주요 국제결혼 상대국과의 협력 강화를 통해 제도적 사각지대의 개선과 이를 통해 인권침해를 예방하는 것이다.

한편 제2차 기본계획은 '활기찬 다문화가족, 함께하는 사회'를 비전으로, 사회발전 동력으로서의 다문화가족 역량 강화와 다양성이 존중되는 다문화사회 구현을 목표로 하였으며, 이를 달성하기 위해 5년간(2013-2017) 총 13개 중앙행정기관 및 법원, 지방자치단체가 함께 6대 영역 86개 세부과제를 추진하기로 하였다.

제2차 기본계획의 정책과제는 실제로 지원이 필요한 다문화가족에게 서비스가 제공될 수 있도록 소득수준, 거주기간 등을 고려하여 합리적으로 차등지원을 추진해 나갈 예정이다. 두 정책과제의 내용들이 중복되거나 기한이 연장되는 경우를 제외하고 2차 기본계획만의 정책과제를 세분화해서 구체적으로 살펴보면 다음과 같다.

첫째, 다양한 문화가 있는 다문화가족 구현을 위해 주요 상대국과의 결혼 시 상대국의 제도·문화 교육을 강화하고, 가족관계 증진을 위해 다문화가족 통합교육을 강화하는 것이다. 이를 위해 쌍방향 문화교류 확대 및 사회적 지지 환경조성을 위해 아리랑 TV에 다언어 프로그램을 편성하고 장기적으로 기존 방송국의 특정 시간대를 구매하여 케이블 다문화방송을 추진한다.

둘째, 다문화가족 자녀의 성장과 발달지원을 위해 다문화가족 학생이 정규학교에 배치되기 전 사전 적응교육을 받을 수 있도록 예비학교를 전국적으로 운영한다. 예비학교는 2012년 26개소에서 2013년 24개소를 더해 총 50개소를 개교하는 것을 목표로 한다. 이와 병행하여 다문화가족 자녀가 학교생활에 어려움을 겪지 않도록 '초등학교 입학 전 프로그램'을 개발하여 실시하고, 언어·수학·과학·예체능 등 영역별 우수학생을 연 300명씩 육성하기로 한다.

셋째, 안정적인 가족생활 기반구축을 위해서 결혼이민자 사증 심사 시 초청자의 실질적 피초청자 부양가능 여부 심사 등 국제결혼 사증 심사를 강화한다. 또한 대상자별 특성에 따른 맞춤지원을 위해 다문화가족지원센터에 '다문화가족 코디네이터'를 양성·지원하고, 연도별로 확대 배치하기로 한다. 우선 2013년도 50명을 신규 배치하는 시범시행을 한 후 확대추진 여부를 결정한다. 또한 가족해체 예방을 위한 가족교육을 강화하고, 맞벌이 다문화가족 자녀의 돌봄서비스 우선지원 및 결혼이민자 한부모가족 등에 대한 지원확대 등 가족차원의 서비스를 강화한다.

넷째, 결혼이민자의 사회경제적 진출확대를 위해서는 결혼이민자를 채용하는 (예비)사회적 기업에 최저임금 수준 인건비 및 보험료를 지원하고, 사회서비스 일자리 발굴 및 반듯한 시간제 일자리를 적극 알선하기로 한다. 그리고 결혼이민자의 사회참여 확대를 위해 민간단체 지원사업 선정 시 결혼이민자 활동비율이 높은 경우 가점을 부여하기로 한다.

다섯째, 다문화가족에 대한 사회적 수용성 제고를 위해 인종·문화 등 차별에 대한 법과 제도를 개선하고 일반 국민의 다문화 이해 제고 및 다양한 문화를 인정하는 사회문화를 조성한다. 이를 위해 차별금지법·문화다양성 보호와 증진에 관한 법을 마련하고, 문화예술진흥법·문화산업진흥기본법·문화예술교육지원법 등의 개정을 추진한다. 또한 다문화가족 구성원의 입영에 따른 병영 환경조성을 위해 간부 및 일반장병 대상 다문화이해 교육을 실시하고, 소수종교인에 대한 배려를 제공할 계획이다.

여섯째, 다문화가족의 추진체계 정비를 위해 다문화가족 분포, 중·장기 센터 이용수요 등을 고려하여 '다문화가족지원센터 장기발전방안'을 마련하고, 외국인근로자 가족, 유학생 가족 등 합법적으로 체류하고 있는 외국인 가족에 대하여는 가족상담·자녀발달지원 등을 다문화가족수준으로 지원하여 다문화가족 지원서비스의 보편성과 효율성을 확대하고자 한다.

〈표 41〉 제2차 다문화가족지원정책 기본계획 추진과제 내용

비전	활기찬 다문화가족, 함께하는 사회	
목표	사회발전 동력으로서의 다문화가족 역량 강화 다양성이 존중되는 다문화사회 구현	
추진 과제	다양한 문화가 있는 다문화 가족 구현	·상대방 문화·제도에 대한 이해 제고 ·쌍방향 문화교류 확대 및 사회적지지 환경 조성
	다문화가족 자녀의 성장과 발달 지원	·다문화가족 자녀의 건강한 발달 지원 ·한국어 능력 향상 ·학교생활 초기적응 지원 ·기초학력 향상 및 진학지도 강화 ·공교육 등에 대한 접근성 제고
	안정적인 가족생활 기반 구축	·입국 전 결혼의 진정성 확보 ·한국생활 초기 적응 지원 ·소외계층 지원 강화 ·피해자 보호
	결혼이민자 사회경제적 진출 확대	·결혼이민자 일자리 확대 ·직업교육훈련 지원 ·결혼이민자 역량 개발 ·사회참여 확대
	다문화가족에 대한 사회적 수용성 제고	·인종·문화 차별에 대한 법·제도적 대응 ·다양한 인종·문화를 인정하는 사회문화 조성 ·대상별 다문화 이해 교육 실시 ·학교에서의 다문화 이해 제고 ·다문화가족의 입영에 따른 병영 환경 조성
	정책추진체계 정비	·다문화가족 지원대상 확대 및 효과성 제고 ·다문화가족지원정책 총괄 추진력 강화 ·국가간 협력체계 구축

출처: 여성가족부(2012), 제2차 다문화가족지원정책 기본계획

위에서 살펴본 바와 같이 제1차 기본계획에서의 5대 영역 61개의 세부 과제에 비해 제2차 기본계획은 결혼이민자의 취업역량 강화와

취학자녀들의 교육지원 등의 정책을 강화하고 다문화사회로의 진전에 따라 우리 국민의 다문화 이해도 제고를 위한 교육홍보 강화 등을 중점 추진 방향으로 하고 있다. 또한 대체적으로 1차 기본계획이 인권·다문화 등의 가치를 강조해 야기되는 문제가 많았다고 진단하고 제2차 기본계획에서는 질서와 안전, 이민자의 책임과 기여를 강조하는 정책유형으로 변화를 주었다.

3) 제3차 다문화가족지원정책 기본계획(2018-2022)

<제3차 다문화가족지원정책 기본계획>이 수립된 시기는 다문화가족의 증가세가 둔화되기 시작한 시기이다. 2010년까지 국제결혼 비율은 10~11%를 유지하였으나, 2016년에 들어서면서 7.3%까지 떨어지는 추세를 보였다. 이에 따라 결혼이민자 및 귀화자의 증가 또한 둔화되었으나, 혼인귀화자는 증가하는 추세였다.[42] 또한 중도입국자녀의 증가와 함께 향후 5년 내 다문화가족 자녀가 중고등학교에 진학하는 비중이 높아질 것으로 예상되어 이와 관련한 지원 정책의 필요성이 증가하였다.

이에 따라 <제3차 다문화가족지원정책 기본계획>은 '참여와 공존의 열린 다문화사회'라는 비전을 바탕으로 모두가 존중받는 차별 없는 다문화사회 구현, 다문화가족의 사회·경제적 참여 확대, 다문화가족 자녀의 건강한 성장 도모를 목표로 하고 있다. 또한 다문화가족 장기정착 지원, 결혼이민자 다양한 사회참여 확대, 다문화가족

---

42) 법무부 출입국외국인정책 통계월보에 따르면, 2010년 66,474명(누계)이었던 혼인 귀화자가 2012년 84,933명(누계), 2014년 101,560명(누계), 2016년 101,560명(누계), 2018년 129,028명(누계)에 이르렀다. 현재 2022년 6월 기준 혼인귀화자는 150,834명(누계)이다(법무부, 2016; 2022).

자녀의 안정적 성장지원과 역량 강화, 상호존중에 기반한 다문화 수용성 제고, 협력적 다문화가족 정책 운영을 위한 추진체계 강화로 5개의 대과제를 바탕으로 17개 중과제 및 70개 소과제로 구성하였으며, 교육부, 법무부 등 17개 중앙행정기관 및 기관이 참여하였다. 종료된 제1차, 제2차 기본계획의 전체적인 과제구성과 추진기관들의 차이점을 살펴보면 <표 42>와 같다.

〈표 42〉 제1차, 제2차, 제3차 기본계획의 분류

구분	제1차 기본계획	제2차 기본계획	제3차 기본계획
기간	2010~2012(3년)	2013~2017(5년)	2018~2022(5년)
구성	5대 영역 61개 세부과제	6대 영역 86개 세부과제	5대 영역 70개 세부과제
추진 기관	11개 중앙행정기관 및 지방자치단체 (교과부, 법무부, 행안부, 문화부, 농식품부, 복지부, 고용부, 경찰청, 공정위, 여성가족부 및 국무총리실)	13개 중앙행정기관, 법원 및 지방자치단체 (교과부, 법무부, 행안부, 문화부, 농식품부, 국방부, 복지부, 고용부, 외교부, 경찰청, 방통위, 법원, 여성가족부 및 국무총리실)	17개 중앙행정기관 및 기관, 지방자치단체 (경찰청, 고용노동부, 교육부, 국무조정실, 국방부, 국토교통부, 농림축산식품부, 농촌진흥청, 문화체육관광부, 방송통신위원회, 법무부, 보건복지부, 소방청, 외교부, 여성가족부, 중소벤처기업부, 행정안전부, KOTRA)

출처: 국무총리실 보도자료(2012); 여성가족부(2018)

여성가족부(2018)는 <제3차 다문화가족지원정책 기본계획>에서 현재까지의 한국 다문화사회를 태동기, 발달기, 정착기로 구분하여 정책 변화 과정을 제시하였다. 태동기는 제1차 기본계획, 발달기는 제2차 기본계획, 정착기를 제3차 기본계획의 시기로 보고 이에 따른 정책을 수립한 것이다. 태동기는 국제결혼의 증가로 다문화사회에 대한 문제가 대두되고 사회적 관심이 형성되었으며, 발달기는 다문화가족이 지속적으로 증가하고 부정적 태도나 갈등이 우려되는 시기로 보았다. 제3차 기본계획이 수립된 정착기는 국제결혼은 감소 추세이나 다문화가족의 장기정착 비율이 증가하고 안정화에 들어서면서 결혼이민자의 사회·경제적 참여가 확대되고 가족의 형태가 다양화되는 등으로 인하여 지속적인 개선과 노력이 필요한 시기이다. 이에 따라 다문화가족의 안정적인 지원과 정착을 중심으로 하였던 기본계획의 과제를 포함하여, 다문화사회 구성원의 공존을 위한 과제로 확대하고 구체화 됨을 볼 수 있다.

〈표 43〉 제3차 다문화가족지원정책 기본계획 추진과제 내용

비전	참여와 공존의 열린 다문화 사회	
목표	모두가 존중받는 차별 없는 다문화 사회 구현 다문화가족의 사회·경제적 참여 확대 다문화가족 자녀의 건강한 성장 도모	
추진 과제	다문화가족 장기정착 지원	· 결혼이주여성 인권보호 강화(가정폭력예방 및 대응체계 구축) · 국제결혼 피해예방 지원 · 안정된 가족생활 지원 · 서비스 연계 활성화
	결혼이민자 다양한 사회참여 확대	· 자립역량 강화 · 취·창업 지원 서비스 내실화 · 사회참여 기회 확대
	다문화가족 자녀의 안정적 성장지원과 역량강화	· 안정적 성장을 위한 환경조성 · 학업 및 글로벌 역량 강화 · 진로준비 및 사회진출 지원 · 중도입국자녀 맞춤형 지원
	상호존중에 기반한 다문화 수용성 제고	· 정책환경에 대한 주기적 모니터링 실시 · 다문화 이해교육 활성화 · 다문화수용성 제고를 위한 미디어 환경 조성 · 지역 환경 조성 및 참여·교류 프로그램 활성화
	협력적 다문화가족 정책 운영을 위한 추진체계 강화	· 정책추진체계간 협력 강화 · 다문화가족 지원체계 내실화

출처: 여성가족부(2018), 제3차 다문화가족지원정책 기본계획

그간 제1차, 제2차 기본계획과 비교해 보았을 때, 국제결혼 피해를 예방하기 위한 교육 방식을 다변화 시키고 인권·상호존중 교육 내용이 추가되었으며, 결혼이민관 파견 추진이 실행되었다. 또한 다문화가족의 가정폭력 문제가 대두되면서 이를 위한 종합 상담소, 임대주택, 자립지원금 등의 지원이 확대되었다. 다문화가족의 관계 개선을 위한 프로그램이 다양화 되었으며, 다문화가족 자녀 지원 영역에서도 초기 한국어 지원, 학교 생활 지원에서 벗어나 청소년기에 접어든 다문화가족 자녀들이 성장할 수 있도록 프로그램을 제공하고 중도입국자녀를 위한 지원 또한 추가되었다. 다문화 수용성 측면에서도 다문화가족 자녀들의 적응을 위한 다문화교육, 공무원·경찰·관련 종사자 대상으로 이루어지던 다문화교육에서 일반 국민 대상 다문화 이해교육으로 그 영역을 확대하였다. 이와 더불어 정책 추진체계 방면으로는 제1차, 제2차에서 체계를 정비하여 제3차 기본계획에서는 위원회 간 연계를 강화하고 다문화가족지원센터를 내실화할 수 있도록 하였다. 그러나 여전히 지속적으로 제기되고 있는 컨트롤 타워(Control Tower)의 부재에 대한 문제는 해결되지 않은 것으로 보인다.

제6장

한국사회의 다문화 밀집지역 이해

1. 외국인의 국내 미등록? 불법체류?

1.1. 미등록인가? 불법체류인가?

　등록외국인은 입국한 날로부터 91일 이상 대한민국에 체류할 목적으로「출입국관리법」제31조에 따라 체류지를 관할하는 지방출입국·외국인관서의 장에게 외국인등록을 하고 고유한 등록번호를 부여받은 외국인을 말한다(법무부 주요 용어). 이에 따른 체류만료일을 경과한 불법으로 체류하는 외국인을 미등록외국인, 불법체류외국인, 불법체류자, 미등록이주민 등으로 정부 부처와 시민단체의 성격에 따라 다르게 정의되어 지칭되고 있다. 다만 광의의 개념으로 불리우는 '불법체류자'의 표현은 혐오를 조장하고 인권적 측면에서 부정적인 것을 담고 있다고 하여 불법체류자 용어를 '체류자격 위반자'로 변경하는 내용의 법안이 2022년 8월에 추진되기도 하였다. 시민단체에서는 인간의 존재 자체를 불법 또는 합법으로 규정할 수 없음을 주장하며 오래전부터 불법체류자를 '미등록(undocumented) 이주민' 또는 '미등록 노동자'로 불렀다. 이민자를 유입하는 다른 이민 선진국에서도 불법(illegal)과 미등록(undocument)의 용어를 두고 찬반 논쟁이 있다. 인터넷 사이트 구글 검색에서 미등록 이주민(undocumented migrants)을 검색하면 다른 사이트에서도 '불법 이주민(illegal immigrants)'이라는 용어가 나온다. 그리고 미국과 유럽의 여러 인권 시민단체에서는 'undocument'라는 용어를 보편적으로 사용하고 있다. 이와 같이 한국의 다문화사회에서 법 적용을 받는 외국인들에게 규정은 명확해야 되고 이해하기 쉬워야 하지만 다른 결과를 가져올 수 있기에 용어에 대한 정의는 한국의 다문화사회에서도 지속적으로 관리되어야 한다.

출입국관리법에 의하여, 외국인은 자국 정부 또는 권한 있는 국제기관이 발급한 여권 또는 이에 준하는 증명서와 법무부 장관이 발급한 사증(査證)을 소지하고 공항 또는 항만에 도착하여 출입국관리 공무원의 입국심사를 받은 후 본인이 발급받은 사증상의 체류자격과 목적에 맞는 활동을 하면서 국내에 체류하도록 되어 있다.

법률상 외국인은 단기체류(90일 이하)와 장기체류(91일 이상)로 구분하고, 장기체류를 목적으로 대한민국에 입국한 외국인은 입국한 날부터 90일을 초과하여 대한민국에 체류하려면 대통령령으로 정하는 바에 따라 입국한 날부터 90일 이내에 그의 체류지를 관할하는 사무소장·출장소장에게 등록하도록 출입국관리법(외국인등록) 제31조 1항에 규정하고 있다.

'불법체류외국인'이란 이상에 열거한 출입국관리법을 위반하여 우리 영토에 입국하여 체류 중인 외국인 모두를 포괄하는 용어이다. 즉 우리나라에 입국한 외국인이 출입국관리법에 규정된 제반요건을 갖추지 않았거나, 체류자격 외의 활동을 하고 있거나, 소정의 절차나 의무 혹은 준수사항을 이행하고 있지 않으면 불법체류외국인이 되는 것이다. 출입국관리법 제2조 14호 규정에 따라 '출입국 사범43)

---

43) 제93조의2(벌칙), 제93조의3(벌칙), 제94조부터 제98조까지(벌칙), 제99조(미수범 등), 제99조

(출입국관리법위반자)'으로 간주되는 사람 중에서 내국인을 제외한 외국인 체류자를 '불법체류외국인'으로 칭한다고 말할 수도 있을 것이다.

1.2. 미등록외국인 유형

불법적인 방법으로 입국하여 허가를 받지 않고 체류하는 밀입국 외국인과 위조여권 및 위명여권을 사용하여 입국한 외국인의 경우가 이에 해당 한다(조병인·박철현, 1998).

밀입국 외국인이란 공항, 항만을 통해 정상적인 입국절차를 거치지 않고 임의로 입국하여 체류 중인 자를 말하며, 국내취업 또는 도피 등을 목적으로 선박을 이용한 밀항을 통해 관계기관의 눈을 속여 국내에 잠입하는 자들이 이러한 유형에 해당한다.

위조여권 및 위명여권을 사용하여 위장입국한 외국인은 출입국관리법 제11조(입국의 금지 등)에 정한 이유 등으로 입국이 금지되어 있는 자 등이 타인의 여권에 자신의 사진을 붙이거나, 타인의 명의로 여권을 발급받는 수법 등으로 여권이나 사증을 위조 혹은 변조하여 입국해 체류하고 있는 외국인을 말한다.

1.3. 미등록외국인 범위

광의로 해석을 하자면, 불법체류외국인의 범위는 대한민국국적을

의2(난민에 대한 형의 면제), 제99조의3(양벌 규정) 및 제100조(과태료)에 규정된 죄를 범하였다고 인정되는 자를 말한다.

가지지 아니한 자 중에서 법률에 정한 요건을 갖추지 않고 합법적인 절차를 거쳐 입국하지 않거나, 합법적으로 입국은 했으나, 허가받은 기간 내에 허가받은 활동에 종사하고 있지 않는 외국인을 말한다. 물론 이런 외국인 가운데 범법행위(출입국관리법 위반을 제외한 형사범죄: 밀수, 마약거래, 살인, 강간, 강도 등)를 저지를 경우도 불법체류외국인으로 분류 할 수 있겠지만(양문승·이기호, 1996), 출입국관리법 위반을 제외한 법률위반을 한 외국인들은 형사범으로 간주되어 내국인과 동일하게 사법처리를 하고 있기 때문이다.

1.4. 합법 입국 후 체류

미등록외국인은 합법적으로 입국한 뒤 출입국관리법을 위반하여 체류기간을 초과한 외국인과 체류자격 외 활동을 한 외국인으로 나누어 볼 수 있다. 먼저 체류기간을 초과한 외국인이다. 외국인이 체류기간을 초과하여 계속 체류하려면 대통령령으로 정하는 바에 따라 체류기간이 끝나기 전에 법무부 장관의 체류기간 연장허가를 받아야 하는데(출입국관리법 제25조) 이를 받지 못하고 재외공관의 장 또는 법무부 장관이 허가한 체류기간을 초과하여 체류하는 외국인은, 주로 단기(관광) 사증이나, 비전문취업으로 입국하여, 허가된 체류기간을 초과하여 취업하고 있는 동남아(중국포함) 근로자들이 주류를 이루고 있다.

다음으로 체류자격 외 활동을 한 외국인이다. 대한민국에 체류하는 외국인이 그 체류자격에 해당하는 활동과 함께 다른 체류자격에 해당하는 활동을 하려면 미리 법무부 장관의 체류자격 외 활동허가를 받아아(출입국관리법 제20조) 하는데 이를 받지 않고 허가받은 체류자격 이외의 활동에 종사하는 자를 지칭한다. 이는 친지방문 목적으로 입국한 베트남에서 온 친정어머니나 여동생이 식당에서 일하고 있거나, 영어강사 자격으로 입국한 영국인이 방송활동을 하는 경우 등이 이러한 유형에 속한다.

이론적으로 불법체류외국인의 유형을 이와 같이 구분하여 보았지만, 불법체류외국인 한사람이 동시에 여러 가지 유형에 속하는 경우가 많고, 밀입국한 외국인이 불법으로 취업을 하고 있거나, 체류자격 연장을 받지 못한 외국인이 체류자격 이외의 활동에 종사하는 경우가 많으므로 유형별로 통계를 집계하는 데는 실무적으로 많은 어려움이 따른다.

2. 국내 외국인 밀집지역

한국은 1980년 후반부터 이주 송출국에서 유입국으로 변모하였고 밀집지역에 대한 연구는 비교적 최근에 시작되었기 때문에 외국에 비해 연구가 미비한 것이 사실이다. 이와 같은 상황에서 국내 외국인 밀집지역 형성에 대한 연구는 특정 외국인 밀집지역을 대상으로 사례중심 연구가 이루어졌고 통계자료와 정책자료를 통한 일차적인 현황 분석 및 공간적 분포에 대한 연구가 진행되고 있다.

1920년대 시카고 학파는 인간 생태학적 접근으로 새로운 민족집단이 그들의 사회-경제적 지위가 향상되기 전까지는 점이지역에 모여 거주하는 것을 추구한다고 주장하였다. 시카고 학파의 연구 이후 외국인 밀집지역은 민족 클러스터(ethnic cluster), 민족 커뮤니티(ethnic community), 민족 엔클레이브(ethnic enclave), 민족 근린지역(ethnic neighborhood) 등으로 명명되고 있는데, 외국인 밀집지역을 부정적인 시각으로 보는 집단에서는 게토(guetto)로 불리기도 한다(Alba et al., 1997 Pamuk, 2004 Peach, 1996 Portes, 1995 Wacquant, 2004). Portes(1995)는 민족 클러스터(ethnic cluster)를 하나의 민족에 의해 공간적으로 응집된 민족경제 네트워크들로 정의하였다. 또한 장소는 그 위에 나타나는 다양한 사회적 관계들의 형성과 과정이 서로 연계됨으로서 나타나는 로컬리티와 같이 사회적으로 구성되고 변형된다.

이러한 로컬리티를 형성하는 주체들의 국적, 인종, 종교 등의 특성과 그들의 사회적 관계가 장소에 착근되어 이루어짐으로써 장소의 특성을 재배치하는 재영토화(reterritorialization)가 이루어지며, 이를 통해 그들만의 밀집지역이 형성되어, 이주자들은 이를 기반으로 사회적 관계를 유지하며 목적국에서의 생활을 이어가고 있다.

따라서 외국인 밀집지역의 범위는 주택의 밀집지역, 상업 인프라의 밀집지역 전부를 포함하는 것이다.

2.1. 안산 원곡동 외국인 밀집지역

1) 안산 원곡동 외국인 밀집지역의 전개

경기도 안산은 외국인이 가장 많이 거주하고 있는 도시이다. 그래서 광의의 개념으로 '안산 외국인거리' 또는 '안산 원곡동 외국인거리'로 불리고 있다. 안산이 다문화 또는 외국인 밀집지역의 대표 도시가 된 것은 안산시의 개발 역사에서 알 수 있다. 안산 원곡동은 시화호가 조성되기 전까지 바다와 가까운 반농반어의 작은 마을이었다. 안산이 우리나라 최초의 계획도시로 개발되면서 원곡동 일대도 서서히 변화의 길에 접어들었다. 이는 반월공단이 조성되자 전국 각지에서 일자리를 찾아 이 지역으로 몰려들면서 근로자 밀집지역이 된 것이다. 또한 1990년대 IMF 시기를 겪은 후에 사람들의 3D 업종 기피현상이 나타났다. 이에 따라 내국인 근로자를 고용할 수 없는 업종에서 방편으로 외국인근로자로 대체되었다. 이와 같이 안산 원곡동 다문화특구지역은 세계의 70여 개국 외국인 7만여 명이 거주하고 있는 국내 최고의 외국인 밀집지역이다.

2) 안산 원곡동 다문화특구지역

안산시 단원구 원곡동 일대는 2009년에 다문화특구지역으로 지정되었다. 도시 속의 세계화가 이루지는 곳으로 중국, 베트남 등 다양한 국가의 음식을 맛볼 수 있는 다문화음식거리도 생성되어 있어 국내에서 세계 각국의 음식을 맛볼 수 있다.

안산 다문화마을특구의 정식 명칭은 안산 다문화마을특구(Ansan Multi cultural-Village Special Zone)로 2009년 5월 14일(前 지식경제부) 지정되었다. 위치는 안산시 단원구 원곡동 795번지 등 913필지 일대이고 인구 현황은 2020년 12월 말 기준으로 총 19,938명 중 등록외국인 및 외국국적동포 17,310명(86.8%)이다. 안산 다문화마을특구의 지정 목적은 다음 네 가지로 구분할 수 있다.

첫째, 다문화 커뮤니티 의식 함양을 위한 기반환경 조성
둘째, 다문화 공동체 시범 지역화
셋째, 외국인 복지 여건 증진 및 외국인 생활환경 개선
넷째, 상가 활성화 및 지역경제 증대

안산은 안산역 환승센터를 통해 재한외국인 및 내국인들의 접근성도 나쁘지 않기 때문에 지역 상권에도 영향을 미치고 있다. 지역 상권과도 관계가 깊은 만큼 내외국인 모두 정겹게 접근할 수 있는 개방되고 안전한 거리라는 느낌을 줄 수 있도록 지자체 및 관련 종사들은 함께 노력을 지속적으로 해야할 것이다. 안산 원곡동 다문화특구지역은 만남의 광장, 걷고 싶은 거리, 간판이 아름다운 거리, 다

문화음식거리 등이 조성사업으로 운영되고 있다(출처: 안산시 외국인주민지원본부 홈페이지 자료에서 인용(https://www.ansan.go.kr/global/main/main.do).

안산시 원곡동 일대가 다문화특구지역으로 되면서 거리 미관도 조금씩 변모하기 시작하였다. 외국인만이 이용할 수 있는 '외국인주민센터'44)가 개소되었으며, 한자로 표기가 되지 않는 우리은행 및 하나은행의 은행명도 한자로 바꾸어 은행간판이 달려 있다. 안산시 다문화특구지역에는 외국인 밀집지역에 걸맞게 한국어 간판보다 외국어로 된 간판 비율이 훨씬 높다. 그리고 거리에 지나가는 사람들도 외국인들이 대다수를 차지한다.

원곡동에 위치한 다문화홍보학습관은 세계 각국의 악기, 화폐, 인형, 가면 등 다양한 전시품이 진열되어 있어서 각 나라의 다양한 문화와 전통을 알 수 있다. 그리고 단체 관람객(최소 7명에서 최대 25명)에게 매일 3회(10:00, 11:00, 13:30) 1시간 동안 세계 각국의 악기, 의상, 전통춤 등을 체험해볼 수 있는 다문화 놀이체험도 진행한다.

지하철 4호선 안산역 2번 출구로 나가면 오른편으로 길게 길이 나 있는데 일명 '다문화음식거리'가 조성되어 있다. 다문화음식거리에는 중국을 비롯해 베트남, 파키스탄, 인도네시아, 네팔, 우즈베키스탄 등 약 170여 곳에서 운영되고 있다.

---

44) 안산시 외국인 주민센터는 외국인 주민을 위한 다양한 행정 서비스를 지원하고, 외국인들이 지역사회에 안정적인 적응과 정착을 위해 지원하고 있다. 안산시는 무엇보다도 지역주민과 외국인 주민들이 함께 더불어 잘 사는 환경을 만들어가기 위해 외국인 주민센터를 설치하여 운영하고 있다.

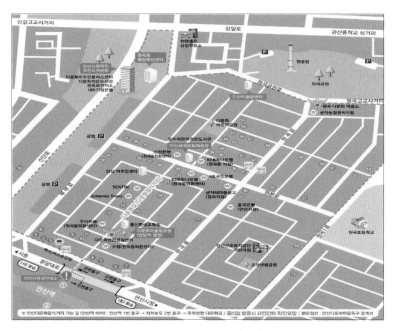

〈그림 12〉 안산시 다문화특구 지도

*주소 : 안산다문화음식거리 가는 길(안산역 하차) : 안산역 1번 출구→우측방향 다문화길
*붉은 점선 : 안산다문화마을특구 경계선

출처: 안산시 외국인주민지원본부 다문화마을특구 특구지도 인용
(https://www.ansan.go.kr/global/common/cntnts/selectContents.do?cntnts_id=C0001008)

2.2. 서울 중국인 밀집지역

1) 대림동 중국인 밀집지역

(1) 대림동 현황

대림동의 중국인 밀집지역 형성은 가리봉동에 비해 연혁이 짧은 편이다. 관내 중국인이 약 6만 6,000여 명에 달하며 대림동 중앙시장 내 상점의 40%가 중국인 소유일 정도로 전국에서 가장 규모가

큰 차이나타운이다. 1992년부터 한·중 국교 수립으로 이후 일자리를 찾아 한국에 대거 이주하였으며 중국인들은 유입 초기에는 비교적 임대료가 저렴한 가리봉동에 거주하였다. 가리봉동은 지하철 등이 있어 대중교통이 편리하고 대규모 공장단지가 밀집되어 있어 중국인이 일자리를 구하기 쉬운 지역이었다. 가리봉동에 거주하는 중국인은 대부분 정부 부처 협의의 용어인 한국계 중국인이고 중국 내의 소수민족에 대한 명칭으로 조선족이었으나 소수는 중국인 한족도 있었다. 그래서 본 내용에서도 광의의 개념으로 많이 사용하는 조선족이라고 사용하려 한다. 그러나 조선족을 포함한 중국인들은 중국인들이라고 사용하고 조선족과 중국한족을 표현할 시에는 각각 용어를 따로 사용하여 설명할 것이다.

중국인들은 가리봉동에서 벌집이라고 불리는 쪽방촌에 모여 살았다. 쪽방촌은 건물 하나에 공동화장실과 수십 개의 단칸방으로 구성되는 주거형태로 다른 주거지에 비해 임대료가 저렴하였다. 쪽방촌은 중국인 이주민의 경제적 상황에 비추어볼 때 그들에게 생활하기에 적합한 공간이었다. 그러나 2000년대에 들어오면서 가리봉동의 일부 쪽방촌이 재개발지역으로 묶이게 되면서 가리봉동에 거주했던 많은 조선족들이 지리적으로 인접한 대림동으로 이주하게 되었다. 또한 대림동은 서울의 다른 지역에 비해 임대료가 저렴하고 교통이 편리하며, 중국의 음식과 일상용품을 쉽게 구매할 수 있다.

(2) 대림동의 인구 구성

서울시내에서 중국인이 주로 거주하는 지역을 살펴보면 중국인은 영등포구 지역에 가장 많이 거주하며 그 다음으로 구로구, 금천구 등의 서울 서남부지역에 거주한다. 그중에서 중국인이 가장 많이 살고 있는 중국인 거주지는 서울시 영등포구 대림동에 위치하는 대림동 중국인 거주지이다. 이러한 대림동 중국인 거주지는 중국인이 집단적으로 모여 사는 공간으로 특히 중국인 조선족이 많이 거주한다. 대림동 중국인 거주지의 인구는 국적별로 한국인, 중국인 그리고 그외 외국인으로 나누어진다. 그리고 중국인은 다시 민족에 따라 중국인 조선족과 중국인 한족으로 나누어진다. 또한 조선족 출신은 중국 길림성에 위치하는 연변이 대부분이며 일부 산동성과 흑룡강성도 있다. 반면에 중국인 한족의 출신은 연변을 비롯하여 중국의 다양한 지역출신이다.

2014년 기준으로 서울시 통계에 따르면, 대림2동의 전체주민(15,905명)대비 중국국적인(9,825명)의 비율은 약 61.7%이다. 이러한 인구구조로 인해 대림2동은 중국 조선족 문화를 바탕으로 중국인 거주지가 형성되었다. 결과적으로 대림동 중국인 거주지는 국내에서 중국인 조선족이 가장 많이 거주하는 공간이 되었다.

(3) 대림동의 중도입국자녀

중국 내 조선족 학교가 붕괴된 이후 한족학교에서 교육을 받거나 또는 아예 교육을 포기한 채로 성장한 탓에 조선족 학생들은 한국어가 불가능하거나 매우 부족한 경우가 흔하게 나타나고 있다. 그리고 모국정체성은 고사하고 한국사회를 아예 외국의 한 나라 정도로 인식하는 경우도 있다. 기본적 교육의 부족으로 한국학교에서 정상적인 진학이 불가능하고 또 취업과 진로설정을 매우 어려워하고 있다. 중도입국자녀 중에는 한국에 입국해 비자와 언어의 문제 등으로 인해 제도권 교육기관으로의 진입에 어려움을 겪는 학생들도 많이 있어 실제로 한국 학령기 아동의 나이를 훌쩍 넘겨 제도권 교육기관으로 들어오는 경우도 많이 있다.

(4) 조선족 자녀의 동포방문 비자(C-3-8)

현재 정부의 출입국정책에 따르면 국내에 합법적으로 장기체류 중인 동포 자녀로서 만 19세 이상 만 25세 미만인 사람의 경우에는 주로 동포비자(C-3-8)로 입국하고 있다. 단 부 또는 모가 불법체류 중인 경우에는 해당 사항에서 제외된다. 동포비자(C-3-8)는 2014년 신규 도입된 중국동포에 대한 단기방문비자로 국내에 자유롭게 왕래는 할 수 있다. 그러나 기존의 방문취업비자(H-2)는 취업이 가능하나 동포비자(C-3-8)로는 취업이 불가능하며, 만약 취업을 하였을 시에는 불법취업으로 적발될 수 있다. 또한 불법취업으로 적발될 경우 체류자격 박탈은 물론 강제퇴거 되어 향후 국내입국 규제를 받아 모국방문에 어려움을 초래할 가능성이 있다. 그리고 동포비자(C-3-8)는 한국에 3개월 이상 장기체류가 근본적으로 어렵기 때문에 빈번하게 중국으로 출입국을 반복해야 하는 상황에 있다.

(5) 조선족 자녀의 재외동포비자(F-4)

앞에서 살펴본 동포비자(C-3-8)는 한국의 정규학교 재학이나 취업이 원천적으로 불가능한 상황에서 이들에게 주어진 선택은 단기 속성으로 국가기능사 자격증 취득을 통한 재외동포 자격(F-4)으로의 비자 변경이다. 재외동포비자(F-4)는 중국·구소련지역 동포를 대상으로 단순노무 종사 가능성이 적은 대학졸업자, 법인기업대표, 기능사 이상 자격증 소지자, 만 60세 이상 동포 등에 대해 재외동포 자격을 부여하는 제도이다. 재외동포 자격(F-4) 변경을 위한 교육은 조선족 학교수업 등을 통해 한국어능력을 갖춘 한정된 일부 조선족 자녀들에게만 대안으로 가능하다. 재외동포 자격(F-4) 변경이 불가능한 일부 청소년은 빠른 시간에 한국어 학습을 원하고 있다. 그러나 단기체류자격으로 인해 법무부의 사회통합프로그램 한국어과정 415시간 등 수업이 불가능한 상황이다. 이러한 상황 속에서도 한국 내의 진입을 원하는 청소년들이 안정된 체류자격인 F-4 비자로 변경하기 위해 사설학원 등에서 높은 학원수강료를 사비로 부담하며 한국어교육을 받고 있다. 결국 조선족 자녀들은 3개월 단기체류 자격으로 인해 한국어를 학습하는 기간 중에 일시출국 후 재입국해야 하는 등의 불편을 감내하고 있는 실정이다.

만 20세 미만의 자녀의 경우에는 한국입국 후 장기체류 가능한 방문동거 비자(F-1-12)로 변경하여 한국학교에 진학하여 정규교육도 받을 수 있다. 방문동거 비자(F-1)는 친척방문, 가족동거, 피부양, 가사정리, 기타 이와 유사한 목적으로 체류하려는 사람에게 부여하는 비자이다.

최근 들어 중국에 남겨 둔 자녀를 한국으로 데리고 와 한국학교에 입학시키는 경우가 많아지고 있다. 이렇게 중도에 입국하는 자녀를 중도입국 청소년이라고 지칭하고 있다. 중국과 한국의 학제는 거의 비슷하나 한국의 경우는 3월에 시작하지만 중국은 9월로 가을학기가 시작이다. 그래서 중국에서 중도에 입국하는 청소년은 학기 중 중국에서 한국으로 온 경우, 학생은 최소한 6개월을 기다리는 경우가 허다하다. 이에 따라 중도입국 청소년은 지역에서 운영하는 다문화가족지원센터, 사설학원에서 한국어수업에 참여하기도 하나 그 수는 많지 않다. 일반 사설학원의 경우 학원비의 부담이 있기 때문에 경제적으로 여유가 없는 조선족 학부모에게는 학원에 보내기도 힘든 상황이다.

(6) 대림동의 특성

① 중국인의 관계(關係, 꽌시)

한국으로 이주하는 중국인은 한국생활에 적응하기 위해 인간 중심적으로 구성된 사회적 연결망에 의존하고 있으며 이러한 인맥은 중국 문화의 맥락에서 이른바 '관계(關係, 꽌시)'로 표현할 수 있다. 또한 중국인 조선족은 이러한 관계를 통해 연쇄 이주하는 경향이 있다.

이처럼 중국인 이주자는 사회적 연결망을 통해 대림동으로 모이게 되었다. 그리고 중국인 이주자는 대림동에 거주하면서 새로운 관계(關係, 꽌시)를 맺고 그들과 끊임없는 교류를 통해 서로 도움을 주고받는다. 이주자 사회는 일반적으로 거주국의 사회제도 자체가 차별적인 구조를 가지고 있기 때문에 자신들의 고유한 사회적 연결망에 의존하게 되고, 국제노동력의 이주에서는 사회적 연결망이 중요한 요소가 될 수 있다.

2007년 3월 4일부터 방문취업제(H-2 비자)가 시행되면서 중국인 조선족의 한국방문이 전보다 더 쉬워졌으며, 일부 조선족은 취업을 원할 경우 노무 분야의 취업을 허용하였다. 방문취업제(H-2 비자)는

대한민국 수립 이전에 해외로 이주한 중국동포 및 구소련지역 동포
들에게 국내로의 자유로운 왕래를 보장하고 또한 그들이 국내 단순
노무 분야에서 일을 할 수 있도록 도입된 인력수급 제도이다. 대림
동에 거주하는 중국인 조선족은 취업비자를 통해 인력 중개업체의
계약직으로 한국에 입국을 한다. 그리고 조선족은 대부분 단순노무
직에 종사하기 때문에 가족구성원 중에 한, 두 사람이 입국하는 경
우가 많으며, 조선족들은 임시적으로 한국에 머물렀다가 돈을 번 후
에 중국으로 돌아간다.

② 중국식품 도매센터

1990년 초반부터 대림동 지역에 중국식품 도매센터가 생겼다. 중
국 사람들이 도매센터를 많이 이용하게 되면서 중국식품 도매센터
가 유명세를 타기 시작하였다. 1993년에 대림동 중앙시장(中央市
場) 옆으로 중국식품 도매센터가 생겼으며 당시에 한국에서 쉽게 찾
아 볼 수 없는 중국식품을 판매하였다. 1990년 초반에는 한국사회에
서 중국식품을 판매하는 중국식품 도매센터가 거의 없었다. 그래서
서울 각지에 있는 중국인들이 중국식품을 구매하기 위해 이 도매센
터에 모이게 되면서부터 한국에 거주하는 중국인들에게 대림동이
알려지기 시작하였다.

한편 1990년대 후반에 들어오면서 대림동 중국식품 도매센터 주
변으로 중국음식점이 생기기 시작하였으며 이로 인해 대림동 중국
인 거주지 내에 중국인 상업지역이 형성되었다. 2000년대에 들어오
면서 상업지역은 대림역 11번 출구와 중앙시장까지 연결되었으며,
그로 인해 상업지역 주변의 주택 등에 중국인들이 거주하게 되었다.

2010년대에 들어오면서 이 지역 전체가 중국인 밀집지역으로 변모하게 되었다. 이처럼 대림동 중국인 거주지는 중국인 식품도매센터라는 한 개의 상점에서 시작하여 현재의 중국인 밀집지역으로 변모하였다. 대림동 중국인 거주지 내에 위치하는 상업지역은 지하철 2호선과 7호선의 환승역인 대림역 12번 출구에서 시작하여 중앙시장 입구를 거쳐 버스정류장까지의 약 400m의 거리를 말한다. 중국인이 유입되기 전에는, 상업지역 일대는 구로공단을 중심으로 구로공단 근로자를 위한 상권이 형성되어 있었다. 그 이후 이 지역은 중국인 조선족이 유입되면서 중국인 상권으로 대체되었다. 중국인 상점은 2005년 이후에 급격히 증가하기 시작하였으며 현재는 상업가로에 다양한 중국인 상점이 입점하여 있다. 결과적으로 중국인의 이주로 인해 대림동의 상업가로는 중국 상권과 한국 상권이 혼재하는 모습으로 변화되었다.

③ 직업소개소

상업가로에는 직업을 소개해주는 직업소개소가 많이 위치한다. 특히 직업소개소는 상업가로의 진입부에 주로 위치하며, 직업을 구하는 중국인 거주자에게 취업알선 등 구직관련 서비스를 제공한다.

직업소개소의 내부에는 구인광고가 많이 붙어있는데 이러한 구인광고는 중국인 이주자를 위한 일용직 일자리가 대부분이다. 또한 구인광고는 업종과 지역뿐만 아니라 성별, 나이, 급여, 숙식제공 여부 등이 명시되어 있다. 대림동의 상업가로 이전까지는 중국인 이주자가 관계를 통해 구직활동을 하였지만 관계로 소화해낼 수 있는 양보다 구직자가 증가하여 상업화된 구직 채널인 직업소개소가 증가하게 되었다.

직업소개소의 일반적인 운영방식은 대표인 소장이 있으며 소장 밑으로 여러 명의 직업중개인을 두고 있다. 이러한 직업중개인은 보통 5명에서 10명 내외이다. 직업소개는 음식점과 건설업 등이 주를 이룬다. 그리고 음식점에 일하는 사람들은 주로 중국 여성들이고 손님들은 주로 중국 남성들이다. 상업지역의 음식점은 대부분 여성이 운영하고 있고 남성은 소비주체로서 대부분 건설업이나 제조업 등에 종사하고 있기 때문이다.

④ 전화방

대림동 중국인 밀집지역의 상업지역에는 '전화방'이라 불리는 상점이 위치하고 있다. 중국인들은 전화방을 통해 중국의 가족과 지인에게 국제전화를 한다. 또한 전화방의 외부공간에는 공중전화기가 설치되어 있어 야간에도 중국인들은 공중전화기를 이용하여 국제전화를 한다. 전화방은 전화방의 형태로만 운영되는 곳이 있고 식품점이나 여행사 등과 혼합된 형태로 운영되는 곳이 있다. 혼합된 형태로 운영되는 전화방은 전화방만을 운영하고 있는 곳보다 소규모로 식품점이나 생활용품점 등 다른 상점과 혼합하여 형성된다. 이와 같이 전화방은 중국인이 단순히 전화를 하는 공간이 아니라 고국의 지인과 연결하는 접점으로서의 공간을 말한다.

2) 가리봉동 외국인 밀집지역

조선족이란 중국에 사는 중국국적의 한민족을 가리키는 말로, '한국계 중국인'으로도 불린다. 중국내 56개 민족 중에서 13번째로 많은 민족이며 연변 조선족 자치주에 가장 많이 거주하고 있다. 그래서 서울 가리봉시장 인근 약 500m에 이르는 조선족 거리를 '연변거리'라 부른다.

〈그림 13〉 가리봉동 조선족 밀집지역

출처: 필자 재구성(서울시 '서울 가리봉동 재정비촉진지구' 참조)

1990년대 초반 구로공단의 공장들이 도심에서 서울외곽 방향으로 이전하였다. 이전하기 전까지 이 일대에는 공장에서 일하는 근로자들이 모여 사는 쪽방촌이라는 이름을 가지고 있었다. 다른 말로는 '벌집'이라고 칭하였던 이 쪽방촌은 공동화장실을 쓰는 수많은 단칸방들이 다닥다닥 붙어 있는 곳이었으며, 1970년에서 1980년대에는 주로 공장에서 일하는 여공이라고 불리던 여성근로자들의 거주지였다. 그러나 세월의 변화에 의해 구로공단이 서울디지털산업단지로 변모되면서 수많은 공장들이 외곽으로 이전하거나 아파트형 공장으로 변모하였다. 여성근로자들이 머물렀던 쪽방촌은 값이 쌌기 때문에 당시에 친척방문을 계기로 한국으로 꿈을 안고 들어 온 중국동포들 차지가 되었다.

가리봉동 연변 거리는 7호선 남구로역에서 하차한 다음 3번 출구로 나가 가리봉시장 쪽으로 가다 보면 중국어로 된 간판이 조금씩 나타나기 시작한다. 바로 그곳이 조선족 연변거리가 시작되는 지점이다. 인천 차이나타운 등의 개념이 아니기 때문에 연변거리의 음식들은 정통 중국음식부터 연변의 음식 등 종류가 다양하다. 한국에 온 조선족이 유입 초기에 대부분 찾는 곳이 이 지역이며, 한국을 출국하는 조선족이 마지막으로 거치는 곳도 대부분 이 지역이다. 가리봉동은 안산과 함께 조선족이 가장 많이 살고 있어 조선족 타운으로도 불린다. 가리봉동에 거주하는 조선족의 약 90%가 불법으로 체류하고 있다.

2.3. 경남 김해 외국인 밀집지역

외국인 밀집지역인 수도권 지역 외에 대표적인 외국인 밀집지역인 경남 김해시 서상동에는 가야의 여러 나라 중, 초기에 세력을 형성했던 가락국 금관가야의 시조 김수로왕릉이 있다. 김수로왕릉 출구부터 시작하여 동상동까지 이어지는 김해전통시장에 바로 경남의 이태원이라 불리는 김해의 대표적인 다문화거리가 조성되어 있다.

〈그림 14〉 김해 외국인 거리

출처: 필자 촬영

　김해는 녹산공단을 비롯하여 크고 작은 영세제조업체 등이 조성되어 있어서 전국 지자체 중 외국인근로자와 이주여성이 많이 사는 곳으로 꼽히는 지역 중의 하나다. 이에 따라 다양한 나라의 이주민의 문화가 형성되기 시작하였으며, 고향의 향수를 달래줄 음식과 재료 등이 생겨나기 시작해서 '김해 글로벌 푸드타운'이 형성될 정도로 활성화되어 있다. 김해 외국인 다문화거리는 주말이 되면 수많은 이민자가 정보, 음식 등을 공유하고자 오는 사랑방 같은 곳이 되었다.

　100년의 전통을 자랑하는 김해전통시장은 이미 오래 전에 전통의 담장을 낮추었다. 다문화거리의 명성에 걸맞게 베트남, 인도네시아, 중국, 네팔, 태국 등지에서 만날 수 있는 식재료들을 볼 수 있다. 이제는 낯선 국가의 식재료가 아니라, 같은 지역에서 함께 살아가고 있는 이웃의 밥상 위에 오르는 식재료들로 변모하였다. 어떤 점포는 이용객의 90%가 이주민이라 아예 점원을 이주민으로 고용하기도 한다. 또한 시장 곳곳에는 이주민들에게 상품을 홍보하는 각 나라의 글자들이 선명하게 다가온다.

또한 2016년에는 외국인이 밀집한 김해 동상동에 다문화치안센터를 개소하였다. 기존 동상치안센터 2층 규모 건물을 개선해 김해 다문화치안센터로 탈바꿈시켰다. 김해 다문화치안센터는 중국어, 베트남어 전공 외사경찰관 2명 등 4명의 경찰관을 배치해 기초질서위반 단속, 범죄첩보수집, 방범순찰, 범죄 상담을 실시하고 있다. 또한 치안센터 2층에는 외국인들의 휴식공간 쉼터를 마련하였다. 치안센터가 체계화되고 정착이 되면 지능화·세력화 되어가는 강력범죄에 효과적으로 대응할 수 있을 것으로 보고 있다(박은영, 2016).

2.4. 고려인 마을

고려인(高麗人)의 고려는 우리나라 역사 속의 '고려'를 뜻하는 것은 아니다. 일제강점기 때 국경지역에 거주하던 조선인들이 생계를 위해 이민을 가거나 강제이주 당하는 과정 속에서 고려인(Корё сарам 코료 사람 또는 고려족)이라는 이름이 생겨난 것이다. 고려인들은 처음에 자신들을 조선인으로 불렀는데, 일제강점기를 거쳐 남과 북이 분단되자 대한민국 사람도 아니고 그렇다고 북한 사람도 아닌 신분으로 구소련에서 살게 되자 고려인으로 변경되어 사용되었다. 구한말부터 일제강점기 때 동북 3성 등지로 이동한 사람을 조선족이라 부르는 반면, 고려인들은 지금의 구소련(현재 러시아)으로 이주한 사람들을 말한다. 고려인들은 멀리 중앙아시아까지 진출하며 서서히 자리를 잡아

갔는데 1980년대에 소련이 붕괴되면서 지역별로 다양한 독립국가가 형성되자 소수민족들은 억압당하게 된다. 그로 인해서 많은 고려인들이 희생을 당했으며 그 과정에서 부모 또는 조상의 고향인 한국으로 돌아온 고려인들이 경기도 안산 단원구 땟골마을과 광주 광산구 고려인 마을에 집성촌을 이루고 모여 살게 되었다.

현재 광주 고려인 마을에 거주하고 있는 고려인은 대략 4,000여 명이며, 경기도 안산지역 7,000여 명보다는 조금 적은 수치이다. 이곳 고려인 마을에는 한국어를 사용하는 사람들보다 러시아어를 사용하는 사람들이 더 많다. 이들은 고려인 4~5세대들이 주류를 이루고 있기 때문에 우리민족 고유 정체성보다는 러시아에 많이 동화된 상태이다.

광주의 고려인 마을은 광주 광산구 월곡동에 있으며, 다른 지역의 외국인 거리와는 차이가 있다. 고려인 마을을 안내하는 이정표는 찾아볼 수 없고, 고려인 마을 내에서도 이곳이 고려인 마을이라는 느낌과 흔적을 좀처럼 찾아낼 수 없다. 이것은 아마도 주변의 특별한 의식을 받도록 하는 것보다는 자연스럽게 동화되도록 배려한 것으로도 볼 수 있다. 고려인 마을 골목도 우리나라 어느 골목과 똑같으며 고려인들만의 문화를 느낄 만한 공간도 없는 편이다. 다만 산정공원에 붙어 있는 러시아어 광고물과 고려인지원센터, 고려인 어린이집 등의 간판을 보게 되면 비로소 여기가 '고려인 마을'이라는 것을 알 수 있다.

현재 한국에 거주하고 있는 고려인들은 매우 어려운 생활을 하고 있다. 다양한 문화의 차이와 경제적 어려움 속에서도 오로지 할아버지의 나라라는 피로 이어진 민족의 끈 하나만 믿고 자신들이 살고 있던 터전을 떠나 이곳으로 온 사람들이다.

광주광역시에서는 1937년 스탈린에 의해 중앙아시아로 강제이주 당한 고려인들을 기억하기 위해 강제이주 80주년이 되는 2017년을 광주 고려인 마을 방문의 해로 지정하고 다양한 알림과 지원행사를 진행하고 있다.

제7장

한국사회의 다문화교육 이해

1. 다문화교육과 다문화가정 학생을 위한 한국어교육

1.1. 다문화교육의 의미

다문화사회는 21세기의 다양한 모습 중의 하나로 수많은 인류와 물적 자원들이 국경을 넘나들고 있으며, 이에 따라 초국가주의자 개념도 나타나기 시작하였다. 다양한 국가의 사람들과 문화가 만나 새로운 문화를 만들기도 하고 한 국가의 한 도시에서 세계화가 발생하기도 한다. 한국사회의 다문화 현상에서도 이러한 사회의 흐름에 예외적일 수 없어 현재 총인구 대비 약 4%의 다문화 구성원들로 이루어져 있다. 이에 따라 국제결혼가정 자녀의 생성과 학교부적응 등의 문제점이 나타났으며, 다문화사회의 현상을 받아들이기 위한 대응책이 절실하고 그러한 해결책의 하나로 대두된 것이 다문화교육이라 할 수 있다. 한국사회에서 다문화교육이라는 새로운 용어가 담론화되기 시작한 것은 한국계 미국인인 전 미식축구 선수인 하인스 워드[45] 가 2006년 한국을 방문하면서부터 본격화되었다. 다문화교육에 대

---

45) 하인스 워드(Hines Edward Ward Jr) : 한국계 미국인 전 미식축구 선수였으며, 방송활동 등도 하였으나 2019시즌부터 NFL 뉴욕 제츠의 풀타임 오펜시브 어시스턴트 코치, 와이드 리시버 코치로 사이드라인에 돌아왔다(위키백과 https://ko.wikipedia.or).

한 정의는 학자마다 다소 차이가 따른다. 본 절에서는 다문화교육의 선두자격인 미국의 뱅크스(Banks)의 다문화교육의 의미에 대한 내용으로 구성되어 있다.

1) 뱅크스(2010)의 다문화교육

다문화교육을 실현하기 위해 가장 우선시되어야 할 것은 사람들의 인식의 변화이다. 다문화교육에 대한 인식개선을 위해서는 다문화교육의 목적이 가장 중요한 부분이다. 그래서 공교육에서의 다문화교육은 학생들의 교육에 대한 변화를 추구하는 중대한 개혁운동이다. 다문화교육은 인종, 민족, 문화, 종교, 사회계급의 다양성이 전통이민국가인 미국을 비롯하여 유럽 국가들의 가장 중요한 특징 중의 하나라고 가정한다. 또한 이러한 다양성은 국가의 자산을 풍부하게 하고, 모든 사람들에게 다른 문화를 체험할 수 있는 풍부한 기회를 제공해서 개개인의 자아실현을 도와줌으로써 국가의 자산을 풍부하게 한다.

(1) 다문화교육의 목적

뱅크스(2010)는 다문화교육을 이민자들이 자신의 문화적 배경과 행동을 다른 문화의 관점에서 바라볼 수 있을 때 비로소 온전히 파악될 수 있다고 제시하였다. 또한 뱅크스(2010)는 많은 주류사회의 개인과 집단이 그들 문화의 특징을 충분히 파악하지 못하고 있으므로 다문화교육에 있어서 미국의 사례를 들어 다음과 같은 세 가지 목적을 제시하였다.

첫 번째, 다문화교육의 주요한 목적은 개인들로 하여금 다른 문화의 관점을 통해 자신의 문화를 바라보게 함으로써 자기 이해를 증진시키는 것이다. 다문화교육은 이해와 지식을 통해 각 문화에 대한 존중을 추구한다.

두 번째, 다문화교육의 주요한 목적은 학생들에게 문화적·민족적·언어 적 대안들(alternatives)을 가르치는 것이다. 지금까지 미국을 비롯한 서구 국가들의 학교 교육과정에서는 권력과 영향력을 소유하고 있는 주류집단의 역사와 문화에 초점을 맞추어 왔다. 미국의 학교문화와 교육과정은 기본적으로 주류 백인(Anglo-centric) 학생의 문화가 핵심을 차지하고 있다(Graham, 2005). 이에 따라 학교 주류 학생들에게 문화적 민족적 대안을 가르친 적이 거의 없다. 또한 주류 학생들에게 자신들의 문화에 대해서만 가르침으로써, 학교는 흑인, 푸에르토리코인, 폴란드계 미국인 등 소수민족의 다양한 음악, 문화, 가치관, 생활방식, 관점의 풍부함에 대해 가르치지 않은 우를 범하고 있다고 제시하였다.

세 번째, 다문화교육의 주요 목적은 모든 학생이 자문화, 주류문화, 그리고 타 문화가 공존하는 다문화사회에서 요구되는 지식과 기능, 태도를 습득하도록 하는 데 있다. 예를 들어 주류 백인의 학생들은 흑인영어의 독특함과 풍부함을 배울 필요가 있고, 흑인학생들은 가족과 공동체로부터 소외감과 이질감을 느끼지 않으면서 주류 사회에서 성공할 수 있도록 표준영어를 말하고 쓸 수 있어야 한다고 제시하였다.

네 번째, 다문화교육의 주요한 목적은 소수인종 민족집단이 그들의 신체적 문화적 특성 때문에 겪는 고통과 차별을 감소시키는 데 있다. 예를 들어 필리핀계 미국인, 멕시코계 미국인, 푸에르토리코계 미국인, 중국계 미국인은 학교와 주류사회에 동화되어 성공하기 위해 자신들의 민족적 유산과 정체감, 그리고 가족마저 부인하는 경우가 있다.

다섯 번째, 다문화교육의 주요한 목적은 학생들이 전 지구적(global)이고 평평한(flat) 테크놀로지 세계에서 살아가는 데 필요한 읽기, 쓰기, 그리고 수리적 능력을 습득하도록 돕는 것이다. 또한 미국을 포함한 전 세계의 학생들은 민족적·인종적·언어적·종교적 문제가 현실적으로 중요하게 다가오는 세상에 살고 있으며, 이러한 문제와 함께 학생들이 살고 있는 문화적 공동체와 관련된 내용을 제공하는 것이 학생들에게 매우 의미 있고 중요하다고 제시하였다.

여섯 번째, 다문화교육의 주요한 목적은 학생들이 자신이 속한 문화 공동체, 국가적 시민공동체, 지역문화, 그리고 전 지구적 공동체에서 제구실을 하는 데 필요한 지식, 태도, 기능을 다양한 인종, 문화, 언어, 종교 집단의 학생들이 습득하도록 도와주는 것이다라고 제시하였다.

뱅크스(2010)는 위와 같은 다문화교육의 주요한 목적을 여섯 가지로 제시하였다. 또한 다문화교육에 대한 진실을 알리기 위해서는 이를 둘러싼 근거 없는 통념과 오개념들을 찾아내어 바로잡는 작업이 필요하며, 다문화교육이 흑인, 남미계, 가난한 자, 여성, 소외된 자들만을 위한 복지 프로그램 또는 교육과정 운동이라는 생각이 가장 중요한 오개념이라고 하였다. 또 다른 오개념은 다문화교육은 반(反)서구적이며, 다문화교육은 국가를 분열시킨다는 것이다. 뱅크스의 이와 같은 지적은 현재 한국사회의 다문화 현상에서 나타나는 제노포비아 단체들이 점점 증가하고 있다라는 것을 상기할 때 한국으로 시사점을 줄 수 있는 대목이다.

2) 다문화교육의 다섯 가지 차원

(1) 내용통합

내용통합이란 교사들이 자신의 교과나 학문영역에 등장하는 주요 개념, 원칙, 일반화 이론을 설명하기 위해서 다양한 문화 및 집단에서 온 사례, 정보를 가져와 활용하는 정도를 지칭한다. 그런데 많은 저서에서뿐만 아니라 교육부에서도 다문화교육은 곧 내용통합이라고만 간주된다.

(2) 지식구성 과정

지식구성 과정이란 사회과학자, 행동과학자, 자연과학자들이 지식을 창조하는 절차이며, 이는 곧 특정학문 영역의 암묵적인 문화적 가정, 준거틀, 관점, 편견 등이 해당학문 영역에서 지식이 형성되는 과정에 어떠한 영향을 미치는 바를 의미한다. 지식구성 과정은 다문화 수업에서 중요한 비중을 차지한다. 교사는 학생들로 하여금 지식이 어떻게 만들어지고 그것이 개인과 집단의 인종, 민족, 성(gender), 사회계층과 같은 지위에 의해서 어떠한 영향을 받는지 이해할 수 있도록 돕는 역할을 한다.

(3) 편견감소

다문화교육에서 편견감소라는 차원은 아동들의 인종적 태도의 특징과 학생들이 보다 긍정적인 인종적·민족적 태도를 습득할 수 있도록 하는 데 활용할 수 있는 전략을 다룬다.

(4) 공평한 교수법

공평한 교수법은 교사가 다양한 인종, 민족, 사회계층, 집단에서 온 학생들의 학업 성취도를 향상시키기 위하여 사용하는 교수법을 통칭한 것이다. 또한 유능한 교사라면 자기 학생들의 특유한 문화적 배경에 대해 잘 알고 있어야 하며, 그러한 문화적 배경에 대한 지식을 효과적인 교수법 개발에 활용할 수 있는 능력을 갖추어야 한다.

(5) 학생의 역량을 강화하는 학교문화와 조직

학생의 역량을 강화하는(empowering) 학교문화와 조직은 다양한 인종, 민족, 언어, 사회계층 집단에서 온 학생들이 장차 교육적 평등과 권한 부여를 경험하도록 학교의 문화와 조직을 재구성하는 과정이라고 할 수 있다. 다문화교육의 이러한 차원은 모든 집단에서 온 학생들이 평등한 성공의 기회를 가질 수 있도록 학교를 변화의 단위로 개념화하고, 학교환경을 구조적으로 변화시키는 것을 의미한다.

위의 5가지 다문화교육의 차원을 이행하기 위하여 학교의 어떤 부분이 변해야 하는가? 변화에 성공하여 다문화교육의 5차원의 전형을 보여주는 학교는 아래의 <표 44>에 제시된 8가지 특징을 지닌다.

〈표 44〉 다문화 학교의 8가지 특징(뱅크스, 2010)

1. 교사와 교직원은 모든 학생에게 높은 기대수준을 지니며 그들에게 긍정적 태도를 지닌다. 또한 학생들을 긍정적이고 배려하는 방법으로 대한다.
2. 공식적 교육과정은 다양한 문화집단 민족집단 양성(兩性)집단의 경험, 문화, 관점을 반영한다.
3. 교사가 사용하는 수업양식은 학생들의 학습특성, 문화적 특징, 동기에 부합한다.
4. 교사와 교직원들은 학생들의 제1언어 및 방언을 존중한다.
5. 학교에서 사용하는 수업교재는 다양한 문화적, 민족적, 인종적 관점으로부터 온 사건과 상황, 개념을 반영한다.
6. 학교에서 사용하는 시험과 평가절차는 아이들의 문화적 다양성을 잘 반영하고, 따라서 영재반 학급에도 유색인종 학생들이 적정한 비율로 배정된다.
7. 학교문화와 잠재적 교육과정은 문화적, 민족적 다양성을 반영한다.
8. 학교상담자들은 다양한 인종, 민족, 언어 집단에서 온 학생들에게 높은 기대 수준을 지니고, 학생들이 긍정적인 직업목표를 정하고 달성할 수 있도록 돕는다.

21세기 접어들어 한국도 전통이민국가인 미국과 같이 다양한 국가에서 온 이민자들이 점점 증가함에 따라 점차 이민국가로 변모해가고 있다. 조선시대 쇄국정책으로 인해서 외국문물의 영향이 늦어졌고 외국인들을 공격하는 문화를 지니게 되었다. 그래서 외국의 새로운 문물이나 다양성을 이해하고 수용하는데 매우 완고한 면이 있으나 일부 선진국의 물질문명은 선호하는 이중성을 보여 왔다. 이와 같은 현상은 문화상대주의 경험이 부족하기 때문이고 특히 교육부분에서의 간과가 큰 영향을 미쳤다. 그래서 뱅크스의 다문화교육의 목적은 한국사회의 다문화 현상에서 공교육의 다문화교육에 일정한 시사점을 줄 수 있다.

3) 학자들의 다문화교육의 정의

다문화교육의 정의에 대해서는 수많은 학자와 연구자와 연구기관들이 내리고 있는데 학자들의 정의를 살펴보는 것은 연구의 이론적인 기저가 되기 때문에 중요하다.

Bennett(2003)는 다문화교육이란 민주적 가치와 신념에 바탕을 둘 뿐만 아니라, 독립된 세계에서 문화적으로 다양한 사회 안에서 문화적 다원주의를 확증해주는 가르침과 배움을 말한다.

Gorski(2001)는 다문화교육에 대해 어떤 교육과정이 개발되어야 하는지에 대한 강한 토대를 제공해주었는데, 다문화교육이란 창조적으로 사고하는 것과 사회적으로 활발한 사회구성원을 생산해내는 교육에 있어서의 변형적인 움직임이다.

Banks(1999)도 비슷한 견해를 가지고 있다. 다문화교육이란 하나의 아이디어이고, 교육개혁 운동이며, 교육기관의 구조를 변화시키는 것을 주목적으로 하는 과정이다. 그리하여 남학생과 여학생, 예외적인 학생, 그리고 다양한 종족과 인종, 문화를 가진 그룹들이 학교에서 학업을 성취하기 위한 동등한 기회를 가질 수 있다.

Tarman I. 과 Tarman B.(2011)에 의하면, 문화교육이란 하나의 과정이며, 변혁 움직임으로 그것의 내용은 교육평등과 사회적 정의를 확립하기 위해서 모든 교육과정과 학교 프로그램에 녹아들어야 한다.

1.2. 다문화가정 학생을 위한 한국어교육의 현황(사례)

한국에서 다문화가정 자녀가 취학할 수 있는 학교는 정규학교와 비정규학교가 있다. 정규학교는 한국에서 인정하는 국공립학교로 다문화가정 자녀를 위한 교육과정이 별도로 마련되어 있지 않지만 방과후 교실이나 KSL(제2언어로서의 한국어, KSL: Korean as a Second

Language)반 운영 등을 통해 한국어교육이 이루어지고 있다. 그 중 대표적인 몇몇 학교의 내용을 살펴보면 다음과 같다.

1) 이중 언어 교육 - 가평 미원초등학교

한국에서 다문화가정 자녀를 위한 이중 언어 교육을 성공적으로 실천하고 있는 사례로 경기도 가평군 설악면 소재 미원초등학교를 들 수 있다. 미원초등학교는 다문화영역 국제혁신학교로 운영되고 있으며, 다문화특별학급도 운영되고 있다. 국제결혼 가정이 많은 지역적 특성으로 인해 전교생 326명(2016년 기준) 가운데 다문화가정 학생이 전체 학생의 51%나 되는 특수성을 지닌 학교이다. 이로 인해 미원초등학교는 2007년부터 교육부 지정 다문화교육정책 연구학교로 선정, 운영되었고, 2011년에는 경기도 교육청 지정 다문화교육 연수학교로 선정되었으며, 2013년에는 경기도 교육청 다문화 예비학교로 지정되었다.

이와 같이 다문화교육 특히 이중 언어 교육과 관련된 성공적인 실천 사례로 꼽히는 이유는 이 학교에 다문화가정 학생을 위해 누리반이라는 한국어교실이 운영되고 있기 때문이다. 이 반은 귀국 자녀와 외국인 자녀를 위한 특별학급과 같은 개념으로 한국어습득의 문제를 일반 학급에서 일상적인 학업수행이 어려워 특별한 교육적 지원이 필요한 학생들을 대상으로 운영하여, 학생들의 한국어습득 및 학교생활 적응력을 신장하는 데에 그 목적으로 운영되고 있다(미원초등학교 홈페이지http://www.miwon.es.kr/wah/main/index.htm).

2) 제2 언어로서의 한국어교육 - 원일초등학교, 시화초등학교, 보광초등학교

제2언어로서의 한국어(KSL: Korean as a Second Language) 교육이란 한국어가 주류언어인 한국이라는 공간에서 한국어가 모국어가 아닌 언어적 소수자들을 대상을 한국어를 목표언어로 가르치는 일제의 교육 행위를 이르는 말이다. KSL 프로그램은 일차적으로는 다문화가정 자녀들이 학교생활에 적응하는 데 필요한 말하기·듣기·읽기·쓰기를 통한 의사소통 기능과 전략을 익히도록 지원하고, 궁극적으로 한국어로만 이루어지는 일반학급에서 수업을 받을 수 있을 정도의 인지적·학문적 능력을 신장시켜 주는 데에 목표를 둔다. 현재 우리나라에서 이러한 취지의 KSL 프로그램을 운영하고 있는 사례로 경기도 안산시 원일초등학교와 시흥시 시화초등학교, 서울 보광초등학교의 경우를 들 수 있다.

(1) 원일초등학교와 시화초등학교의 KSL 프로그램: 분리식 방법

외국인근로자가 다수 거주하는 경기도 안산과 시흥 지역의 교육청은 관내 초등학교인 원일초등학교와 시화초등학교를 외국인근로자 자녀를 위한 특별학급인 시범학교로 지정하고 언어·문화적응 프로그램 등을 운영하고 있다. 특별학급인 시범학교로 지정된 이들 학교는 전체 학급을 일반 학생들로 구성된 협력학급과 외국인근로자가정 자녀와 국제결혼가정 자녀와 같은 다문화가정 자녀로 구성된 특별학급을 편성하고 학급별로 교육과정과 교육 프로그램을 운영한다.

원일초등학교는 한국에서 가장 많은 외국인근로자가 밀집해있는 안산시의 공단과 외국인근로자 거주지역에 위치해 있는 지리적 여건에 맞게 그 자녀들을 대상으로 하는 특별학급을 개설하였다. 러시아, 몽골, 중국, 스리랑카, 우즈베키스탄 등 8개국 15명의 외국인근로자 자녀들을 대상으로 하는 이 특별학급은 기초적인 한국어신장을 위한 언어적응 프로그램(입문기초, 초급Ⅰ, 초급Ⅱ)을 통해서학교생활 적응력을 키우는 데 최우선적 목표를 두고 있다. 교육과정은 크게 생활적응 교육과정(도덕, 사회), 문화·언어적응 교육과정(국어, 영어), 교과적응 교육과정(수학, 과학)으로 편성 운영하면서 예체능교과 및 실과, 재량활동, 특별활동 등은 일반 협력학급에서 일반 학생들과 함께 수업하도록 하고 있다.

원일초등학교와 시화초등학교의 KSL 프로그램(특별학급)은 현재 유일하게 정규 수업시간에 실시되고 있는 한국어교육이다. 워낙 한국어 숙달도가 떨어지는 다문화가정 학습자를 일반 학습자와 분리하여 교육한 뒤 그들이 일정 수준의 한국어능력을 갖추게 되면 일반 학습자와 같은 교실에서 교육받게 하되, 부분적으로 예체능교과 등은 협력학급에서 일반 학생들과 통합하여 수업할 수 있도록 하는 형태를 결합하는 방식이라는 점에서 특기할 만하다. 그러나 이러한 분리학급 형태의 KSL 프로그램(KSL pull out program)은 학생들이 목표언어에 적응하는 동안 그 학년에 맞는 교육을 제대로 받을 수 없다는 점, 자칫 자신이 언어적으로 심각한 존재라는 열등감을 갖게 되거나 자신의 고유언어에 대해서 자긍심을 가지기 어렵게 만들 수 있다는 점에서 문제점이 있다(원일초등학교 홈페이지http://www.wonil-asn.es.kr/member.login).

(2) 보광초등학교의 방과 후 프로그램: 통합 보충식 방법

KSL 프로그램의 또 다른 사례로 다문화특별학급 한국어와 방과 후 다문화 한국어반이 운영되고 있다. 서울 이태원에 위치하고 있는 보광초등학교는 1962년에 개교한 공립초등학교이다. 전교생 1/3에 해당하는 약 30여 개국 250명 정도(2021년 기준)의 다문화가정 학생들이 재학하고 있다. 외국인근로자가정 자녀와 국제결혼가정 자녀가 한 학급에 혼재해 있는 특성을 보이고 있다. 보광초등학교는 다문화정책학교로서 교과수업에 다문화교육과 세계 시민교육 요소를 반영하고 있다. 또한 프로젝트 수업 형태로 다문화교육을 진행한다. 한국어와 한국문화 교육은 중도입국청소년 및 외국인 학생을 대상으로 한국어 KSL을 운영하고 있다(보광초등학교 홈페이지 https://bogwang.sen.es.kr/).

3) 비정규학교

다문화가정 자녀들의 상당수가 정규학교에 입학하지 못하거나 입학을 하더라도 학교 정규교육에 적응하지 못해 대안학교와 같은 비정규학교로 발길을 돌리는 경우가 많다. 현재 대안학교는 정규학교로 인정을 받지 못하고 있지만, 학교 나름대로의 교육과정을 운영하고 있으며 정규학교와는 달리 언어적 차별을 받지 않고 비슷한 환경에 처한 친구들과 어울리면서 수업할 수 있다는 장점이 있다. 2020년 현재 국내 인가 대안학교는 약 84개 학교가 있더. 비인가 대안학교는 특성상 정확한 숫자파악은 어렵지만 약 150여곳이 있는 것으로 추정되고 있다.

4) 아시아공동체학교

아시아공동체학교는 2006년 9월에 부산지역 다문화가정(외국인 근로자, 이주여성, 북한이탈주민 등) 자녀를 위하여 설립된 초등학교 과정 대안학교이다. 학년별로 교육부 교육과정에 따라 교과목을 운영하면서 동시에 다문화전문 대안학교의 목적과 내용에 걸맞은 각종 문화체험 및 현장실습을 실시하고 있다. 정규 교육과정 이외에도 다문화가정 자녀들과 지역 내 저소득층 아이들이 함께 할 수 있는 방과 후 학교와 같은 다양한 프로그램도 운영하고 있으며 다양한 언어교육이 강조되고 있는 점도 특징적이다.

이 학교는 한국어실력이 부족한 학생들을 위해 따로 디딤돌반이라는 한국어반을 운영하고 있으며 교재는 성인 외국인 학습자를 대상으로 개발된 대학교재를 사용하고 있다. 한국어를 모국어로 하지 않는 다문화가정 자녀의 한국어능력 배양을 목표로 4가지 영역(읽기·쓰기·말하기·듣기) 학습을 통해 한국문화를 이해하고 다양성을 존중하여 공동체의식을 함양하는 프로그램이 실시되고 있다. 한국어능력이 부족한 학생들을 위해 따로 한국어교육을 한다는 점에서는 의의가 있으나, 다문화가정 자녀를 위한 교재를 사용하지 않고 국정교과서와 외국어로서의 한국어를 학습하는 교재를 사용해 문법 위주의 교육이 이루어진다는 점에서 효율적인 한국어수업이라고 하기 어렵다(아시아공동체학교 http://ac-school.net/).

2. 대학의 다문화 전공과 비전

한국사회의 다문화 급격한 변화현상에 따라 다문화교육의 필요성이 대두되고 이를 위해 법무부 및 여성가족부를 중심으로 다문화교육 관련 전문가과정이 개설되어 관련 다문화전문가가 많이 양성되었다. 2008년부터 실시해온 법무부의 다문화사회전문가 양성과정과 2012년부터 실시해온 여성가족부의 내국인들을 위한 다문화사회 이해 전문가과정이 대표적인 다문화교육 전문가 양성과정이다.

법무부에서 주관하고 있는 다문화사회전문가 교육과정을 양성과정이 아닌 전공과목으로 개설하여 계명대학교, 목원대학교 등 법무부와 MOU 체결을 한 몇 개의 대학에만 한정적으로 교육과정을 시행하였다. 그러나 2013년 3월 법무부 훈령 제888호의 규정에 의하여 대학에서 이 과정을 개설하면 위탁 운영할 수 있게 완화되었다. 2022년 기준 현재 전국의 62개 대학에서 운영 중에 있다(사회통합정보망 https://www.socinet.go.kr). 이러한 다문화사회전문가 교육과정이 대학에서의 교육과정이 이러한 다문화사회전문가 교육과정이 대학에서의 교육과정이 증가함에 따라 한시적으로 다문화사회전문가 양성과정은 주춤한 상태이다. 대학의 학위과정에서 다문화전문인력의 배출은 향후 한국의 이민다문화사회로의 진입에도 큰 인적자산이 될 것이고 이에 대비하여 체계적인 교육과정의 개발도 지속적으로 이어져야 할 것이다.

2.1. 다문화사회전문가 인정 기준

법무부의 사회통합프로그램 다문화사회전문가 인정 등에 관한 규정 제
3조 다문화사회전문가 학위과정 개설 등의 조항을 살펴보면 다음과 같다.

① 다문화사회전문가 양성에 필요한 학위과정이나 관련 과목을
개설하는 대학(이하 학위과정 대학이라 한다)은 개강일 전까지
별지 제1호 학위과정 및 관련 과목 개설계획서를 법무부 장관
에게 통보하여야 한다.
② 학위과정 대학은 별표 1 46)의 전공필수과목과 별표 2 47)의 전공
선택과목 및 별표 2의2의 일반선택과목 개요에서 정하는 교과
내용에 부합하도록 교육하여야 한다.

위의 규정에 적합한 교육과정을 개설하여 계획서를 법무부 장관에
게 통보하고 인정을 받으면 다문화사회전문가 교육과정이 개설된다.

〈표 45〉 다문화사회전문가 인정 요건 및 이수과목

구분	교육계열 과목	일반계열 과목
전공필수 (2)	다문화(사회)교육론, 이민정책론 中 택1	이민정책론, 이민법제론
전공선택 (9)	다문화사회 교수방법론, 한국사회의 다문화현상이해, 이민·다문화 가족복지론, 국제이주와 노동정책, 지역사회와 사회통합, 이민·다문화 현장실습, 국경관리와 체류의 이해, 난민법의 이해, 국적법의 이해	
일반선택 (11)	이민법제론, 아시아사회의 이해, 해외동포사회 이해, 이주노동자 상담과 실제, 다문화가족의 상담과 실제, 국제이주와 사회통합, (이주민을 위한) 한국어교육론, 이중언어교육론, 다문화교육현장 사례연구, 석·박사 논문연구, 국제이주와 젠더	다문화(사회)교육론, 아시아사회의 이해, 해외동포사회 이해, 이주노동자 상담과 실제, 다문화가족의 상담과 실제, 국제이주와 사회통합, 다문화교육현장 사례연구, 석·박사 논문연구, 국제이주와 젠더, 노동법, 국제인권법

출처: 출입국관리법 시행규칙 [별표 2]

---

46) 학위과정 필수과목 개요
47) 학위과정 선택과목 개요

2.2. 대학의 다문화 전공

대학에서의 다문화사회전문가 학위과정은 주로 사이버대학교에서 많이 개설이 되어 있음을 알 수 있고 전공분야도 한국어 및 다문화 관련이 주를 이루고 있다.

〈표 46〉다문화사회전문가 교육과정 개설 주요 대학 현황(가나다 순)

순번	대학명	학과 및 전공명
1	강릉원주대학교	보건복지대학 다문화학과
2	건양사이버대학교	다문화한국어학과
3	경남대학교	사회학과
4	경희사이버대학교	한국어문화학과 이민다문화전공
		사회복지학부 사회복지전공
5	고려사이버대학교	사회복지학과
		한국어·다문화학부 한국어교육전공
		한국어·다문화학부 다문화·국제협력전공
		상담심리학과
6	고신대학교	외국어로서의 한국어교육학과
7	광주대학교	다문화사회 전문가 융합과정 한국어교육과
8	대구가톨릭대학교	사회과학대학 사회학과
		프란치스코칼리지
9	대구사이버대학교	한국어다문화학과
10	동덕여자대학교	글로벌 다문화학 연계전공
11	디지털서울문화예술대학교	한국어교육학과
12	목원대학교	신학대학 신학과
13	부산외국어대학교	한국어문화학부
14	사이버한국외국어대학교	다문화·심리상담학과
		한국어학부
15	서울사이버대학교	한국어문화학과
16	세종사이버대학교	한국어학과
		아동가족상담학과
		사회복지학과
		상담심리학과

순번	대학명	학과 및 전공명
17	숭실사이버대학교	인문예술학부 한국어교육학과
		휴먼서비스학부 평생교육상담학과
18	원광디지털대학교	한국어문화학과
		사회복지학과
19	조선대학교	글로벌인문대학 다문화학융합전공
20	중부대학교	글로벌한국어 전공
21	중앙대학교	문화다양성 융합전공 과정
22	청운대학교	한국어문화교육융합전공
23	평택대학교	다문화가족복지 융복합전공
24	한국열린사이버대학교	사회복지학과 다문화복지과정
25	한성대학교	크리에이티브 인문예술대학 이민·다문화트랙
26	호남대학교	교양융합대학 글로컬다문화학 융합전공
27	화신사이버대학교	글로벌 교육문화학부 한국어교육학과
		상담복지학부 상담심리학과
		글로벌 교육문화학부 실용외국어학과
		글로벌 교육문화학부 영상콘텐츠학과
		글로벌 교육문화학부 융합스포츠지도학과

출처: 다문화사회 전문가 양성 관련 과목 개설 대학(원) 공고(법무부 공고 제2022-275호)

2.3. 대학원의 다문화 전공

대학원은 주로 교대의 대학원에서 다문화사회전문가 학위과정이 개설되어 있으며, 교대를 제외한 대학원은 주로 대학의 교육대학원이 그 뒤를 이었다. 향후 외국인들의 유입이 증가함에 따라 이민 관련 전문가의 필요성에 의해 학과전공이나 트랙으로 다문화사회전문가 교육과정을 대학원에서 개설함은 법무부의 사회통합프로그램 5단계 과정인 '한국사회이해' 과목을 교양과목으로서 강의자격 취득과도 연계되고 있다. '한국사회이해' 과목을 대학에서 유학생들에게 교양과목으로 이수하게 되면 법무부의 사회통합프로그램 수료와 같은 조건이며, 학점으로도 인정이 되기 때문에 향후 다문화사회전문가 자격을 취득하면 대학에서의 강의역할 확대의 개념으로 이어질 수 있다.

〈표 47〉 다문화사회전문가 교육과정 개설 대학원 현황(가나다 순)

순번	대학명	학과 및 전공명
1	성결대학교	프라임대학원 행정학과 이민정책전공
		일반대학원 행정학과 이민정책전공
2	계명대학교	정책대학원 이민다문화사회학과
		교육대학원 다문화교육전공
3	동아대학교	국제전문대학원 국제학과 글로벌다문화전공
4	목원대학교	일반대학원 한국어다문화학과
5	성산효대학원대학교	HYO효육학과 다문화전공
6	공주교육대학교	교육대학원 다문화교육전공
7	선문대학교	미래융합대학원 다문화교육학과
		일반대학원 한국학과
8	전남대학교	일반대학원 디아스포라협동과정
9	진주교육대학교	교육대학원 다문화교육전공
10	인하대학교	일반대학원 다문화교육학과
		일반대학원 다문화학전공
		교육대학원 다문화상담교육전공
		정책대학원 이민다문화정책학과
11	명지대학교	산업대학원 산업시스템경영학과 국제교류경영전공
12	동국대학교	일반대학원 국제다문화학과
		교육대학원 교육학과 다문화융합교육전공
13	중앙대학교	행정대학원 다문화정책학과
14	한국외국어대학교	교육대학원 다문화교육전공
15	부산외국어대학교	일반대학원 다문화교육학과
16	광주교육대학교	교육대학원 다문화교육전공
17	대구교육대학교	교육대학원 다문화교육전공
18	경인교육대학교	교육전문대학원 다문화교육전공
19	대구가톨릭대학교	사회복지대학원 다문화학과
		일반대학원 다문화학과
20	서울교육대학교	교육전문대학원 다문화교육전공

순번	대학명	학과 및 전공명
21	강릉원주대학교	일반대학원 다문화학과
22	건국대학교	교육대학원 상담학과 다문화소통교육전공
23	전주대학교	교육대학원 교육학과 평생교육·다문화교육전공
24	중원대학교	평생학습대학원 평생교육학과 다문화교육전공
25	평택대학교	사회복지대학원 사회복지학과
		사회복지대학원 아동청소년복지학과
		일반대학원 사회복지학과
		일반대학원 아동청소년학과
26	우석대학교	경영행정문화대학원 다문화학과
27	경기대학교	교육대학원 다문화교육전공
28	조선대학교	일반대학원 문화학과 이민·다문화정책전공
		정책대학원 사회복지학과
29	군산대학교	일반대학원 다문화학과
30	경북대학교	국제대학원 국제문화학과 다문화학전공
31	한성대학교	일반대학원 국제이주협력학과
32	한일장신대학교	사회복지대학원 다문화복지학과
33	숙명여자대학교	정책대학원 사회복지학과 다문화정책전공
34	상명대학교	일반대학원 한국학과 한국이민통합전공
35	서울사회복지대학원대학교	사회복지학과 다문화복지 전공
36	광운대학교	교육대학원 평생다문화교육전공
37	한양대학교	사범대학 일반대학원 다문화교육학과
38	서울미디어대학원대학교	미디어비즈니스학과 미디어한국어교육전공과정
39	세종대학교	교육대학원 한국어전공
		일반대학원 국어국문학과 한국어교육학 전공
40	안양대학교	교육대학원 외국어로서의 한국어교육 전공
41	광신대학교	국제대학원 휴먼서비스교육학과 다문화사회교육과정
		일반대학원 코칭심리학과
42	전주교육대학교	교육대학원 글로벌다문화융합전공
43	아신대학교	다문화교육복지대학원 다문화교육전공

출처: 다문화사회 전문가 양성 관련 과목 개설 대학(원) 공고(법무부 공고 제2022-275호)

2.4. 다문화사회전문가의 비전

다문화사회전문가의 활동범위는 국내 거주 외국인의 수의 점진적인 증가 및 장기화에 따라 역할도 다각적으로 변모하고 있다. 예시로 외국인들의 비자 변경 시에 가산점이 주어지는 등 법무부 사회통합프로그램 이수 수요는 꾸준히 요구될 것이므로 다문화사회전문가의 역할은 자연히 확대될 수밖에 없다. 또한 지자체에서 다문화사회통합의 일환으로 다문화관련교육 사업 프로그램이 많이 운영되고 있기 때문에 현장 활동가로서 경험이 있는 다문화사회전문가 활동영역은 점점 높아질 것이다.

다문화사회전문가의 활동영역은 법무부 사회통합프로그램 '한국사회이해과정' 강사 및 대학 유학생들의 교양과목 강사로서의 활동 및 내국인들에게 다문화사회 이해교육 강사 등의 역할이 가능하다.

이외에도 현재 진행 중인 사회통합프로그램 관련 구술감독관, 국적취득 민간면접관, 난민심사관, 조기적응프로그램 강사, 다문화사례관리사, 다문화관련창업 등 활동 분야가 다양하다.

제8장

한국사회의 다문화 개별법 이해

1. 한국사회의 다문화 개별법 제정의 필요성

1.1. 한국사회, 그리고 다문화사회

스티븐 카슬과 마크 밀러(2013)에 의하면 국제적으로 세계화가 지속되면서 IT기술과 교통 인프라가 발달하여 국가들 사이의 인구 이동이 늘어나고, 경제와 사회, 문화적인 교류도 점점 가속되어지고 있다. 한국사회의 모습도 외국인의 이주나 이민 현상은 점점 커지고 많아져 외국인들이 국내로 유입되고 있다.

따라서 한국사회가 현재는 '다문화'라는 용어가 빠져서는 안될 용어가 되었다. 한국사회가 다문화사회로 진입하게 된 원인은 2000년대 저출산과 고령화 현상에 따라 경제활동인구가 감소하기 시작하면서 생산성 저하, 노동인구 부족, 소비력 감소에 따른 내수시장 부진, 사회복지비용 증가로 인한 경제적 부담 가중 등의 여러 사회적 문제에 기인하였다.

이를 해결하기 위한 대안으로 2004년에 외국인산업기술연수생제도를 고용허가제로 전환하면서 전문·기술 외국 자원을 적극적으로 유치하기 시작하였고, 더 나아가 재외동포나 외국의 우수인력들을 대상으로 자유로운 출입국과 장기거주권, 영주권의 제도적 기반을 확대하였다.

또한, 국가와 지방자치단체가 적극적으로 나서면서 한국 남성의 국제결혼을 장려하였고, 그에 따라 영리목적으로 국제결혼 중개업체들이 늘어나 짧은 기간에 국제결혼이 급증하게 되었다. 특히 결혼이주여성은 한국사회의 정주(定住) 외국인으로, 한국사회를 그동안 단일민족적, 순수혈연적 사회에서 다문화사회로 변화하는 계기를 제공하게 되었다(이혜경 외, 2017).

1.2. 한국 내 체류외국인의 증가

코로나 팬데믹 상황 속에서도 2022년 6월 말 현재 체류외국인은 2,056,041명으로 2021년 6월 1,981,035명보다 75,006명이 증가하였다(출입국·외국인정책월보 2022. 6. 및 2021. 6. 참조). 또한 팬데믹 이전 2019년 9월 기준에는 2,321,820명을 기록하면서 250만 명을 바라보고 있었다. 2012년부터 국내의 체류외국인의 인구변화를 보면 팬데믹 기점을 제외하고 상승세임을 알 수 있다.

(단위 : 만 명)

| 12년 | 13년 | 14년 | 15년 | 16년 | 17년 | 18년 | 19년 | 20년 | 21년 | 22년 6월 |
| 145 | 158 | 180 | 190 | 205 | 218 | 237 | 252 | 204 | 196 | 206 |

〈그림 15〉 국내 체류외국인 증감추이(출입국·외국인정책 통계월보 2022년 6월호)

2006년 91만 명이었던 외국인의 수가 2019년에는 250만 명이 넘어가기도 하였다. 이렇듯 국내의 외국인들이 늘어나면서 외국인과 관련된 국가정책과 법제도도 변화해 왔다.

2006년 4월 26일 노무현 정부는 청와대에서 국정과제회의를 열면서 빈부격차·차별시정위원회가 법무부, 교육부, 고용노동부, 여성가족부 등과 함께 '여성결혼이민자가족의 사회통합 지원대책·혼혈인 및 이주자 지원방안'을 마련하였다. 이후 2007년부터 입법에도 적극적으로 나서며 「재한외국인 처우 기본법」, 「다문화가족지원법」이 2007년, 2008년에 제정되었으며 2012년에는 아시아국가 최초로 「난민법」이 제정되었다. 이런 법제화 가운데 한국사회가 다문화사회로 발돋움할 기반을 가졌지만, 한국사회의 구성원들은 아직도 집단우월주의가 강하여 빈곤국가 출신이나 피부색이 다르다는 이유로 차별을 하거나 편견을 갖고 있는 사례가 무수히 많다.

1.3. 사회적 편견과 차별 문제 대두

국내에 체류하고 있는 외국인의 수가 지속적으로 증가하게 되면서 이들에게 편견과 차별이 사회적으로 문제가 나타나기 시작하였다. 이에 따라 정부와 학계, 그리고 시민단체를 중심으로하여 문제해결을 위해 논의가 다각적으로 이뤄졌다. 다문화와 관련하여 그동안의 문제와 갈등, 그리고 사회적 편견들을 크게 범주화하면 다음과 같다.

첫째, 결혼이주여성과 가정이 갖고 있는 문제이다. 결혼이주여성이 겪고 있는 문화차이로 인한 부부갈등, 부부간의 폭력과 학대, 남편이나 시부모의 준감금, 이주여성의 가정이탈, 부모와 자녀의 언어적 갈등 등의 현실적으로 가정과 미래세대까지 아우르는 전방적이고 다영역적으로 문제들이 생겨나고 있다.

둘째, 2000년대 이후로부터 한국남성과 외국여성의 국제결혼이 크게 증가하면서 중개업자에 의한 피해 사례도 증가하였다. 특히 국제결혼을 중개하는 과정에서 수익을 높이기 위해 한국 남성에게 금전적 피해를 입히거나, 외국여성에 대한 인권침해 사례가 무수히 많이 발생하였다. 이를 위해 법률을 제정하고 있으나 여전히 금전적, 인권적 피해가 발생하고 있다. 그뿐만이 아니라 결혼당사자들의 신상정보까지 털리게 되면서 후에 보이스피싱까지 연결되는 범죄들로 이어져오고 있다.

셋째, 한국에서 살고 있는 외국인에 대해 인종, 출신 국가, 피부색, 종교 등을 이유로 차별대우하거나 편견을 가지고 배제하는 문제들이 생겨났다. 피부가 까맣거나 동남아에서 오면 경제적으로 더 개발이 필요하기에 문화적으로도 뒤쳐져 있다고 생각하거나 무슬림을 보며 잠재적 테러리스트로 간주하고, 중국인과 조선족, 북한이탈주민에게는 장기밀매와 각종 마약사범 등 흉악범죄의 원인, 혹은 간첩으로 보는 편견들이 여전히 존재하고 있으며 이에 따라 한국 국민들과 외국인들의 정서적 관계가 좀처럼 좁혀지기가 쉽지 않은 상황이다.

넷째, 외국인근로자의 법적지위를 보장받기가 쉽지 않다. 산업연수생제도에 이어 고용허가제도에서 사업장 변경이나 업무변경 시의 불이익, 근로계약서를 작성이나 해지하는 방법에 대한 피해, 혹은 외국인근로자의 무지나 부주의로 횟수 제한이 초과하는 경우와 구직기간의 설정하는 가운데 비자일자를 못 맞추는 문제, 혹은 근로자가 조금 더 많은 임금을 보고 무단이탈하는 경우나 기술을 더 배울수록 일을 더 많이 할 거라고 오해하며 일에 대한 태만으로 인한 사업주의 피해 등 많은 사례들이 생겨나고 있다.

이 외에도 언급되어 있지 않은 문제와 편견들이 존재한다. 따라서 재한외국인, 외국인근로자, 국제결혼, 다문화가족, 난민, 북한이탈주민, 재외동포, 출입국 및 국적 등에 대한 개별법을 통해 국내 사회에 필요한 한국어교육, 의사소통, 직업교육, 취업지원, 의료서비스 등 다양한 서비스가 제공된다. 그러나 지난 2018년 6월 제주도에 입국한 500여 명의 예멘인들이 난민신청을 하며 이들에 대한 체류허가를 두고 제주도만 아니라 한국사회에 큰 논란으로 일렁이었다. 한국사회가 다문화사회라고 하기도 하며 글로벌시대의 한국이라고 하나 예멘 난민만의 문제가 아니라 국내 체류외국인에게 여전히 차별하고 배제하는 문제가 있다.

위에서 언급된 외국인에 대한 처우, 여성결혼이민자 및 그 자녀 등의 다문화가족에 대한 지원, 외국인근로자의 법적지위, 난민수용, 북한이탈주민과 재외동포 등의 주요 쟁점들과 한국의 개별법을 고찰해보며 앞으로의 입법방향을 제시하고자 한다.

2. 한국사회의 다문화 공통 기본법

2.1. 국적법

우리나라의 국적법은 1948년 12월 20일 제정·시행되었다.[48] 제정된 국적법은 16개조로 구성되었고, 이는 국적에 관한 임시조례 6개조에 그 기초를 두고 있다고 본다(제성호, 2001). 왜냐하면 임시조례 제1조만 보더라도 이 임시조례가 국적법이 제정될 때까지 조선인의 국적을 확립하여 법률관계의 귀속을 명백히 하려 함이라는 목적을 밝히고 있기 때문이다. 따라서 1948년에 제정된 우리나라 국적법이 가지는 입법적 의미를 몇 가지로 정리해볼 수 있다. ① 혈통주의(血統主義) 원칙 ② 남편중심주의 원칙 ③ 단일국적주의(국적유일의 원칙) 원칙으로 ④ 가족국적동일주의(家族(國籍同一主義) 원칙으로 채택하였다.

국적법은 모두 16개 조문 중 9개 조문에서 입법 목적과 국적의 취득에 대해 규정하고, 2개 조문에서 국적 상실을, 1개 조문에서 국적회복을, 2개 조문에서 권리제한 및 변동을, 나머지 2개 조문에서 절차적인 규정을 두고 있다.

---

48) 제정국적법 공포일은 1948년 12월 11일이다.

국적법은 총 16차례 동안 개정하였고, 2020년 1월에 가장 최근에 개정하였다. 제16차 개정은 최근 대체역의 편입 및 복무 등에 관한 법률(양심의 자유에 따른 병역거부자를 위한 제도)이 제정되어 시행하면서 복수국적자의 국적선택 의무 조항에 있어서 국적이탈신고를 할 수 있는 자격요건에 복무를 마친 것으로 보는 조건에 대체역으로의 복무도 추가하기 위한 개정이었다.

국적법의 제정은 일제강점기를 극복하고 새롭게 등장한 신생국 대한민국이란 국가의 구성원을 확정하는 의미로, 공화국의 주권을 행사할 수 있는 국민을 뚜렷하게 확정짓는 의미를 가진다. 이는 헌법의 의한 위임이기도 하였지만, 국적법의 제정은 대외적으로 신생 독립국에서의 속인적 관할권의 근거이자 외교적 보호권의 근거로 작용하였다. 때문에, 국적법은 이로 인하여 국적으로 가지게 된 대한민국의 국민과 국가와의 법적유대감은 물론이고, 개인과 국제법을 연결하는 법적 유대를 제공하는 근거이기도 한 것이다(제성호, 2001). 그 당시의 이념과 시대적 배경을 감안하여 볼 때 최선의 입법이라고 사료되지만 현 시대에 놓인 다문화 상황과 인권적 차원에서 분석해 보면 다소 비판적 입장에서 평가해 볼 수도 있다. 그러하기 때문에 국적법은 16차례에 걸쳐 인간의 존엄성을 바탕으로 한 평등권과 자유권을 기초로 개정하였으며 그 특징을 열거하면 다음과 같다.

평등권의 관점으로 보았을 때 ① 국적법의 개정에서 남녀간의 불평등적 입법요소들이 시정되면서 다문화적 부부와 부모의 관계 속의 불평등적 요소들이 시정되었다는 점이다. ② 제2차 국적법 개정 시 외국인 출신 국적취득자들의 차별의 삭제하면서 평등권을 실현시킬 수 있었다. 따라서 전방적으로 보편적 평등을 추구하는 개정들로 국적법의 보편적 평등을 크게 발전된 변화가 있었다는 평가할 수 있었다.

또한 자유권적 관점으로 보면 ① 국가가 규율했던 국적 취득과 회복권이 개인의 자유로 확대되었고, 외국인이 처한 현실적인 상황을 적극적으로 고려해 6차 개정에서는 외국인의 귀책사유가 없이 정상적 혼인생활을 영위할 수 없거나 미성년 자녀의 양육을 위해 국적취득의 기회를 인정하였다. ② 국적 이탈(포기)도 국가의 규율에서 개인의 권리로 확대되었다. 이는 두 가지의 상황을 전제하는데, 첫째론 선천적 두 국가의 국적을 가진 경우 그 하나를 포기하면서 단일국적의 선택이 있고, 그 다음은 혼인이나 귀화 등으로 외국 국적을 후천적으로 취득하면서 선천적으로 취득한 국적을 포기하는 경우이다. 조문상에서는 국적선택의무로 표현하였지만, 두 국적 중 하나를 선택은 당연히 어느 하나의 국적을 이탈(포기)할 수 있는 권리가 함께 생겨났다. ③ 복수국적 보유가 가능해졌다는 점이다. 이는 국제적 교류가 늘어나고 국제이주가 빈번해지면서 복수 국적의 대한 인식이 달라지고 단일국적주의를 채택하는 대한민국이 필요를 느끼면서 정책적 배려가 나타났다. 그러나 남성과 여성은 병역의무로 의해 제한적으로 다르게 허용하였고, 원정출산에 대한 규제를 위해 제한을 두기도 하였다.

이런 개정들이 있었음에도 불구하고 아직까지도 우리나라가 해결해야 할 과제가 많다. 이는 ① 현행 국적법상 일반귀화 허가의 요건에서 영주자격이 전제되면서 요건이 강화되었는데 내용에 있어서 영주자격의 요건을 살펴보면 품행단정, 생계유지능력, 기본소양 등의 표현에서 오는 기준과 해석이 달라(이현수, 2019) 귀화를 원하는 자들의 인권을 보호함에 문제가 될 수 있다. ② 복수국적제도의 규정을 보면 인권적 관점에서 애매모호하거나 불평등적 요소를 포함하고 있다. 예를 들어 중도입국 미성년자녀가 특별귀화를 통해 국적을 취득한 경우 취득일로부터 1년 이내에 국적을 포기해야하는지, 미성년자이기에 만 22세가 되기 전까지 국적선택의 기회가 주어지는 것인지 분명하지 않다. 또한, 결혼이민자가 한국 국적을 취득하고 그의 중도입국자녀가 특별귀화를 할 수 있지만 복수국적을 허용하는 기준에는 빠져 있기 때문에(10조 제2항 제1호) 중도입국자녀와 국내 출생한 자녀의 사이에 차별의 문제가 생길 수 있다(김남진, 2017). ③ 또한 복수국적 허용에서 제외되는 혼인관계 해소 상태의 결혼이민자(제10조 제2항의 규정상 제6조 제2항 제3호, 제4호에 해당하는 사람)의 경우에는 예기치 않은 권리의 침해가능성이 있다. 한국 국적상실 결정과 사유 규정도 본인의 의사와는 전혀 관계없이 내려지게 되어있는 것이라 기본권 보장에서 매우 불안한 면이 있을 뿐만 아니라 사유판단이 포괄적 명령에 위임되어 있어 포괄위임금지의 원칙에 위반한다는 논란의 여지가 있다.

따라서 국적법의 규정이 곳곳에 자리잡고 있는 전제조건이나 절차적 애매모호성과 규정의 지나친 추성성이 인권보장을 지향하는 국적법의 의도나 정신을 훼손하는 것은 아닌지 다각으로 살펴보고 지속적으로 개선해야할 필요가 있다.

2.2. 출입국관리법

이 법은 국민과 외국인의 출입국관리, 외국인의 체류 관리 및 난민인정 절차에 관한 일반적인 내용을 다루고 있다. 일반적인 관점에서 대부분의 다문화 관련 법률이 외국인의 기준으로 이 법의 외국인 등록기준인 '체류 90일'로 정하고 있다는 점에서, 이 법은 외국인의 준거 개념을 제시하고 있다고 볼 수 있다. 출입국관리법시행령은 2002년 개정을 통해 '영주자격'을 도입하였다. 그러나 영주자격의 요건이 엄격하고, 자격을 취득하더라도 국민에 준하는 실질적인 법적 지위를 인정받지 못하는 반면, 국내 체류 5년이면 귀화신청이 가능하다는 제한이 있다. 구체적으로 이민자의 변화를 보면 먼저 결혼여성이민자와 관련한 가장 큰 변화는 결혼이민자를 별도의 자격으로 구분한 2011년 11월 1일의 개정이라 하겠다. 정부는 국내 결혼이민자가 급증함에 따라 국민의 배우자, 국민과 혼인관계에서 출산한 자녀를 양육하고 있는 부모 등에 대해서는 종전의 거주(F-2) 체류자격이 아닌 결혼이민(F-6) 체류자격으로 구분하여 지원 및 관리하도록 하여 결혼이민자들에 대하여 보다 체계적인 지원과 관리를 위한 것이라고 밝히고 있다. 이주노동자와 관련한 변화는 1990년대 이후 지속적으로 변화하였다. 이는 산업발전과 국제화 추세에 따라 출입국자가 급증하고, 국내임금수준의 상승에 따라 외국인 불법취업자가 계속 증가되고 있는 등 체류외국인의 활동이 복잡·다양화되고 있는 현실에 효과적으로 대응하기 위한 것이다. 이에 따라 출입국심사 및 체류관리제도를 합리적으로 개선하고, 외국인불법 체류를 억제할 수 있도록 현행규정상의 미비점을 보완하려는 취지로 1992

년 12월 8일 출입국관리법을 개정하였다. 동 법은 부득이한 사유로 유효한 여권이나 사증소지 등 입국허가 요건을 갖추지 못한 외국인에 대하여는 입국허가 여부를 결정할 동안 주거제한 등의 조건을 붙여 잠정적으로 입국을 허용하는 등 이주노동자의 유입에 결정적인 계기가 되었다고 볼 수 있다. 이듬해인 1993년 3월 30일 개정을 통해 법무부장관이 외국인에 대하여 취업활동을 할 수 있는 체류자격에 해당하는 사증을 발급하는 경우 국내의 고용사정을 고려하도록 하였다. 또한 체류외국인의 활동이 다양화됨에 따라 이에 대응하기 위하여 외국인의 체류자격 및 체류상한기간을 재조정하는 등 이주노동자에 대한 정책은 본격화되었다.

2.3. 재한외국인 처우 기본법

재한외국인 처우 기본법은 총 5장 23개 조문으로 구성되어 제1장 총칙, 제2장 외국인정책의 수립 및 추진체계, 제3장 재한외국인의 처우, 제4장 국민과 재한외국인이 더불어 살아가는 환경조성, 제5장 보칙으로 규정하고 있다. 주요 내용으로 ① 국가 및 지방 및 지방자치단체의 책무 ② 외국인정책의 수립 및 추진체계로써 법무부장관은 관계 중앙행정기관의 장과 협의하여 5년마다 외국인정책에 관한 기본계획을 수립하고, 관계 중앙 행정기관의장은 기본계획에 따라 소관별로 연도별 시행계획을 수립하여 범정부적 시행계획을 수립·시행하도록 규정하고 있다. ③ 재한외국인 등의 처우 ④ 국민과 재한외국인이 더불어 살아가는 환경을 조성하기 위해 서로간의 문화, 역사, 제도를 이해하고 존중할 수 있도록 교육, 홍보는 물론 세계인의 날을 지정하여 행사를 개최하도록 하고 있다. ⑤ 공공기관의 장은 재한외국인의 민원처리 절차를 위해 안내 업무를 전담하는 직원을 지정해 소정의 교육을 이수하도록 할 수 있으며, 국가는 전화나 전자통신망을 이용하여 재한외국인에게 외국어로 민원을 안내나 상담하기 위하여 외국인종합안내센터를 설치·운영하도록 하고 있다.49)

이 법의 제정은 재한외국인 정책에 관한 종합적·체계적 추진 및 관련된 입법과 정책의 방향을 제시했다는 점에서 입법적 의의를 찾을 수 있다(박길남, 2017). 이 법은 재한외국인의 법적 지위를 보장하고 결혼이민자에 대한 한국어교육, 대한민국의 제도 및 문화에 대한 교육, 결혼이민자의 자녀에 대한 보육과 교육 지원, 의료 지원 등에 관한 조항을 규정하고 있다. 그러나 재한외국인의 기본적 인권보호 내용이 구체적으로 명시되어있지 않아 기본법으로서 역할에 부합하지 못한다는 비판이 있다(조상균 외, 2006; 장선희, 2010). 앞으로 외국인 혐오와 차별에서 인권보호에 대하여 약간의 조항이라도 명시할 필요가 있고, 재한외국인의 역량을 강화하는데 중점을 두고 지속적으로 개정하는 노력이 요구된다.

또 이 법의 적용대상인 재한외국인은 재한외국인 처우 기본법에 제2조 제1호에 의하여 대한민국의 국적을 갖지 아니하는 자로서 대한민국에 거주할 목적을 갖고 합법적으로 체류하고 있는 사람들이다. 그렇기에 불법체류자는 재한외국인이 아니므로 당연히 우리 사회의 적응과 안정적 정착지원을 받지 못한다. 그러나 불법체류자 중에는 특별한 보호나 지원이 필요한 대상이 있다는 것을 고려할 수 있는 환경이 있을 수 있다. 예를 들어 ① 고용허가제로 입국한 외국

---

49) https://www.law.go.kr

인근로자가 밀린 임금체불로 인해 체류 기간을 초과하거나 ② 대한
민국 국민과 혼인하였으나, 국내거주요건을 충족하지 못한 상태에서
가정파탄 등으로 혼인관계가 해소되어버린 결혼이주여성 ③ 무국적
으로 살아가는 불법체류 미성년과 이주아동 등이 있다. 이들은 자신
의 귀책사유와 아무런 관계없이 불법체류자 신분이라는 멍에를 지
고 불안한 일상을 살아가고 있다. 합법체류외국인들만으로 한정되어
있는 현행법과 제도에서 전향적 확대의 입법 방향으로 나아갈 것인
지 더 심도 깊은 논의가 필요한 상황이다(노호창, 2017; 정상기,
2018). 이에 따라 인도적 고려와 외국인 인권보호차원에서 보다 실
효적인 제도를 마련하여 체류질서를 확립하는 것이 필요하다.

　그리고 이 법의 많은 부분이 권고 혹은 훈시적인 규정으로 국가나
지방자치단체의 의무에 대해서 강행규정이 아닌 '노력하여야 한다'
또는 '할 수 있다'고 임의규정 형식으로 되어 있기 때문에 조항에
따라 국가나 지방자치단체가 이런 정책을 시행하지 않아도 책임을
물을 수 없다. 그렇기에 법적인 실효성에 대해 의문이 제기되고 있
고, 실효가 없는 장식적인 법률로 전락하고 있다(장정은, 2012). 그
러나 국가 및 지방단치단체는 '해야 한다'는 강행규정으로 규정되면
외국인 등이 이 법률을 근거로 '부작위 위법학인의 소'를 제기할 수
있는 의견도 있다(차용호, 2015). 이 가운데 해결방안으로 무엇보다
도 재한외국인들의 진정한 권익보호에 어떤 입법정책이 기여할 수
있을 것인지 초점을 맞추어 점차적인 검토를 할 필요가 있다.

3. 결혼이민자 및 외국인근로자 관련법

3.1. 다문화가족지원법

다문화가족이 증가하고 또한 세계화와 국제경제, 환경의 변화, 이주의 다양화 등으로 우리 사회가 빠르게 다문화사회로 변화하고 있어도 아직도 단일민족적 순혈주의를 가지고 결혼이주여성과 그 자녀가 우리 사회에 적응하기까지 여러 가지 어려움이 존재한다. 특히 결혼이주여성은 한국어 능력의 결여뿐만 아니라 한국사회와 간문화적 소통의 결여들이 가족구성원들 간 갈등과 자녀양육의 어려움 등을 겪고 있다(차용호, 2015). 결혼이민자와 그 자녀로 구성된 다문화가족이 한국사회의 구성으로 순조롭게 통합되어 안정적인 가족생활을 영위할 수 있도록 하기위하여 2008년 3월 21일 다문화가족지원법이 제정되었고, 이후 11회에 걸쳐 개정하였다.

개정된 내용의 법에서 주요내용을 살펴볼 때, ① 다문화가족의 범위를 확대하고, 다문화가족구성원들인 결혼이민자 등에게 한국어교육 등 지원을 통하여 사회적 적응을 잘할 수 있게 하고, 다문화가족 내 가정폭력 예방과 가정폭력 피해자의 보호와 지원, 의료 및 건강관리를 위한 지원 등에 대해 규정하였고 ② 여성가족부 장관 또는 지방자치단체의 장은 다문화가족 지원을 위해 필요한 정보인 결혼이민자의 외국인등록 정보와 귀화허가 신청정보를 법무부장관에게 요청할 수 있는 근거를 마련하였다. ③ 결혼이민자 등 부 또는 모의 모국어 교육을 지원할 수 있도록 법적인 근거를 마련하였으며 ④ 다문화가족의 생활적 적응과 초기정착을 돕기 위하여 다국어로 된 상담, 통역이 가능한 다문화가족 종합정보 전화센터를 설치하였다. ⑤ 학교에서 주류문화인 학생을 대상으로 다문화 이해교육이 내실 있게 추진할 수 있도록 교원 교육 또는 연수 실시를 의무화하였고, 결혼이민자 등의 배우자와 가족구성원이 결혼이민자 등의 출신 국가와 문화 등을 잘 이해할 수 있게 필요한 정보 제공 및 관련 교육을 지원하는 규정이 세워졌다.

현행 다문화가족지원법 제 2조 제1호에서는 다문화가족을 "재한외국인처우 기본법 제2조 제3호의 결혼이민자와 국적법 제2조부터 제4조까지의 규정에 따라 대한민국 국적을 취득한 자로 이루어진 가족과 국적법 제3조 및 제4조에 따라 대한민국 국적을 취득한 자와 같은 법 규정에 따라 대한민국 국적을 취득한 자로 이루어진 가족이다."로 규정하고 있다. 이는 출생부터 대한민국 국민과 국제결혼을 통해 가족을 이루고 있는 결혼이민자나 국적법에 따라 인지나 귀화로 대한민국 국적을 취득한 자와 출생 시부터 대한민국 국민과 이루어진 가족을 다문화가족이라 한다. 여기와 관련해서 다문화가족의 적용범위가 논란이 된다.

다문화가족지원법에서는 안정적 정착 지원과 보호의 적용대상자를 결혼이민자 또는 귀화자로 이루어진 가족만으로 하고 있으므로, 또 다른 다문화가족이라 할 수 있는 외국인만으로 구성된 외국인근로자 부부 및 그들 사이에서 출생한 자녀, 외국인유학생 부부와 그

가족, 재외동포, 영주권자, 난민 등으로 다양한 형태의 이주가족은 다문화가족에서 제외된다. 이런 문제는 다문화가족의 형태에 따르는 차별을 발생할 수 있다. 이런 이유로 사회통합적 차원에서 다문화가족에 대한 정의를 외국인가족 등으로 적용대상 범위를 확대해야 한다는 의견이 있다(강명원, 2019). 그러나 다문화가족지원법의 적용대상자를 모든 외국인 가족 등으로 확대할 경우에 재한외국인처우기본법, 외국인근로자의 고용 등에 관한 법률, 난민법 등에 적용대상자로 규정된 외국인에 대한 처우의 중복과 충돌 및 추진체계의 중복, 충돌이 발생하고, 이와 관련된 부처 간에 갈등이 초래되어 행정적 비효율이 발생하게 된다(김종세, 2019). 그러면 우선 다문화가족지원법에서 외국인가족을 포함한 적용대상 범위를 확대하는 것에 대해 법적인 타당함과 정책의 효율을 고려하여 검토하는 작업이 필요하며 외국인가족 등으로 다문화가족의 적용대상 범위를 폭넓게 정의할 때 국가가 부담해야할 비용이 증가하기 때문에 이를 고려해 외국인가족을 포함한 모든 다문화가족에게 의료, 응급구호, 아동교육과 같은 기본적 사회적 서비스를 제공하고, 그 외에 특별한 사회서비스는 소득기준 분위에 따라 제공하는 방안 등도 함께 고려할 필요가 있다.

또한, 현행 시행되고 있는 '다문화가족지원법'과 '재한외국인 처우 기본법' 모두 합법적 체류외국인으로 한정하고 있다. 그러나, 불법체류자나 합법체류자나 인간이면 누구나 천부로부터 받은 인권적 차원에서 고려할 때, 불법체류자임에도 스스로의 귀책사유가 아니면 인권이 존중되어야 하기 때문에 의료, 응급구호, 아동교육과 같은 기본적 지원이 필요하다. 특히 외국인 부모 중 쌍방 혹은 일방이 불법체류적 상황에서 출생한 자녀는 인권보호와 함께 지원이 필요하다. 현재 '초중등교육법 시행령' 제19조에서 "불법체류자 자녀라도 초등학교·중학교에는 입학할 수 있다."고 규정하고 있다. 그러나 근거 법령이 법률이 아닌 시행령이란 점에서 한계가 존재한다. 특히 이들은 출생신고를 할 수 없기 때문에 아파도 건강보험 혜택을 받을 수 없어 진료비의 부담으로 병원에 가기 쉽지 않다. 이런 문제를 해결하기 위해 2014년에 이자스민 의원 등 23인이 발의한 이주아동권리기본법안은 "아동의 권리에 관한 협약에 따라 대한민국에 거주하는 이주아동의 기본적 인권을 보호하고 차별 없는 생활을 보장함을 목적으로 한다."[50]고 규정하였다. 그러나 이 법안은 불법체류자를 보호하는 악법이란 비판 때문에 폐기되었다. 이후 2018년 9월 원혜영 의원이 불분명한 신분으로 인해 자국으로 돌아갈 수 없는 상황에 처하거나 자국에 돌아간 경우에도 출생사실이 증명되지 않아 자국의 사회보장서비스를 제공받지 못하는 등 정상적 생활에 큰 어려움을 겪고 있는 아이들을 위하여 한국관청에 별도로 외국인아동 출생등록부를 작성하여 출생신고를 하도록 하는 '가족관계 등록 등에 관한 법률 일부개정법률안'을 발의하였으나 여전히 계류 중이다.[51] 이 개정안이 국회 통과하면 국내에서 출생한 미등록 이주아동은 기본적 사회서비스를 받을 수 있다(최윤철, 2016). 그러므로 국회와 정부, 지방자치단체와 시민단체 등과 함께 사회적 합의선을 도출해 조율하고, 새로운 법과 정책적 대안을 모색해야할 것이다.

또한 '재한외국인 처우 기본법'과 살펴볼 때 제정목적, 그 적용대

---

50) http://likms.assembly.go.kr/bill/billDetail.do
51) http://likms.assembly.go.kr/bill/billdetail.do

상자와 각 조문의 내용 등을 살펴보면 유사·중복성이 문제가 있다 (손영기, 2020). 다문화가족지원법과 재한외국인 처우 기본법을 표로 정리하면 다음과 같다.

〈표 48〉 '다문화가족지원법과 재한외국인 처우 기본법' 비교

명칭	다문화가족지원법	재한외국인 처우 기본법
제정	2008. 3.21	2007. 5. 17
입법목적	다문화가족 구성원이 안정적인 가족생활을 영위하고 사회구성원으로서의 역할과 책임을 다할 수 있도록 함으로써 이들의 삶의 질 향상과 사회통합에 이바지함을 목적으로 함 (제1조)	재한외국인에 대한 처우 등에 관한 기본적인 사항을 정함으로써 재한외국인이 대한민국사회에 적응하여 개인의 능력을 충분히 발휘할 수 있도록 하고, 대한민국 국민과 재한외국인이 서로를 이해하고 존중하는 사회 환경을 만들어 대한민국의 발전과 사회통합에 이바지함을 목적으로 함(제1조)
적용 대상자	외국인처우법 제2조 제3호의 결혼이민자와 국적법 제2부터 제4조까지의 정에 따라 대한민국 국적을 취득한 자로 이루어진가족(제2조)	대한민국의 국적을 가지지 아니한 자로서 국내에 거주할 목적을 가지고 합법적으로 체류하고 있는 자와 결혼이민자(제2조)
조문의 내용	다문화가족에 대한 이해 증진(제5조), 생활정보 제공 및 교육지원(제6조), 가정폭력 피해자에 대한 보호·지원(제8조), 의료 및 건강관리를 위한 지원(제9조), 아동·청소년 보육·교육(제10조), 사실혼 배우자 및 자녀의 처우(제14조), 다문화가족 자녀에 대한 적용 특례(제14조) 등	재한외국인 등의 인권옹호(제10조), 재한외국인의 사회적응 지원(제11조), 결혼이민자 및 그 자녀의 처우(제12조), 영주권자의 처우(제13조), 난민의 처우(제14조), 과거 대한민국국적을 보유하였던 자 등의 처우(제17조), 다문화에 대한 이해 증진(제18조), 세계인의 날(제19조) 등

다문화가족지원법과 재한외국인 처우 기본법은 각각 제1조(목적) 조항에서 '사회통합'을 그 목적의 하나로서 동일하게 규정하고 있으며, 재한외국인 처우 기본법은 적용대상자를 결혼이민자를 포함한 모든 재한외국인으로 하는 반면, 다문화가족지원법은 결혼이민자인

외국인에 한하여 지원, 보호하고 있는 법률이다. 이 규정내용으로 볼 경우 재한외국인 처우 기본법은 적용 대상자에서 다문화가족지원법의 기본법적 성격을 지니고, 다문화가족지원법은 재한외국인 처우 기본법의 집행법적 하위성격을 지니고 있다(차용호, 2015). 더불어 다문화가족지원법의 이러한 조문의 내용이 재한외국인 처우 기본법과 유사하게 규정되어 있다. 결국 핵심은 어떤 내용의 사회통합인지에 대해, 내국인과 외국인 모두가 지향하는 사회가 어떤 한국이어야 하는지, 그 내용과 모습이 혼동되어 있다. 또 다문화가족은 여성가족부의 정책과 입법-정책적으로 중복된 경우가 많다.[52] 그렇기에 다문화가족에 대한 배려정책이 도리어 다수 국민에 대한 역차별을 불렀다는 지적이 있다.[53] 그럼에도 시급한 것은 무엇이 문제인가에 대해 더 살펴보고 법과 정책을 개선해야 할 필요가 있다.

3.2. 결혼중개업의 관리에 관한 법률

한국여성과 혼인하지 못하는 남성이 증가하면서 국제결혼의 증가는 불가피한 사회현상으로 자리잡았다. 하지만 국제결혼의 수익성을 높이기 위한 상업화된 결혼중개가 증가하게 되면서 모집과정부터 결혼성사까지 전반적인 결혼중개과정에서 인신매매성 국제결혼중매, 위장결혼, 사기결혼, 허위정보 제공에 따른 피해, 이러한 피해는 결혼 후 가정폭력, 이혼 등으로 연결되어 커다란 사회적 이슈로 제기되었다(이경희, 2013; 정현미 외, 2014).

---

52) '건강가정기본법', https://www.law.go.kr
53) "통합 저해"_ '한국인 역차별' 다문화 정책 지적에 개선방안 마련하기로...
    http://www.ltn.kr/news/articleView.html?idxno=22737

결혼중개업의 효율적인 관리 법과 제도를 마련하여 이용자들을 보호하면서 건전한 결혼문화형성에 이바지할 수 있도록 하려는 목적에서 2007년 12월 14일에 '결혼중개업의 관리에 관한 법률'(이하 결혼중개업법이라 한다)이 제정되어 2008년 6월 15일부터 시행되었다.[54] 그럼에도 국제결혼 중개업자의 명확하지 않은 신상정보와 과정, 허위정보를 제공하면서 결혼이주여성의 인권침해 피해가 발생하였다.

개정된 결혼중개업법에서 국제결혼중개업과 관련된 주요내용으로 ① 국제결혼중개업자는 계약을 체결한 이용자 및 중개 상대방의 신상정보를 확보하여 당사자에게 일방이 이해할 수 있는 언어로 제공하도록 하고, 당사자 간의 원활한 의사소통을 지원하기 위해 통역과 번역서비스를 제공하도록 하였고, ② 국제결혼중개업을 등록하려는 자는 1억원 이상의 자본금을 보유해야하며 ③ 국제결혼 중개행위와 관련하여 외국 현지 형사법령 등을 위반해 처분을 받은 사람은 결혼중개업을 운영하거나 그 업무에 종사하지 못하도록 하고, 외교부로 하여금 국제결혼중개업자가 외국 현지에서 외국 현지의 법령을 위반한 경우 외에 결혼중개업법을 위반한 경우에도 여성가족부장관에게 통보하도록 하였다. ④ 국제결혼실태조사를 3년마다 실시하고, 국제결혼에 관한 홍보영상을 제작 및 송출하게 하여 건전한 결혼문화를 정착시키고 다문화시대의 튼실한 사회통합을 이루도록 하며, ⑤ 국제결혼중개업자의 경우 등록 이후에도 1억원 이상의 자본금을 보유하도록 하였다.

---

54) 이 법률이 제정되기 전, 가정의례준칙에 관한 법률(1973)에서는 결혼중개업에서 허가제를 시행하였으나, 그 후 개정된 가정의례에 관한 법률(1993)에서 행정규제 완화와 자율화 차원에서 신고제로 전환하였고, 1999년 2월 8일에 가정의례에 관한 법률은 폐지되고, 그에 따라 결혼중개업은 자유업으로 전환되었다(이경희, 2013).

국제결혼에 있어서 무엇보다 중요한 것은 상대방에 대한 신상정보이다. 신상정보에 대한 내용을 정확히 제공하지 않으면 가정폭력과 혼인파탄 등으로 직결될 수 있는 심각한 문제가 발생할 수 있기 때문이다. 현행 결혼중개업법은 국제결혼중개업자가 계약을 체결한 이용자와 결혼중개의 상대방으로부터 신상정보를 받아 상대방과 이용자에게 제공할 의무를 정하고 있다(제10조의2). 즉 '결혼중개 시' 개인신상정보를 제공해야 한다. 그러나 혼인이 성사될지 전혀 모르는 사람에게 모든 개인정보(학력, 직업, 건강상태, 범죄경력) 등을 제공하면 개인정보가 다른 사람에게 노출되거나 악용될 수 있다. 이 때문에 국제결혼중개업자가 개인신상정보 확인서를 제공하는 시점을 나누어 '맞선단계'에서는 개인신상정보 확인서 서식만 제공하고, 맞선결과 혼인에 합의한 경우만 혼인경력증명서, 성명과 전화번호 등 연락처를 포함한 개인신상정보 증빙서류 원본과 번역본을 양당사자에게 제공하도록 개선해야 한다(손경찬, 2019). 그렇게 했을 때 개인정보의 유출과 오남용 등의 피해를 예방할 것이라 판단된다.

그리고 법무부는 국제결혼과 관련된 피해를 예방하고 건전한 국제결혼 문화를 조성하기 위해 2013년 10월 10일에 개정된 '출입국관리법 시행규칙' 제9조의 5로 인해 외국인 배우자에 대한 비자발급 심사기준이 강화되어 국제결혼중개업체의 수가 감소하였고, 그에 따른 피해도 줄어드는 추세지만, 최근 혼인신고 후 외국인 배우자 비자발급 불가로 외국인 배우자의 입국이 지연되는 피해들이 발생하고 있다. 이런 피해사례를 볼 때, ① 결혼중개업체에서 외국인배우자 비자발급과 관련된 업무처리를 잘못해서 입국이 지연되었는데도 불구하고 배상책임을 전가하거나 회피하는 경우, ② 외국인배우자가 비자발급 요건을 충족하기 위하여 생활비나 교육비를 자구 요구하여 계약취소를 하려고 하니 결혼중개업체에서는 이혼 수수료만 아니라 위약금 등 상당한 금액을 요구하는 상황이 있었다(설동훈 외, 2017).

그리고 결혼중개업법에 근거하여 결혼을 위한 상담과 알선 등의 행위를 통해 수수료, 회비, 그 밖의 금품을 받고 결혼중개를 업으로 하는 것은 한국에서는 합법이지만 중국, 베트남, 필리핀, 캄보디아 등에서는 영리목적의 결혼중개행위는 불법으로 규정하고 있다(이경희, 2013). 그러나 임의적으로 묵인하고 있는 현실을 고려했을 때 현행 결혼중개업법 제11조(외국 현지법령 준수 등)은 당사국 간의 쌍방협력 없이는 법적 실효를 가지기 어렵다. 우선 법적 규제력을 높일 수 있는 방안을 강화하여 현지에서 불법중개를 최대한 방지하고, 국내업체에 대한 실효성 있는 관리가 가능하도록 해야 한다(정현미 외, 2014). 따라서 불법중개업자에 대해 행정-형사적 벌칙규정을 강화해 나가야 한다. 또한 외국 현지에서의 인권침해적인 중개과정이 이루어지지 않도록 재외공관을 통한 관리·감독시스템을 구축해야 할 것이다.

현재 행하고 있는 결혼중개업법 제24조에서 결혼중개업자 및 종사자의 전문지식, 윤리의식 및 자질향상을 위해 교육받도록 명시되어있다. 그러나 양질의 교육을 받는 기준이 법률, 시행령, 시행규칙에 구체적이고 세부적이고 명확히 규정되지 않고 막연하여 법적 실효성이 문제되고 있다(손경찬, 2019). 특히 국제결혼중개업은 국내 결혼중개업보다 전문지식이나 높은 직업윤리의식을 요구한다. 국제결혼 관련 국내와 국외 법령과 직업윤리와 중개업 상담실무에 관한 내용 등을 중심으로 장시간의 심화교육 과정이 개설되어야 하고, 주기적인 보수교육도 필요할 것이다.

3.3. 외국인근로자의 고용 등에 관한 법률

우리나라는 2003년 8월에 외국인근로자 고용 등에 관한 법률이 제정되고, 2004년부터 외국인 고용허가제를 실시하였다.[55] 현행 외국인근로자의 고용 등에 관한 법률의 주요내용을 살펴보면 ① 외국인근로자의 고용관리 및 보호에 관한 주요사항을 심의, 의결하기 위하여 국무총리소속하에 외국인력정책위원회를 두고, 외국인근로자 고용제도의 운영 및 외국인근로자의 권익보호 등에 관한 사항을 심의하기 위하여 외국인력고용위원회를 고용노동부에 두도록 하였다(제4조). ② 외국인근로자를 고용하려는 자는 외국인근로자 고용허가신청에 앞서 직업안정기관에 내국인 구인신청을 해야 하고, 직업안정기관의 장은 내국인의 우선채용을 위해 노력하도록 하였다(제6조). ③ 고용노동부장관은 외국인근로자 송출국가와 협의하여 외국인구직자명부를 작성하도록 하고, 직업안정기관의 장은 인력부족의 확인을 받은 사용자로부터 외국인근로자 고용허가 신청이 있는 경우에 외국인구직자명부에 등록된 자 중에서 적격자를 추천하고, 추천된 사람중에서 적격자를 선정한 사용자에 대해 외국인근로자 고용허가서를 발급하도록 하였다(제7조 및 제8조). ④ 사용자가 외국

---

55) 고용허가제를 도입하기 전, 1991년에 제정된 외국인 산업연수생제도를 도입하여 중소기업이나 영세업체가 단순외국인력을 활용할 수 있게 하였다. 2004년 8월부터 고용허가제가 시행된 후 출입국관리법을 통하여 함께 병행하였다가 2005년 7월 27일에 산업연수생제도를 폐지하고 2007년 1월 1일부터 고용허가제로 일원화하기로 확정하였다(차용호, 2015).

인근로자를 고용하고자 하는 경우에는 근로계약기간이 1년을 초과하지 않는 범위 내에서 근로계약을 체결하되, 최대 3년 범위 내에서 근로계약기간을 갱신할 수 있도록 하였다(제9조 및 제18조). ⑤ 외국인근로자를 고용하는 사용자는 외국인근로자의 퇴직금보장을 위하여 외국인근로자를 피보험자나 수익자로 하여 출국만기보험 또는 출국만기일시금신탁에 가입하도록 하고, 고용된 외국인근로자에 대하여 국민건강보험법에 의한 직장가입자로 보도록 하였다(제13조 및 제14조). ⑥ 법무부장관은 불법체류외국인근로자가 2003년 3월 31일을 기준으로 국내 체류기간이 3년 미만인 경우 최장 2년간, 3년 이상 4년 미만인 자로서 자진출국 후 재입국한 자인 경우 출국 전 체류기간과 합하여 5년을 넘지 않는 범위 내에서 취업활동을 할 수 있는 체류자격을 부여하도록 하였다(부칙 제2조).

외국인근로자의 고용 등에 관한 법률은 2003년 제정된 이래로 14차례에 걸쳐 개정되었다. 특히 2004년부터 고용허가제를 통해 외국인근로자의 체계적인 도입·관리하면서 중소기업의 인력난 완화와 국민경제의 발전에 기여하였다. 하지만 이 법은 외국인근로자 정주화(定住化) 방지라는 대원칙을 유지하고 있고, 내국인고용우선 원칙과 국내고용시장의 우선적 고려 등의 정책에 따라 운영되고 있기 때문에 외국인근로자는 한국인 근로자와 동등한 권리를 지니지 못한다. 또한 외국인근로자의 고용 등에 관한 법률 제25조(사업 또는 사업장 변경의 허용)에서 관련하여 외국인근로자의 사업장변경 제한에 대한 문제점 등을 개선하기 위해 ① 3회 횟수제한규정의 폐지 ② 노동허가제안 ③ 현행 법에서 외국인근로자의 고용계약갱신거절권이 상당히 제한될 수 밖에 없는 문제점에 대한 지적 ④ 다른 업종으로 변경시 제한적인 단서 규정 추가 신설 등의 제도개선에 대한 논의와 대안이 논의되었다(김남진, 2016; 이연옥 외, 2016). 그런 가운데 고용정책의 분야에서 탄력적 입법과 활용할 수 있는 방안들이 마련되어야 하며, 그 밖에도 근로장소, 시간, 임금 등에 대한 노무관리로 인한 인권침해에서의 보완도 필요하다.

한편, 불법체류나 불법취업 외국인근로자는 국내 사회에 체류자격 없이 체류기간을 초과하여 취업활동을 할 수 있는 체류자격 없이 취업을 하고 있는 외국인근로자를 말한다(출입국관리법 제17조 제1항, 제18조 제1항 및 외국인근로자의 고용 등에 관한 법률 제2조). 그러나 대법원에서는 "타인과의 사용종속관계 하에서 근로를 제공하고 그 대가로 임금 등을 받아 생활하는 사람은 노동조합법상 근로자에 해당하고, 노동조합법상의 근로자성이 인정되는 한, 그러한 근로자가 외국인인지 여부나 취업자격의 유무에 따라 노동조합법상 근로자의 범위에 포함되지 아니한다고 볼 수는 없다."[56]고 판결하였다. 그 외에도 대법원은 출입국관리법 위반의 불법체류외국인근로자였다 할 지라도, '근로기준법'상의 근로자에 해당하므로, 퇴직금 지급대상이 된다고 하였다. 또, 작업하는 도중에 단속반을 피하려다가 부상을 입은 불법체류외국인에 대해서도 역시 근로자로 인정하여 업무상 재해에 해당한다고 판결하였다.[57]

그러나 실무상으로는 출입국관리법 상의 통보의무가 불법체류외국인근로자에 적용하는 범위가 문제된다(이철우 외, 2019). 출입국관리법 제84조 제1항은 "국가나 지방자치단체의 공무원이 그 직무

---

56) 대법원 2015. 6. 25 선고 2007두4995 전원합의체 판결 http://glaw.scourt.go.kr
57) 대법원 1997. 8. 26 선고 97다18875 판결, 대법원 2008. 11. 13 선고 2008두12344 판결
http://glaw.scourt.go.kr

를 수행할 때에 제46조 제1항(강제퇴거의 대상자)의 어느 하나에 해당하는 사람이나 이 법에 위반된다고 인정되는 사람을 발견하면 그 사실을 지체 없이 지방출입국·외국인관서의 장에게 알려야 한다. 다만, 공무원이 통보로 인하여 그 직무수행의 본연의 목적을 달성할 수 없다고 인정되는 경우로서 대통령령으로 정하는 사유에 해당하는 때에는 그러하지 아니하다."고 정하고 있다. 이 출입국관리법 제84조 제1항 단서에 따른 '출입국관리법 시행령' 제92조의2에 의하면, ① 초, 중등학교에서 외국인 학생의 학교생활과 관련해 신상정보를 알게 된 경우 ② 공공보건의료기관에서 담당 공무원이 보건의료 활동과 관련하여 환자의 신상정보를 알게 된 경우 ③ 그 밖에 공무원이 범죄피해자 구조, 인권침해 구제 등 법무부령으로 정하는 업무를 수행하는 과정에서 해당외국인의 피해구제가 우선적으로 필요하다고 인정하는 경우에는 통보의무를 면제하도록 정하고 있다. 그러나 위의 경우와 다르게 임금체불이나 작업도중 피해를 입은 경우에 통보의무가 면제규정이 적용되는 지에 대해 관련 법령에 명시되어 있지는 않으나 통보의무가 면제되는 경우에 준하여 적극적으로 해석하거나 개정이 필요하다. 비록 타의적으로 법규위반을 하였으나 그로 인하여 인간으로서 권리마저 침해받아서는 안 되기 때문이다.

4. 한민족 및 난민 관련법

4.1. 재외동포의 출입국과 법적 지위에 관한 법률

1999년 9월, 재외동포의 출입국과 법적 지위에 관한 법률(약칭: 재외동포법)이 제정되었다. 그러나 대한민국 수립 이전에 이주한 재외동포들도 포함시키지 않아 헌법소송이 생겼으며, 2004년 2월에 재외동포법을 개정하면서 외국국적동포의 범위를 대한민국 수립 이전에 이주한 재외동포들도 포함시키면서 제2조 제2호를 살펴보면, 대한민국의 국적을 보유하였던 자(대한민국정부 수립 전에 국외로 이주한 동포를 포함한다) 또는 그 직계비속(直系卑屬)으로서 외국국적을 취득한 자 중 대통령령으로 정하는 자(이하 외국국적동포)라 한다(전문개정 2008.3.14.). 라고 하였다. 이러한 개정이 있기까지는 국내 체류 중국 동포 3인이 1999년 8월에 이 법이 헌법상의 평등권을 침해한다고 하여 헌법재판소에 헌법소원심판을 청구하였으며, 그 결과 2001년 11월 29일, 대한민국 수립 이전에 국외로 이주한 동포를 재외동포의 적용에서 제외한 재외동포법 제2조 제2호와 동 시행령 제3조가 헌법상 평등의 원칙을 위배하여 헌법에 불합치된다는 판결58)을 내리게 되고, 2004년 4월, 외국국적동포의 국적처리업무 처리지침을 개정하여 국적취득신청대상에 신청자의 기혼자녀를 추가하였으며, 불법체류자의 경우라도 가족결합 등 대한민국에 체류하여야 할 특별한 사정이 있는 한, 대한민국 국적을 보유하였던 자로서 가족관계등록부에 등록(폐쇄된 경우를 포함함)되어 있는 자(동 제8조 3항 1호)의 가족 등 일부는 국내체류를 허용하였고(제 8조 3항, 단 밀입국자나 여권위변조 행사시에는 그러하지 아니하다. 그러나 이러한 자들의 국적회복신청을 허용하는 것은 아니다), 국적 회복 신청 본인이 한국국민이었던 사실증명의 요건도 완화시켰다(제5조).[59]

그럼에도 불구하고 여전히 국적판정이나 국적 선택권에 있어서는 공식적으로 이중국적자로 인정하지 않고, 국적회복허가신청 대상자로서 국적 판정을 받도록 하고 있으며, 불법체류자(미등록자)에게는 국적회복의 기회를 주지 않으며, 국내 체류만 허용하는 예외 규정을 두고 있다. 이러한 규정은 원래부터 대한민국 국민이었던 사람을 범법자란 이름으로 그 자격을 박탈하는 위헌적인 처리가 지속되고 있다.

세계인권선언문(1948. 12. 10. 제정) 중 제13조에는 '모든 사람이 자기 나라 영토 안에서 어디든 갈 수 있고, 어디든 살 수 있다. 또한 그 나라를 떠날 권리가 있고, 다시 돌아올 권리도 있다.'라고 쓰여져 있으며, 또한 국제인권규약 제12조 4항에는 '어느 누구도 자국으로 돌아갈 권리를 자의적으로 빼앗지 못한다.'라고 규정되어 있듯이, 자기 나라로 돌아갈 권리는 어느 누구도 국내 규정으로, 국제간에도 자의적으로 빼앗지 못한다. 이럼에도 불구하고 과거 역사의 조난자들인 특히 중국이나 러시아로 떠나갈 수 밖에 없었던 사람들 당사자나 그 자손들은 아직도 여전히 국내 사정과 경제적 부담, 형평성 문

---

58) 헌법재판소 2001. 11. 29. 99헌마494 선고

59) 전재호(2008), 세계화 시기 한국 재외동포정책의 쟁점과 대안, 한국과 국제정치 24(2), 경남대학교 극동문제연구소

제 등으로 국외 사정-국가간 외교 마찰우려 등으로 고국으로 돌아올 권리를 완전히 보장받지 못하고 있다.

우선 고려인 동포들 중 특히 일본에 의하여 강제로 징용내지 위안부로 떠나게 되었던 사할린 한인들의 영주귀국 문제는 한국 정부의 자력이 아닌 일본 적십자의 도움으로 2015년 12월부터 마무리 수순을 밟고 있다. 그러나 이 문제는 여전히 귀국 대상자가 1945년 이전에 출행한 부부나 당사자인 1세에 한정하고 있어, 그 후손들과의 새로운 이산 가족을 만들어 내고 있다. 이제 한국 정부도 자국 국민을 타의에 의해 강제로 타향으로 떠나 보냈던 책임 의식을 가지고, 그들의 돌아올 권리를 그 당사자인 1세에 한정하지 말고, 최소한 자녀 한세대와 그 배우자를 동반한 귀국만이라도 과거 국적주의가 아닌 혈통주의에 입각하여 그 자손에게도 보장하는 정책을 수립할 시점이라고 본다. 표면상으로는 외교 마찰이란 이름으로 회피하고 있는 주권국가로서의 국민 찾기 프로젝트라도 해야 하는 시점이다. 어느 누구도 자국으로 돌아갈 권리를 자의적으로 빼앗지 못한다는 국제 인권규약을 보장받을 수 있는 주권국가가 될 수 있는 한국정부의 국민 보호에 대한 책임은 여전히 존재한다. 즉 사할린과 중앙아시아에 거주한 동포는 한국으로 귀국을 원하는 이들에게는 그들의 '돌아올 권리'를 위하여 러시아 등 정부와 재협상을 하여야 할 것이다. 도한 아직도 국회에서 계류중인 사할린 동포법에서 이들의 단순한 국내 체류가 아닌 국적회복과, 러시아 정부와의 이중국적 인정 문제 협상, 영주 귀국자의 사할린 왕래에 기간 제한 없애는 것이든지 한국에서 거주하고 있는 동포를 위한 대책도 세워야 할 것이다.

또한 중국동포의 경우 외국국적 동포의 국적회복 등에 관한 업무

처리 지침(2013)에서 1949년 10월 1일 전에 한반도 및 그 부속도서에서 중국 등지로 이주하였거나 중국 등지에서 출생한 자와 그 직계비속에 대하여 국적회복 신청을 할 수 있도록 하였으며, 이러한 신청기간에 대한 제한 조항도 없다. 그러나 한중수교 이전에 한국에 합법적으로 입국하여 국적 판정의 기회를 놓친 동포들에게 계속적으로 불법체류자로 간주하여 국적회복의 기회를 박탈하거나, 국내 체류만을 허용하는 것은 태생부터 대한민국인 동포를 국적회복의 기회조차도 신청 자체를 거부하는 것은 국가의 국민보호 책무를 위반하는 처리이며, 지침으로 국적회복을 규정한 국적법도 위반하며, 헌법재판소에도 판결한 수단의 적절성에도 문제가 있는 비인도 처리였다. 그러하기에 이들이 현실적으로 요구하는 사항이 있는데 나열하면 다음과 같다.

① 1992년 한중수교 이전에 입국한 사람들에게 영주권을 주어야 한다는 것이고,[60] ② 동포의 국적취득시 자녀의 동반취득 신청도 동시에 진행하여야 한다는 것. 그러나 한국에 친족이 있어도 인우보증을 잘 안하려고 하기 때문에 인우보증이 없는 경우나 조선족 출신 한국인은 법무부가 인정하지 않으려고 하기 때문에 보완책을 찾아야 할 것이다. ③ 조선족 출신의 입국 비자를 심영총영사관에서 이유없이 거절하는 경우가 많은데, 자격 요건시 받아야하며, 한국인이 초청한 조선족이 불법체류하면 다른 친척도 초청 못하는 연좌제가 존재하는 점들은 폐지되어야 할 것이다. ④ 불법체류 동포들은 무조건 체류, 추방할 것이 아니라, 자발적으로 출국할 수 있도록 도와야

---

60) 1978년 중국의 개혁개방 이후부터 1992년 한중수교 전까지 홍콩 등 제3국을 통하여 우회적으로 한국에 입국하는 재중동포들에게 비자 대신 신분증명을 목적으로 하는 여행증명서를 발급하여 재중동포들이 한국에 대거 입국한 바 있다.

한다. ⑤ 친척초청으로 입국이 불가능한 불법체류자는 자진 출국하자마자 다시 이들의 초청으로 재입국할 수 있도록 전환하는 것이 좋을 것이다. 왜냐하면 심양총영사관에서 비자받기가 어렵기에 돌아가지 않고 불법체류자가 되버리는 선택을 하기 때문이다. ⑥ 출국이 불가능한 경우 인도적 차원에서 출국을 유예하거나 한국에서 영주를 주는 방안을 모색해야 할 것이다. 출국이 불가능한 경우는 이미 삶의 터전 등이 사라졌을 경우 등이기 때문에 원래부터 같은 민족인 동포에게 이 나라에서 살아갈 수 있는 방안을 강구해야할 것이다.[61]

이상으로 중국동포나 구소련 동포들은 다른 외국국적 동포들과 달리 역사상의 피해자로 강제징용, 국교미수교, 외교 마찰 등의 이유로 그들이 돌아오려고 하려도 올 수 없었던 불가피한 사유가 존재한다. 이미 국적 판정을 필요로 하지 않는 국민인데 이러한 절차를 도과하였다고 하여 이들을 불법체류자로 간주하고 있다. 그러므로 이러한 기회를 놓친 동포들에게 국적회복의 신청의 기회조차 주지 않는 것은 지침으로 상위의 법률을 위반하는 행위이며, 인권에 반하는 행위임과 동시에 국민보호의 책무를 회피하는 행위이므로 이를 보완하는 방법을 모색해야 할 것이다. 또한 이들 중 국적 취득을 원하지 아니하거나 국적 취득을 할 수 없는 사람들에게 이동권은 보장하자는 주장도 고려해볼 시점이다(이재승, 2013).

4.2. 북한이탈주민 보호 및 정착지원에 관한 법률

북한이탈주민 관련 지원 법제는 크게 5번의 변천을 겪었다. 먼저

---

61) 고향에 돌아와 살 권리 찾기 제 2차 캠페인(조선족 교회), 2004. 10. 25

① 1952년~1963년 안보차원 지원시기 ② 1962년~1978년 보훈차원지원시기(최초의 북한이탈주민 보호에 관한 법 제정) ③ 1979~1993년 체제선전차원 지원 ④ 1993~1996년 사회복지차원 지원 ⑤ 1997년~현재 통일대비차원 지원으로 분류할 수 있다(김태진, 2005).

1962년 4월 16일 국가유공자 및 월남귀순자특별원호법에서 북한이탈주민의 보호에 관한 최초의 법률이 제정되고, 체제선전차원 지원 시기에 이 법은 월남귀순용사특별보상법으로 전명 개정되었고, 78년 귀순복한동포보호법으로 법을 전면 개정하고 귀순자에 대한 보상과 포상에서 사회복지적 차원으로 방향을 전환하였다. 막대한 포상금도 최소한의 정착금을 주는 것으로 변화하였다. 현재는 통일을 대비하며 1994년 김일성 사후 북한이탈주민의 수가 빠르게 증가하며 기존의 귀순북한동포보호법으로는 북한이탈주민에 대해 체계적 지원과 관리가 어렵다고 판단하여 종합적인 보호와 정착지원에 대한 제도적 기반을 확립하고 체제에 적응할 수 있도록 보호와 혜택을 부여하며 국민의 일원으로서 정착하여 보람된 삶을 영위할 수 있도록 지원하기 위해 북한이탈주민 보호 및 정착지원에 관한 법률(이하 북한이탈주민지원법)을 제정하였다.62)

북한이탈주민지원법 제1조에서 3조에 의하면 북한주민은 북한의 공민권(국적)을 가진 자를 말하나 북한지역은 대한민국의 헌법 상 대한민국의 영토에 속하는 한반도의 일부를 이루는 것이기에 대한민국의 주권이 미칠 수 있으며, 대한민국의 주권과 부딪히는 어떤 국가단체나 주권을 법리상 인정할 수 없으므로 현행 법령에 명시적 규정이 없어도 법리적으로 대한민국으로 본다. 이러한 북한주민이

---

62) http://www.law.go.kr (국가법령정보홈페이지)

북한을 벗어나 중국, 러시아 등 외국에서 불법체류할 경우, 이들은 북한과 중국, 러시아 등과 체결한 조약에 따라 북한으로 강제추방 될 위험에 놓인다(이상철, 1997). 그렇기에 대한민국의 헌법 제2조 제2항63)의 재외국민 보호정신으로 북한주민의 신변을 강구하고 보호, 지원할 필요가 있으며 이 대책으로 제정된 것이 '북한이탈주민 지원법'이라고 할 수 있다.

1) 북한이탈주민지원법에 따른 정착지원제도

북한이탈주민지원법에 따르면 법적으로 운용된 국가의 정책은 주로 북한이탈 주민 정착 지원이다. 이런 절차는 입국지원단계, 시설보호단계(하나원에서의 사회적응교육기간) 거주지 보호단계(정착지에 거주 후 5년)로 이루어진다. 이에 따라 구체적인 지원의 내용은 다음과 같다.

첫째는 사회적응 교육이다. 이는 시행령 제30조에 의거하며 기본교육과 지역적응교육이 있다. 기본교육은 하나원에서 12주간 406시간 교육을 받는 교육이며, 지역적응교육은 하나원 퇴소 후 거주지 근처에 있는 하나센터에서 8일 50시간 동안 초기 집중교육(지역사회 이해, 진로 및 취업지원, 사회적응, 정서안정 등의 교육)과 지역적응지원이 이뤄진다.

둘째는 정착지원이다. 이는 정착금, 주거, 취업, 사회복지, 교육, 정착도우미, 보호담당관 등 광범위하게 제공한다. 먼저 ① 정착금 및 주거지원금 은 제20조 제1항과 제5항, 제21조 제1항에 의하여

---

63) 헌법 제2조 제2항, 국가는 법률이 정하는 바에 의하여 재외국민을 보호할 의무를 진다

주거생활 안정과 주택 확보에 적극 노력하며, 보호대상자의 정착여건 및 생계유지 능력을 고려해 정착금이나 정착금품도 지급하게 된다. ② 취업·교육·의료급여를 지원하는데, 최초로 취업한 날부터 3년간 취업보호를 하며, 보호대상자의 나이나 수학능력, 교육 여건을 고려해 교육을 받을 수 있게 필요한 지원과 보험대상자와 그 가족에게 의료급여법에서 정한 바에 따라 의료급여를 실시하고, 건강보험의 적용대상인 경제적 능력 등을 고려해 국민건강보험법 제69조에 따라 부담하여야 하는 보험료의 일부를 지원할 수 있다(북한이탈주민지원법 제25조 제1항, 제2항). ③ 생활보호 및 연금특례 지원을 제11조에 따라 정착지원시설에서 보호가 종료된 사람중 생활이 어려운 사람에게 국민기초생활보장법에 의해 급여 특례를 규정하고 있다(제26조). 그렇기에 북한이탈주민은 5년 범위에서 지방자치단체장에게 신처하여 기초생활보장법에 근거한 생계급여, 주거급여, 교육급여, 해산급여, 장제급여 및 자활급여를 받을 수 있다. ④ 거주지보호, 즉 북한이탈주민은 거주지에서 지역적응을 돕는 하나센터, 정착도우미, 보호담당관, 북한이탈주민지원재단과 각 지역협의회, 지역민간단체로부터 다양한 자립과 정착에 필요한 보호를 받을 수 있고, 5년간 신변안전보호위해 국방부장관이나 경찰청장에게 협조를 요청할 수 있다. 또, 전문상담사와 정착도우미 제도가 있고, 각 지자체마다 거주지보호담당관이, 고용노동부 산하에 취업보호담당관과 신변보호담당관이 존재한다.

2) 실질적 사회통합을 위한 법정책적 과제

그러나 사회통합적 관점에서 보면 현 북한이탈주민지원법의 한계가 사회 안에서 여전히 드러나고 있다. 2004년 이후부터 북한이탈주민이 북한지역에서의 삶 속에서 보급에 의존하는 모습에서 자립과 자활을 장려하는 형태로 이루어져야 한다는 의견이 모아지면서 수혜적 정착지원에서 자립-자활 장려 형태로 시행하였다. 그러나, 이런 제도는 초기 정착지원제도로서의 의미만 가질 뿐이며 북한이탈주민이 한국사회에 잘 통합되고 적응해나갈 수 있는 지원제도는 없는 실정이다. 따라서 북한이탈주민이 실질적으로 한국사회에 잘 정착하고 적응해나갈 수 있는 사회통합관점에서 지원정책이 요구된다. 그러나 그런 수립과 관련하여 중요한 것은 남한 내 다른 취약계층과의 지원의 형평성, 즉 역차별 존재여부와 당위성 문제로 결부될 수 있다. 그 당위성이 더 이상 인도주의적 관점에만 의존해서는 안 되며 이에 대한 방향설정에 있어 사회적 합의가 필요하다.

2018년 남북하나재단의 북한이탈청소년 실태조사에 따르면 탈북청소년의 22.3%는 북한 출신임을 절대 밝히지 않으며, 28%는 꼭 밝혀야할 때만 밝히지지만 가급적 밝히지 않고, 35%는 일부러 먼저 밝히지는 않는다는 점을 볼 때 이들이 북한출신임을 밝히고 싶지 않는 것으로 조사되었다. 그 이유에 대해 차별대우가 받을까봐 염려된다는 비율과 북한출신이라는 사실로 호기심을 갖는 것이 싫다고 답변하였다. 이에 더불어 북한교육의 목표의 상이함, 남북한 간의 이질화된 교육내용과 교육과정의 차이, 교육의 질과 내용 등의 차이로 인해 탈북청소년과 제3국 출생 북한이탈주민 자녀의 경우 학업에 어려움을 겪고 있다.64) 또한 탈북청소년의 학업중단률은 감수추세를 보이나 여전히 일반학생에 비해 월등히 높은 초중고 중도탈락률을 보이고 있다. 북한이탈청소년의 실정에 맞는 맞춤형 교육이 진행되지 못하면 더 많은 북한이탈청소년들이 학교에서 이탈하게 될 것이고 이는 사회로의 이탈로 이어지기에 정부의 구체적이고 적극적인 지원이 요구된다고 할 것이다(정용상, 2013). 이에 맞춰 학력이 인정되지 않는 대안학교를 정규학교의 성격으로 법을 개정하거나 북한이탈청소년 교육지원 프로그램 개발이 요구될 수 있다. 멘토링, 직업체험활동, 셀프 리더십 향상과정 등의 교육지원프로그램이 있으나 이는 소규모, 저예산, 단기적으로 이뤄지고 있어 프로그램의 연속성을 확보할 수 없어 장기적 효과를 평가할 수 없으므로 중장기적 관점의 개발이 요구된다(유욱, 2008).

또한 사회통합을 위하여 지방자치단체의 역할이 강화되어야 한다. 북한이탈주민들은 거주지 지역 상황에 맞는 생활정보, 취업 및 사회서비스 등의 정보 등 지방자치단체의 역할이 매우 중요함에도 불구하고, 현행법은 국가사무로 규정하고 지원체계가 중앙정부 중심으로 구성됨에 지방자치단체의 역할에 한계가 있다. 물론 정부-지자체-민간이 상호 협력하여 추진되고 있지만 이때에 범정부차원의 대책협의회나 민간차원의 지역협의회도 북한이탈주민의 사회통합을 위한 거버넌스 구축에 있어 상당히 중추적인 역할을 할 수 있음에도 그 기능이 형식적이거나 유명무실한 실정이다.65) 이런 문제점을 극복하고 지역협의회가 활발히 기능하게 하기 위해서 더 다양한 운영을

---

64) 한국일보 2019. 03. 12. "북한에서 왔다는 것 알려지는 순간 무시, 내편 없어" 외로움 호소
65) 인재개발정보센터(2019), 북한이탈주민에 대한 정착지원정책에 관한 연구.

두고 논의하며 법개정으로 이어가 더욱 지역의 지원체계가 공신력을 확보하고 내용적인 전문성을 상승시키며 지역주민의 관심을 높이는 노력이 필요하다.

남북이탈주민지원재단(남북하나재단)의 역할제고도 중요하다. 북한이탈주민지원법은 통일부와 북한이탈주민지원재단이라는 두 기관의 책무와 역할을 규정하고 있을 뿐, 행정서비스, 전담공무원, 부서 설치에 대한 규정은 전무한 상태이다(박현식, 2013). 이런 관점에서 다문화가족지원법에서의 규정을 참고할 만하다. 다문화가족지원법에서의 규정이 실효적으로 한국사회에 통합시킬 수 있는 정책을 수립할 수 있도록 제도화하고 있다. 이외에도 다문화가족지원법에 따른 다문화가족지원센터는 2019년 기준[66] 211개소가 있지만 하나센터는 23개에 불과하다. 물론 다문화가족은 그 대상이 외국인이고, 북한이탈주민은 우리 국민이기에 정책의 대상이 본질적으로 상이하다. 그러나 북한이탈주민의 국적 외에는 사실상 외국인과 남한사회에서는 다르지 않으며 사회통합이라는 관점에서 다문화가족 정책과 북한이탈주민에 대한 정책은 일맥상통하다. 2019년 김재경의원 등은 북한이탈주민의 지원 등에 대해 의무주체로 지방단치단체를 추가하고 통일부장관 외에 지방자치단체의 장이 지정·운영할 수 있도록 근거를 마련하는 개정 법률안을 발의하였다.[67] 앞으로도 센터에 대한 체계적 관리에 관하여 추가적으로 고려할 점들에 대해 법률 개정이 필요하다. 다만, 추가적으로 역차별에 대한 우려와 사회에 관심을 받는 사업에 밀려 후순위로 밀려날 우려에 대해 지원체계를

---

66) 현재 다문화가족지원센터의 명칭 개정에 따라 변경하고 있는 과정이기에 2019년 기준을 사용하였다(2022년 7월 기준).

67) http://lims.assembly.go.kr/bill/billDetail.do

개편하는 데 점진적으로 이루어지는 것이 바람직 할 것이다.

북한이탈주민지원법에서는 대상자가 보호대상자와 비보호대상자를 구별하여 보호대상자만 지원하도록 되어 있다. 이 상황 가운데에서 비보호대상자에 대한 구별기준이 타당한지에 대해 검토가 필요하다. 최근 북한 어선으로 탈출한 북한이탈주민들을 북한으로 강제송환(추방)한 것[68]에 대해서 야당과 여당 및 시민단체가 다른 견해를 내고 있는 것도 본질적으로 이를 구별하는 법이 미흡한 부분이기 때문이다. 북한이탈주민지원법 제9조 제1호 내지 제3호는 범죄와 관련한 것인데, 북한에서의 범죄혐의를 한국에서 명확히 식별해낼 수 있을지 의문이 제기될 수 있을 뿐만 아니라 동법 제9조 제4호 및 제5호에서는 보호결정기준으로 일정기간을 들고 있다. 그런데 현실적으로 북한이탈주민의 상당수가 중국 또는 제3국을 거쳐 입국하고 있고, 그 과정에서 위장취업, 위장결혼, 인신매매 등의 범죄피해를 당하기도 하면서 중국 등지에 일시적으로 체류하는 것이 아닌 짧게는 몇 년, 길게는 몇 십년을 거주하다가 입국하게 된다는 점에서 체류국에 10년 이상 생활근거지를 둔 경우 보호대상자에서 제외하는 것은 현실과 괴리가 있다. 이런 북한이탈주민의 정당성과 특수성 등의 관점에서 보면 해당 규정들은 개정할 이유가 상당하다.

북한이탈주민은 사회통합을 위해 가장 중요한 것은 차별없이 북한이탈주민을 똑같은 국민의 한 사람으로 바라보는 인식전환이 필요하다. 특혜를 주어야 하는 특별한 집단이 아니라 우리 사회와 통합되어야 하는 일반 국민의 일원이 되도록 하여야 한다.

---

68) 조선일보 2022년 7월 19일 자, 민주당 연일 "어민은 흉악범" … 북(北)인권단체 "진보정당 맞나"

4.3. 난민법

대한민국의 난민법의 제정은 아시아 최초로 제정했다는 타이틀과 더불어 난민 등의 처우와 난민 인정 신청과 심사 등에 관한 절차를 구체적으로 규정하였다는 점에서 의의가 있다. 이 법의 주요 내용을 살펴보면 다음과 같다. ① 난민, 인도적체류자 및 난민신청자 등에 대한 개념정의를 명확히 하였다. ② 난민인정 심사절차 및 난민인정 심사에 필요한 자료수집, 사실조사, 관계 행정기관 등의 협조, 변호사의 조력을 받을 권리, 신뢰관계에 있는 사람의 동석, 통역, 난민면접조서의 확인, 자료 등의 열람과 복사, 인적사항 등 공개금지 등에 관한 사항을 정하였다. ③ 이의신청을 심의하기 위해 법무부에 난민위원회를 두도록 하였다. ④ 외국인정책심의위원회의 심의를 거쳐 재정착희망난민의 국내 정착을 허가할 수 있도록 하면서 해외 난민의 대한민국 정착 가능성을 부여하였다. ⑤ 난민인정자는 난민협약에 따른 처우를 받고, 대한민국 국민과 같은 수준의 사회보장을 받으며, 국민기초생활 보장법에 따른 보호를 받을 수 있도록 하며, 난민인정자나 그 자녀가 미성년자인 경우에는 국민과 동일하게 초, 중등교육을 받고 외국에서 이수한 학력 및 외국에서 취득한 자격을 인정받을 수 있다. ⑥ 난민인정자의 배우자 또는 미성년자의 자녀가 입국을 신청하는 경우 입국을 허가하도록 하였다. ⑦ 인도적체류자에 대해서는 취업활동을 허가할 수 있도록 하였고, 또한 난민신청자에 대하여 생계비, 주거시설, 의료 지원을 할 수 있게 하였고 난민신청자와 가족 중 미성년자인 외국인은 국민과 같은 수준의 초, 중등교육을 받을 수 있는 법적 근거를 마련하였다(손영기, 2020).

대한민국 정부는 1992년 난민의 지위에 관한 협약과 난민의 지위에 관한 의정서에 가입하였고, 1994년부터 출입국관리법에서 난민 인정 등을 신설 규정한 이후 2000년까지 난민으로 인정한 자가 1명도 존재하지 않았으나 2005년 9월 에티오피아 출신 난민신청자가 최초로 난민지위를 인정받았다. 이후 2010년 3월 19일에는 난민인정자 중에 최초로 한국 국적을 취득하였다.[69]

난민신청자는 난민법이 시행된 2013년도에 1,574명, 2014년에는 2,896명, 2015년에는 5,711명, 2016년에는 7,541명, 2017년도에는 9,942명, 2018년에는 16,173명, 2019년도에는 15,452명, 코로나 이후 2020년에는 6,684명, 2021년 2,341명, 그리고 2022년 1월부터 6월까지 현재 2,897명이 난민신청을 하였다.

1994년부터 2022년 6월까지 누적 난민신청자 총계는 76,280명이며, 심사결과 종료자는 44,148명이다. 그 중 1,230명이 난민으로 인정을 받았고, 2,465명이 인도적 체류허가를 받아 총 3,695명이 난민 인정(보호)를 하였는데, 난민신청자가 가장 많은 국가는 파키스탄으로 뒤를 이어 중국, 카자흐스탄, 이집트, 러시아 등이 있다. 이들 중 난민인정자가 많은 국가는 미얀마, 에티오피아, 방글라데시, 파키스탄, 이란 등 순이며 인도적체류자가 많은 국가는 시리아, 예멘공화국, 미얀마, 중국 파키스탄 순이다(출입국·외국인정책 통계월보 2022년 6월호).

난민신청자 등의 수가 증가하고 있는 것은 어떤 이유에서든 대한민국이 국제협력과 공동발전 등을 도모하고 있는 증거가 된다. 그러

---

69) 법무부, 난민 韓국적 취득 첫 인정 난민 신분으로 귀화를 신청한 에티오피아인이 최초로 한국 국적을 취득한다. (뉴시스 2010/03/19)

나 2018년 예멘 난민 500여 명의 제주도 입국으로 한국 사회에 이 슈가 크게 된 것을 볼 때는 아직도 난민들의 수용이 반드시 환영하는 것은 아니다. 누군가에게는 포비아로 작용하는 것을 보면서 더 나아가 현행 난민법의 폐지를 주장도 있었다. 실제로 난민인정률과 보호율를 볼 때 2.8%, 8.4%로 한국에 제정된 난민법을 활용하여 대상자가 아님에도 난민신청과 심사기간, 그리고 이의신청과 재심기간까지 이용하여 한국의 세금과 일자리를 앗아가는 문제점이 생기기도 한다. 그러나 난민 문제는 국내 사회의 문제로 보는 것보다 국제적 문제이고, 특히 난민수용은 그 해당국가의 재량이지만, 국제법과의 조화를 기하여 고려해야한다.

대한민국이 국제법과 조화 가운데에서 난민수용이 적음에도 면제부를 얻을 수 있었던 것은 북한이탈주민과의 수용적 측면도 존재하기 때문도 존재한다. 북한이탈주민이 헌법상으로 대한민국의 국민이나 재외로 탈출하면서 그들은 난민의 지위를 갖거나 준하게 되기 때문이다.

2019년 대한변호사협회에서는 유엔난민기구(UNHCR) 한국대표부와 함께 난민법 개정방향에 관한 심포지엄을 개최하면서 법무부가 추진하는 난민법 개정안을 보면 '난민법상 강제송환금지 원칙의 예외사유와 난민 불인정 사유를 확대하고 있다.'[70]고 지적하였다. 이에 대해 좀 더 적극적인 사회적 토론과 대책이 강구되는 시점이다.

난민법의 시행에서 재정착 희망난민제도는 해외에 있는 난민 중에서 한국에서 정착을 희망하는 사람을 유엔난민기구의 추천을 받

---

70) 법무부 난민법 개정안, '강제송환금칙 원칙' 무력화 우려. 법률신문 2019/11/21

아 수용하는 제도이다. 한국은 2015년부터 유엔난민기구(UNHCR)의 권고를 받고 세계 여러 곳에서 임시로 운영되고 있는 난민캠프에서 생활하는 난민들을 수용하기 시작하였다. 재정착 희망난민제는 2013년 시행된 「난민법」 제2조와 제24조에 근거한다. 「난민법」 제2조에서는 재정착 희망난민을 '대한민국 밖에 있는 난민 중 대한민국에서 정착을 희망하는 외국인'으로 정의한다. 「난민법」 제24조에서는 법무부 장관이 재정착 희망난민의 수용 여부와 규모, 출신 지역 등 주요사항을 '외국인정책위원회'의 심의를 거쳐 허가하도록 규정하였다. 외국인정책위원회는 「재한외국인 처우 기본법」 제8조에 따라 외국인정책에 관한 주요 사항을 심의·조정하는 국무총리 소속의 조직이다. 재정착 희망난민의 국내 정착 허가의 요건이나 절차 등의 구체적인 사항은 대통령령으로 정한다.

이러한 난민법에 따라 2015년 12월 23일 재정착 희망난민제도를 통해 태국 메솟(Mae Sot)에 있는 난민캠프에서 미얀마 난민 카렌족 22명이 입국하였다. 2022년 현재 8차례에 걸쳐 50여 가정 220여 명이 재정착 난민으로 한국생활을 하고 있다. 이에 따라 한국은 재정착 난민제도를 시행한 29번째 국가가 되었다. 그러나 이와 같은 한국사회의 다문화현상에서 난민의 유입은 결혼이민자, 외국인근로자, 외국인유학생 등과 다른 유형으로 유입되고 있기 때문에 대학을 중심으로 정부기관, 지자체, 민간이 협력하여 난민 관련 전문가의 육성 방안도 체계적이고 미래지향적으로 확대되어야 할 것이다. 난민 관련 전문가의 육성뿐만 아니라 다문화사회에서 요구되는 지식과 현장 경력 등의 자질을 갖춘 전문가의 육성 방안도 함께 전략적으로 추진되어야 한다.

제9장

결론

한국사회는 다문화 배경을 가진 구성원이 다양한 형태로 유입되고 있으며, 단기체류, 정주화 등의 현상을 경험하고 있다. 이에 따른 한국사회의 다문화현상을 이해하기 위해 이 책에서는 7가지 키워드로 접근하여 구체적으로 살펴보았다.

먼저 구성원 측면에서 한국의 다문화사회는 결혼이민자, 이주배경청소년, 외국인 유학생, 외국인근로자, 북한이탈주민, 난민 등 다양하게 구성되었고, 역사적 측면에서 한국의 다문화사회는 강제와 전쟁, 사회경제적 이유 등을 통해 국내·외 이주가 발생하였다. 그리고 가족적 측면에서는 동남아 국가 등 국제결혼을 통해 다문화가족이 형성된 것을 알 수 있었다. 정책적 측면에서 살펴본 것은 다문화 구성원 관련 지원 프로그램의 활성화 및 향후 방향성에 대해서도 인지하였다. 또한 외국인 밀집지역 측면에서는 여러 지역에 다양한 유형으로 형성된 과정을 다각적으로 살펴보았다. 교육적 측면에서는 다문화가정의 자녀들을 중심으로 제시하였으며, 이에 따라 대학의 다문화 전공 및 관련 전문가 육성 활성화에 따른 역할을 설명하였다. 마지막으로 법률적 측면에서 다룬 내용은 한국사회에서 제정되고 시행되고 있는 이민 관련 개별법의 대상과 주요 이슈 조항도 다루었으며, 이에 따른 미래 지향적인 추진 방안도 살펴보았다. 이 책에서 제시한 7가지 키워드에서 살펴본 바, 관련 정책의 수립 및 전달체계 등이 재정비를 위하여 다문화현상 변화에 선제적으로 대응하고 해결방안을 위한 일원화된 추진체계가 마련되어야 할 것이다.

이처럼 이 책은 다문화 관련 전공자 및 이해종사자, 현장 전문가뿐만 아니라 일반인들에게도 한국사회의 다문화현상에 대한 기본적이고 명확한 이해도를 높이고자 하였다. 이 책을 통해 많은 독자들이 타문화에 대한 수용성을 함양시키는 기초자료가 될 것으로 기대된다.

‖ 용 어 정 리 ‖

(123 / ABC)

3D 업종 95, 102, 112, 161, 163, 164, 167, 219

힘들고(Difficult), 더럽고(Dirty), 위험한(Dangerous)의 머리글자인 D자를 따서 만든 용어로 주로 제조업·광업·건축업 등이 꼽힌다. (한경 경제용어사전)

CIS(Commonwealth of Independent States) 60, 190

독립국가연합으로 구 소련이 해체된 후 1991년 구성 당시 러시아, 우크라이나, 벨라루스, 몰도바, 아르메니아, 아제르바이잔, 카자흐스탄, 투르크메니스탄, 우즈베키스탄, 타지키스탄, 키르기스탄으로 구성되었다.

(ㄱ)

가족의 구성원(members of the family) 106, 139, 203, 205, 278

넓은 의미에서는 같은조상의 후손들과 결혼이나 친자관계로 묶인 사람들의 집단을 말한다. 1990년 모든 외국인근로자와 그 가족의 권리보호에 관한 국제협약 제4조에 따르면, 가족의 구성원은 "해당국가간 양자 혹은 다자간 합의나 관련 법률에 의해 가족구성원으로 인정되는 부양자녀와 타 부양가족, 외국인근로자와 결혼한 사람 혹은 관련 법률에 의해 결혼에 준하는 관계를 맺고 있는 사람"

가족재결합(family reunification/reunion) 150

강제이주 혹은 자발적 이주로 인해 헤어져 있던 가족구성원들이 자신의 출신국이 아닌 다른 나라에서 재결합하는 과정이다.

강제송환금지(non-refoulement) 301

체약국이 난민을 어떠한 방법으로도 그 생명 또는 자유가 위협받을 우려가 있는 국가나 국경으로 송환하는 것을 금지하는 국제난민법 원칙이다. 강제송환금지 원칙은 많은 입안자들에게 국제 관습법의 일부로 여겨지고 있으나, 반면 관습규범의 존속을 위한 두 요건을 충족시키지 못한다는 의견도 있다.

강제이주(forced migration) 50, 58, 64, 97, 234, 236

자연적 원인이건 인위적 원인이건(예를 들어, 난민, 국내이재민뿐 아니라 자연재해 혹은 환경재해, 화학재해 혹은 핵 재해, 기근 혹은 개발계획으로 인하여 강제적으로 이주해야 했던 사람들) 생명과 삶의 위협을 포함한 강제적 요소가 있는 이주이동이다.

거점센터 143

센터 설치지역을 전국 16개 광역으로 구분하여 센터·관련기관 간 네트워크 구축, 방문교육지도사 교육, 관할지역 센터사업지원 등을 수행하기 위해 지정·관리하는 센터이다.

게토(guetto) 218

소수 인종이나 소수 민족, 또는 소수 종교집단이 거주하는 도시 안의 한 구역으로 주로 빈민가를 형성하는 지역이다.

결혼이민자(結婚移民者) 15, 22, 128, 139, 145, 176, 201, 269, 305

대한민국 국민과 혼인한 적이 있거나 혼인 관계에 있는 재한외국인을 말한다. (두산백과)

고려인(高麗人) 58, 98, 234

러시아를 비롯한 구 소련 국가에 주로 거주하면서 러시아어를 모국어로 사용하는 한민족 동포를 지칭한다. (두산백과)

고용허가제(employment permit system, 雇傭許可制) 100, 113, 162, 272

유입국의 필요한 상황에 맞게 외국인근로자의 유입을 결정하는 수요 주도적 제도(demand driven system)로서 국내인력을 구하지 못한 기업에 적정 규모의 외국인근로자를 합법적으로 고용할 수 있도록 허가해 주는 제도이다.

국가총동원령(1938, 國家總動員令) 61

1938년 4월 일제가 인적, 물적 자원의 총동원을 위하여 국가총동원법을 제정, 공포하여 전시 통제의 기본법으로 삼았다. 이 법에서 '국가총동원'이라 함은 전시 또는 전쟁에 준할 사변의 경우에 있어 이른바 국방의 목적을 달성하기 위하여 국가의 모든 힘을 가장 유효하게 발휘할 수 있도록 인적·물적 자원을 통제·운영함을 말한다. (한국민족문화대백과사전)

국적 상실(loss of nationality) 266

국적 상실은 개인의 행위(국적이탈, 개인에 의한 고의적인 국적포기 혹은 타국적 취득에 의한 자동적인 국적상실)나 혹은 국가의 행위(국적박탈)에 기인한다. 국적박탈은 국가의 일방적인 행위로서 행정당국의 결정이든 법집행에 의한것이든 한 개인의 국적을 박탈한다. 비록 국적박탈에 대한 일률적인 조항이 있는 것은 아니지만, 몇몇 국가에서는 국적박탈에 대한 법적 근거들을 발전시켜왔다. 이 근거는, 외국의 공무원 혹은 군대조직에 가입하는 것, 외국인 차별에 동조하는 것, 특정 범죄에 유죄판결을 받은 것을 포함한다. 비록 국적의 획득과 상실이 원칙적으로 국내사법권 영역에 속하는 것으로 여겨지지만, 국가는 국적 문제를 규제할 때 국제법의 규범을 준수해야 한다. 이는 세계 인권선언 제15조(2)의 "어느 누구도 자의적으로 자신의 국적을 박탈당하지 아니하며 자신의 국적을 변경할 권리가 부인되지 아니한다." 예에서도 알 수 있다. 한국에서는 후천적으로 귀화하면서 한국 국적을 상실하는 것이 예가 된다.

국적이탈(renunciation) 267

복수 국적을 가진 대한민국 국민이 한국 국적을 포기하고 해외 국적을 선택하면서 대한민국 국적을 이탈하는 절차. 대한민국이 세계 국적이탈율 1위를 기록하기도 하였다.

국적취득(acquisition of nationality) 140, 180, 181, 258, 268, 287, 290

출생에 의하여 국민이 아니었던 자가 개인의 체류신분 변동에 따른 신청 또는 국가영토가 타국으로 이양됨에 해당국가의 국적을 얻게 되는 것이다.

| 국적회복(reinstatement) | 266, 288 |

본래 특정 국가의 국민(시민)이었던 사람이 국적상실, 국적이탈등을 해서 외국인이 되었으나, 다시 원국적을 취득하는 것을 말한다. 한국의 경우 디아스포라 동포의 국적회복에 대하여 논의가 이뤄지고 있다.

| 국제결혼(international marriage) | 30, 72, 120, 125, 137, 210, 247, 264, 305 |

국제결혼은 출신국이 다를 뿐만 아니라, 서로 다른 문화 안에서 성장한 남녀가 만나 한 가정을 이루는 것이다.

| 국제이주(international migration) | 253, 257, 268 |

다른 국가에 영구적으로 혹은 일시적으로 거주할 목적으로 출신국 혹은 상주국을 떠나는 사람들의 이동이다.

| 귀화(naturalization) | 69, 140, 142, 182, 268, 275 |

한 국가가 그 국가의 국적을 취득하고자 하는 비국민에게, 공식적인 행위를 통해 국적을 부여한다. 국제법은 귀화에 대한 구체적인 규정을 제시하지는 않지만, 모든 국가들이 자국민이 아닌 자가 국적신청을 할 경우 이들을 귀화시킬 권한을 가짐을 인정한다.

| 기지촌(基地村) | 66, 70 |

외국군이 주둔한 기지를 중심으로 형성된 서비스업 위주의 군사취락을 의미한다.

(ㄴ)

| 난민(refugee) | 35, 193, 265, 276 |

난민의 일반적 의미는 생활이 곤궁한 국민, 전쟁이나 천재지변으로 곤궁에 빠진 이재민을 말한다. 그러나 최근에는 주로 인종적, 사상적 원인과 관련된 정치적 이유에 의한 집단적 망명자를 난민이라 일컫고 있다. 국제법에서, 난민의 인권을 보호하기 위하여 제반 사항을 규정한 조약. 임의 귀국, 재이주(再移住), 귀화에 대한 편의 제공, 불법 입국 난민에 대한 배려, 박해받을 우려가 있는 나라로의 추방이나 송환의 금지 따위가 규정되어 있다. (우리말샘)

노동자대투쟁(1987, 八七年勞動者大鬪爭)　　105

1987년 6월항쟁 이후 7월부터 9월까지 전지역과 업종에 걸쳐 폭발된 노동자들의 대규모 파업투쟁을 말한다. 87년 노동자대투쟁은 3개월 동안 전지역·전산업에 걸쳐 일어난 최대규모의 노동자 대중투쟁이었다. (한국근현대사사전)

농업공황(agricultural crisis, 農業恐慌)　　55

일반적으로 농업생산의 과잉에 기인하는 농업경제의 악화를 뜻한다. (두산백과)

(ㄷ)

다문화　　19, 118, 149, 203, 252,
(multi-cultural, inter-cultural, cross-cultural)　　267, 305

사전적 의미는 여러 다양한 문화라는 복합어이다. 즉 여러 다양한 문화가 공존한다는 말이다. 다문화가 아직까지 개념적으로 명확하게 구분되어 있는 것은 아니지만, 일반적으로 국가, 성별, 종교, 직업, 계층, 인종, 민족 등에 의해 구분된 고유한 문화적 특성이 각 사회 속에서 다양하게 존재하고 있음을 의미한다.

다문화가족지원정책 기본계획　　191, 200, 206

「다문화가족지원법」 제3조의2(다문화가족 지원을 위한 기본계획의 수립)에 따라, 다문화가족정책의 기본방향과 발전시책을 담아 5년마다 수립되는 법정계획이다. (여성가족부(2018). 제3차 다문화가족정책 기본계획(안))

다문화주의(multiculturalism, 多文化主義)　　118, 151

민족마다 다른 다양한 문화나 언어를 단일의 문화나 언어로 동화시키지 않고 공존시켜 서로 승인·존중하는 것을 목적으로 하는 사상·운동·정책을 말한다. (21세기 정치학대사전)

단일민족(單一民族, Monoethnicity) 사상　　178

하나의 순수단일민족으로 이루어지거나 단일민족 속에 소수의 다른 민족이 존재하기는 하지만 그 수가 극히 적은 민족 사상을 의미한다. (두산백과)

동화주의　　　　　　　　　　　　　　　　　　118, 149

이민자를 일방적으로 유입국 사회에 통합시키는 정책이다.

등록외국인　　　　　　　　　　　　　　　　　19, 213, 220

입국한 날로부터 91일 이상 대한민국에 체류할 목적으로 「출입국관리법」 제 321조에 따라 체류지를 관할하는 지방출입국·외국인관서의 장에게 외국인 등록을 하고 고유한 등록번호를 부여받은 외국인을 말한다.

디아스포라(diasporas)　　　　　　　　　　　　　　45, 157

디아스포라의 넓은 정의는 출신국을 떠났으나 고국과의 관계를 유지하고 있는 개인이나 단체 또는 네트워크, 협의체, 공동체이다. 이 개념은 정착한 국외거주 공동체, 단기 해외 외국인근로자, 유입국의 국적을 지닌 이주자, 이중 국적자, 2, 3세대 이주자를 포함한다.

(ㅁ)

만주사변(1931, 滿洲事變)　　　　　　　　　　　　　50, 56

1931년 9월 18일 일본군이 류탸오후의 만주철도를 폭파하는 사건을 계기로 시작한 일본군의 중국 둥베이(東北) 지방에 대한 침략 전쟁이다. 일본의 관동군(關東軍)은 둥베이 삼성(三省)을 점령하고 이듬해 내몽골의 러허성(熱河省) 지역을 포함하는 만주국을 수립하였는데 이것은 그 뒤 중일 전쟁의 발단이 되었다. (표준국어대사전, 한국근현대사사전)

문화다양성　　　　　　　　　　　　　　　　　　152, 196

각각의 사회와 집단이 가지고 있는 문화가 다양한 방식으로 표현되는 것으로, 언어, 의상, 관습, 전통, 도덕, 종교 등의 모든 문화적 차이를 포함한다. (두산백과)

문화적응(acculturation)이론　　　　　　　　　　　　157

문화적응은 개인이나 집단이 새로운 문화와 접촉할 때 경험하는 변화로서 무조건 한쪽 문화를 흡수하거나 대치하는 것이 아니라 지속적이고 직접적인 접촉을 통해 한쪽 또는 양쪽 문화에 변화가 생기는 현상이다.

미등록외국인   96, 179, 215

'불법체류외국인'이라는 용어가 혐오를 조장하고 인권적 측면에서 부정적인 것을 담고 있으며, 시민단체에서는 인간의 존재 자체를 불법 또는 합법으로 규정할 수 없음을 주장함과 함께 '불법체류외국인, 불법체류자'를 미등록외국인으로 부르기 시작하였다.

(ㅂ)

반공포로(反共捕虜)   85

6·25전쟁 당시 공산주의에 반대하던 북한 출신의 전쟁 포로를 말한다. (우리말샘)

반포 서래마을   71

서울시 서초구 반포동과 방배동에 위치해 있다. 서울프랑스학교가 이곳에 위치한 까닭에 한국에 머물고 있는 프랑스인의 약 40% 가량이 이 동네에 거주하고 있다. 때문에 한국 안의 작은 프랑스, 프랑스인 마을로도 불린다. 이러한 인구 구성 특성으로 인해 프랑스의 지명을 딴 몽마르트길, 몽마르트공원 등도 자리하고 있다. 또 이국적인 프랑스 음식점과 노천 카페, 와인 전문점, 빵집 등이 성행하고 있어 카페 거리로도 유명하다. (다음백과)

방문취업제도   96, 100, 133, 162, 170, 175, 227

중국이나 러시아 등에서 태어나 한국에 연고가 없는 한국인 동포들을 대상으로 한국에서 취업할 수 있는 자격을 주는 제도이다. (우리말샘). 취업관리제가 안고 있는 문제점들을 보완하기 위해 2007년부터 시행한 제도로, 외국인근로자의 고용 등에 관한 법률개정안을 통해 그동안 입국기회가 제한되었던 국내 무연고 동포들에게 연간 쿼터의 범위 내에서 이북과 취업을 허용한 제도이다.

뱅크스(Banks)   240, 245

제임스 뱅크스(James A Banks) 미국 워싱턴대 다문화교육 연구소를 설립하고 다문화 연구 활동을 활발히 하고 있다. (위키백과)

봉금(封禁, banned)   46

중국 청(淸)왕조가 발흥지인 만주를 보호하기 위하여 한인(漢人)들으 만주 이
주를 금지한 법령과 정책을 말한다.

북청사변(北淸事變)   78

의화단운동(義和團運動)이라고도 한다. 청조(淸朝) 말기인 1900년 중국 화베
이[華北] 일대에서 일어난 배외적(排外的) 농민투쟁이다. 부청멸양(扶淸滅洋)
을 구호로하여 반그리스도교 및 반제국주의 운동을 일으켰다. (두산백과)

북한   37, 66, 106, 293

북한(North Korea) 또는 조선이라고 통칭한다. 수도는 평양시이다. 이른바 주
체사상을 통치이념으로 하여 프롤레타리아 계급독재를 실시하고 있으며, 모
든 권력은 유일 지배정당인 조선노동당에 집중되어 있다. (다음백과)

북한이탈주민(北韓離脫住民)   16, 29, 105, 265, 291, 294, 305

1953년 휴전 이후 북한 지역에서 탈북하여 대한민국에 정착한 사람들을 가
리키며, 6 · 25 전쟁이나 이전에 월남하여 온 사람들은 실향민이라고 불린다.
한 때 새터민이라고 지칭한 적 있었으나 탈북 출신들은 헌터민과 대척된 차
별적 표현으로 반발이 심하여 공식적인 용어인 북한이탈주민 혹은 줄임말인
탈북자로 불린다. (법무부(2021). 2021년 통계연보 용어사전.)

불법체류외국인   161, 179, 213, 285

「출입국관리법」을 위반하여 우리 영토에 입국하여 체류 중인 외국인 모두를
포괄하는 용어이다.

(ㅅ)

사실상 난민(de facto refugees)   37

1951년 유엔 난민지위에 관한 협약 및 1967 난민지위에 관한 의정서상 난민
으로 인정되지 않았지만, 정당한 이유로 국적국에 돌아갈 수 없거나 돌아가
길 원치 않는 자 혹은 국적이 없는 경우, 상주국으로 돌아갈 수 없거나 돌아
가기를 원치 않는 자를 말한다.

사실혼 배우자(de facto partner)   278

실제적으로 존재하는 결합으로 점점 많은 국가들이 법적으로 혼인한 배우자 뿐 아니라 혼인을 하지 않은 관계에 있는 배우자에게도 영주권이나 기타 체류자격을 부여하고 있다. 사실혼 배우자의 예로 지정된 기간 동안 진실 되고 안정적인 관계를 유지하며 동거를 해온 양성애 또는 동성애 관계에 있는 배우자가 포함된다.

사증(visa)   161, 165, 166, 173, 204, 214

국가의 영토를 입국, 출국 또는 경유하고자 하는 국민이 아닌 자의 여권이나 신분증에 대한 국가의 유관부서에 의한 보증이다. 이는 발행 시점에 주무부서는 소지자가 입국, 출국, 또는 경유할 수 있는 비국민 범주 안에 든다고 신뢰한다. 사증은 입국기준을 설정하고 있고, 국제적 관행은 ICAO(국제민간항공기구) 기준에 부합되는 보안 특징이 인쇄되어 있는 기계판독가능 사증의 발행으로 변모하고 있다.

사회적 연결망   227

개인적인 인간관계가 확산하여 형성되는 사회적인 네트워크로, 블로그의 확산과 함께 1990년대 말부터 등장한 개념이다. (우리말샘 홈페이지)

사회통합프로그램   179, 184,
(Korea Immigration & Intergration Program, KIIP)   253, 258

이민자의 한국어능력, 한국사회 이해정도 등을 측정하기 위하여 기본소양의 사전평가 및 이수 레벨을 지정하여, 이민자들이 국내생활에 필요한 한국어, 경제, 사회, 법률 등 기본소양을 체계적으로 습득할 수 있는 프로그램이다.

산업연수생제도(産業研修生制度)   103, 161, 167, 264

1991년 법무부 훈령 '외국인 산업기술연수 사증 발급 등에 고나한 업무처리 지침 및 시행세칙'을 통해 도입된 제도로, 해외투자 기업이 연수생 명목으로 외국인근로자를 유입하는 해외투자기업 연수생제도를 의미한다.

상업차관(commercial credit)   89

국가가 아닌 기업이나 개인이 자신의 신용으로 외국에서 차입의 형태로 자금을 들여오는 것을 말한다. (두산백과)

상호문화주의(interculturalism, 相互文化主義)   155

어떤 사회나 국가의 이질적 문화들 간의 상호 작용을 통해 지배적 문화와 소수 문화와의 조화로운 공존을 모색하는 이념 혹은 정책을 말한다. (한국다문화교육연구학회(2014). 다문화교육 용어사전, 교육과학사.)

선달(先達)   47

조선시대 문무과(文武科)에 급제하고 아직 벼슬에 나아가지 않은 사람을 말한다. (한국민족문화대백과사전)

성매매   23, 67

불특정인을 상대로 일정한 대가를 주고받기로 하고 성관계 또는 유사 성행위를 하는 매매행위를 뜻한다. (한국민족문화대백과사전)

성실근로자 재입국 취업 특례제도   172

한 사업장에서 장기 근속하여 숙련도가 향상된 외국인근로자를 단기 출국시킨 후 중소기업의 숙련인력으로 재고용하여 인력난을 해소하는 제도로, 국내 취업활동 기간(4년 10개월) 동안 사업장 변경 없이 성실근로 후 자진 귀국한 외국인근로자는 3개월 후 재입국하여 다시 4년 10개월 간 일할 수 있는 제도를 말한다. (한국산업인력공단(태국 EPS센터) 홈페이지)

세계대공황(1929, Great Depression)   55

1929년 미국 뉴욕 주식시장의 주가 대폭락으로 시작되어 자본주의 국가 전체에 파급된 세계적인 경제공황이다. (한국근현대사사전)

세역(稅役)   47

곡물(穀物)을 비롯한 여러 가지 재화(財貨)의 징수를 뜻하는 '세(稅)'와 노동력 징발을 뜻하는 역(役)의 합성어이다. (김재명(1994), 고려 稅役제도사 연구, 한국학중앙연구원 한국학대학원 박사학위논문.)

손님 노동자제도(guest worker system)   151

1960년대 독일에서 외국인근로자를 받아들일 때 사용한 제도로, 3D 직종 노동시장 등의 특정 경제적 영역에서만 외국인근로자를 받아들이는 차별배제주의의 전형이다.

| 속인주의/혈통주의(jus sanguinis (latin)) | 266, 289 |

자녀가 태어난 국가와 상관없이, 부모의 국적에 의해 자녀의 국적이 결정되는 원칙이다.

| 송출국(sending country) | 101, 103, 163, 171, 172, 218, 283 |

해외에 상주 또는 임시거주를 목적으로 떠나는 사람의 본국이다.

| 순혈주의(純血主義) | 128, 178, 274 |

순수한 혈통만을 선호하고 다른 종족의 피가 섞인 혈통은 배척하는 주의를 말한다. (한국다문화교육연구학회(2014). 다문화교육 용어사전, 교육과학사.)

(ㅇ)

| 영주권(permanent residence) | 80, 197, 261, 290 |

수용국에 의해 비국민에게 부여되는 권리로, 유입국 내에서 영구적으로(무제한적으로 혹은 특정하지 않은 기간에) 거주하며 일할 수 있는 권리이다.

| 오일쇼크(1973)(Oil Shock) | 90 |

석유파동(石油波動)이라고도 하며, 두 차례에 걸친 석유 공급 부족과 석유 가격 폭등으로 세계 경제가 큰 혼란과 어려움을 겪은 일을 말한다. (한국민족문화대백과)

| 올드커머(Oldcomer) | 55 |

일본 정부가 구 식민지 출신자 및 가족과 1980년대 이후 새로 일본으로 들어오기 시작한 외국인을 구별할 필요성에 의해 1980년대 이후 일본에 들어온 사람들과 가족들을 뉴커머로 지칭한 반면, 재일 한국·조선인과 대만인 등 구 식민지 출신자 및 가족을 올드커머라고 불렀다. (세계한민족문화대전)

| 외국인 계절근로자 프로그램 제도 | 175 |

농번기 및 어번기의 고질적인 일손 부족 현상을 해결하기 위해 단기간 동안 외국인을 합법적으로 고용하여 근로를 할 수 있게 하는 제도이다.

외국인근로자   15, 29, 97, 112, 160, 181, 233, 248, 275

대한민국의 국적을 가지지 아니한 사람으로서 국내에 소재하고 있는 사업 또
는 사업장에서 임금을 목적으로 근로를 제공하고 있거나 제공하려는 사람을
말한다. (「외국인근로자의 고용 등에 관한 법률」 제2조)

외국인정책 기본계획   136, 191, 199

「재한외국인 처우 기본법」에 따라 법무부장관이 5년마다 관계부처의 기본계
획을 종합하여 이민자 증가에 따른 새로운 환경에 대응하기 위해 수립한 것
이다. (법무부 출입국·외국인정책본부 홈페이지)

요서·요동   46

중국 요하(遼河 또는 遼水)의 동쪽은 요동이고 서쪽지역이 요서이다.

용광로(melting pot) 모형   149

이민자들로 구성된 국가에서 여러 인종, 민족, 문화가 뒤섞여 하나로 동화되
는 것을 의미한다. (두산백과)

원세개(袁世凱, 위안스카이)   78

중국의 군인·정치가이며 총리교섭통상대신으로 조선에 부임하여 국정을 간
섭하고 일본, 러시아를 견제했다. 청일전쟁에 패한 뒤 서양식 군대를 훈련시
켜 북양군벌의 기초를 마련하고 탄쓰퉁 등 개혁파를 배반하고 변법운동을 좌
절시켰다. 이후 의화단의 난을 진압했으며 신해혁명 때 청나라 조정의 실권
을 잡고 임시총통이 되었고, 이어 스스로 황제라 칭하였다. (두산백과)

월경(越境, a border violation)   46

국경이나 경계선을 넘는다는 뜻이다.

월남귀순용사   106, 292

1979년 이후의 북한이탈주민을 사선을 넘어 자유민주주의를 선택했다는 의
미로 귀순용사로 간주하고 지원을 실시하였다. 그 후 차츰 많은 북한이탈주
민이 들어오자 월남귀순용사라는 등급과 지원규모를 축소하였다.

유목민(nomad) 158

고정적인 거주지 없이, 종종 물, 음식, 방목지를 찾아 거처를 옮겨 다니는 개인 혹은 그러한 집단의 일원이다.

을사늑약(乙巳勒約) 45, 48, 55

1905년 일본이 대한제국을 강압하여 체결한 조약으로, 외교권 박탈과 통감부 설치 등을 주요 내용으로 한다. 이 조약으로 대한제국은 명목상으로는 일본의 보호국이나 사실상 일본의 식민지가 되었다. (두산백과)

의화단(義和團) 78

중국의 1900년 의화단 사건의 주체가 된 배외(排外)·반(反)그리스도교의 결사 집단이며, 육체 단련과 종교 활동을 겸한 단체이다. (체육학대사전, 중국사 다이제스트100)

이민정책 49, 135, 150, 191, 253

국가가 내국인과 외국인의 이출과 이입을 관리함으로써 인구이동의 양과 질을 통제하려는 정책이다. (IOM 이민정책연구원(2011). 한국 이민정책의 이해, 백산서당)

이주(migration) 45, 48, 62, 124, 223, 305

국경을 넘었거나 혹은 특정 국가 내에서 사람이나 집단이 이동하는 것으로 그 기간과 구성, 원인에 상관없이 어떤 형태의 인구이동이든 포괄하는 개념이다(난민, 이재민, 경제적 이주자, 그리고 가족재결합 등의 목적을 위해 이동하는 사람들을 포함).

이주자(migrant)　　　　　97, 133, 151, 158, 180, 219, 227, 229, 263

국제적인 수준에서 보편적으로 받아들여지는 이주자에 대한 정의는 없다. '이주'라는 용어는 개인적 편의를 이유로 외부로부터 강제적 요소의 개입 없이 개인이 이주결정을 자유로이 내리는 모든 경우를 포함하는 것으로 보편적으로 이해된다. 그러므로 이 용어는 자신이나 혹은 가족의 더 나은 물질적 사회적 조건과 더 나은 삶을 위해 다른 국가 혹은 다른 지역으로 이동하는 사람들과 가족구성원 모두에게 적용될 수 있다. 국제연합은 이주자를 다음과 같이 정의한다. 이주한 이유가 자발적이든 자발적이지 않든, 그리고 이주방법이 일반적이든 일반적이지 않든 관계없이 외국에서 1년 이상 거주한 사람이다. 이러한 정의에 따르면, 기업가나 관광객과 같이 짧은 기간을 여행하는 사람들은 이주자로 여겨지지 않으나 보통 이 용어는 단기 이주자, 예를 들어 농장에서 일하기 위해서 혹은 농작물의 수확을 위해서 짧은 기간을 여행하는 계절농장 노동자와 같은 특정인을 포함한다.

이촌1동 일본인마을　　　　　71

서울특별시 용산구에 위치한 법정동. 한강과 맞닿아있다. 한강대교 북단[2]을 중심으로 동쪽은 통상 동부이촌동인 이촌1동으로, 서쪽은 서부이촌동이라 할 수 있는 이촌2동으로 행정동이 나뉘어져 있다. (다음백과)

인도적체류자　　　　　299

난민신청자들 중 난민으로 인정하지는 않지만 난민에 준하여 기타자격 (G-1-6)으로 체류할 수 있게한 자이며, 구직활동을 할 수 있으나 사회보장 및 여행증명서를 받지 못하며, 난민(3년)에 비해 1년마다 기한을 연장해야하는 것이 다르다.

(ㅈ)

자진출국 프로그램　　　　　97

'자진출국 불법체류외국인 한시적 입국금지 면제 제도'를 말하며, 이민법 위반 외국인이 자진신고 후 본국으로 출국하기를 희망할 경우 최소한의 패널티만 부여하는 제도이다. (외교부)

재외동포(overseas korean)　　　　　　59, 93, 98, 133, 174, 225, 261

재외동포는 일반적으로 자국의 영토 이외의 지역에 거주하는 같은 혈통을 지닌 사람과 그 후손들을 모두 지칭하는 말이다. 한 나라의 국적을 지닌 사람과 국적을 불문하고 동일한 혈통을 지닌 사람으로서 외국에 거주하거나 체류하는 사람을 다 포함한다.

재영토화(reterritorialization)　　　　　　219

다른 것의 영토로 만들거나, 다른 곳에서 자신의 영토를 만드는 경우 '재영토화'라고 한다. (철학사전)

재정착(resettlement)　　　　　　41, 299, 301, 302

난민, 국내이재민 등을 대개 제3국인 다른 지리적 영토나, 환경으로 재배치하고 통합시키는 것으로 난민문제에 있어서는, 출신국으로부터 도피가 필요한 난민들을 받아들이기로 동의한 국가로 이송하는 것이다. 난민들은 보통 비호를 허가받거나 기타 형태의 장기 거주권을 부여받게 되는데, 많은 경우 난민들은 귀화의 기회를 가진다.

재한외국인(在韓外國人)　　　　　　22, 160, 177, 180, 199, 265, 272

대한민국의 국적을 가지지 아니한 자로서 대한민국에 거주할 목적을 가지고 합법적으로 체류하고 있는자를 의미한다. (「재한외국인 처우 기본법」 제2조)

정주화(定住化)　　　　　　56, 98, 120, 284, 305

외국인 근로자와 외국인 유학생 등의 단기적 체류를 너머 장기적 체류, 혹은 영주 취득 등으로 자국 내에 뿌리를 내려 정착하여 숙련된 기술과 산업 근로자들과 고학력 유학생의 이탈을 막고 불법체류의 제도적 방지를 위한 선순환의 효과를 도모하는 사회 현상.

조계(租界)　　　　　　78

주로 개항장(開港場)에 외국인이 자유로이 통상 거주하며 치외법권을 누릴 수 있도록 설정한 구역을 말한다. (두산백과)

조기적응(initial adjustment)　　　　　　136, 188

한국의 새로운 문화 속에서 생활하면서 가족생활, 대인관계 및 정서적 측면에서 적절하게 대응할 수 있는 반응을 의미한다.

조기적응프로그램(initial adjustment support program)　　188, 258

외국인들이 입국 초기의 한국생활에서 겪게 될 어려움을 사전에 예방하고, 조기의 적응을 전제한 플랫폼 교육이다.

조선직업소개령(1940)　　61

일본이 1938년 개정한 법으로, 주요내용은 직업소개 사업을 국가가 주도로 행한다는 것이었다. 즉, 인적자원 개발, 직업지도, 직업보도 등 노무동원 및 배치를 국가가 주도하는 것이었다. 국내외 직업소개사업을 제한하고, 인적 자원의 모집, 모집인에 대한 규제, 인적자원의 공급사업 등에 관해서도 규제하게 되었다. (한혜인(2013), 총동원체제하 직업소개령과 일본군 위안부 동원 - 제국 일본과 식민지 조선의 차별적 제도운영을 중심으로, 사림(성대사림) 46권, 수선사학회, 371-413.)

중도입국자녀　　142, 207, 209, 224, 269

외국에서 태어나 성장하다가 부모를 따라 자기 나라로 들어오거나 귀화한 자녀를 의미한다. (우리말샘 홈페이지)

중도입국청소년　　29, 250

본국에 남겨 둔 자녀를 한국으로 데리고 와 한국학교에 입학시키는 경우가 있는데, 이렇게 중도에 입국하는 자녀를 중도입국 청소년이라고 지칭한다.

중앙아시아촌　　71

지하철 5호선 동대문운동장역 5번 출구 뒤편. 서울 중구 광희동 좁은 골목길은 밤이면 중앙아시아에서 온 외국인 노동자들이 주로 찾는 곳이다. 서울의 '중앙아시아촌'에 몰려드는 이들은 우즈베키스탄, 카자흐스탄, 키르키즈스탄, 몽골 등지에서 일자리를 찾아온 노동자들이다. (바이러시아21 (http://www.buyrussia21.com/))

진사(進仕)　　47

조선시대 소과(小科)의 하나인 진사시(進士試)에 합격한 사람을 말한다. (한국민족문화대백과사전)

집단부락(集團部落)　　50

만주 지역 주민과 항일세력의 연계를 차단하여 항일운동을 근본적으로 제압하기 위한 수단으로 일본인들이 건설한 촌락이다. (한국민족문화대백과사전)

(ㅊ)

차별배제주의   150

유입국 사회가 이민자를 3D 직종의 노동시장 같은 특정 경제적 영역에만 외국인을 받아들이고, 복지혜택, 국적 및 시민권, 선거권 및 피선거권 부여와 같은 사회적·정치적 영역에서는 이주민을 받아들이지 않아 원치 않는 외국인의 정착을 원칙적으로 차단하자는 주의이다.

초국가주의(超國家主義)   156, 239

이주민이 그들의 모국과 이주국 사이에서 가족, 경제, 사회, 조직, 종교, 정치적인 다양한 사회적 관계들을 동시다발적으로 유지한다는 개념이다.

출생지주의(出生地主義)   317

생지주의라고도 하며, 어떤 나라의 영토 내에서 태어난 사람은 그 나라의 국적을 취득한다는 주의. (두산백과)

취업관리제도   162

산업연수생제도를 보완하기 위해 2002년 시행한 제도로 외국국적 동포의 한국 내 취업을 허용한 제도이다.

(ㅋ)

카이로 선언(the Cairo Declaration)   56

제2차 세계 대전이 진행되던 1943년에 카이로에서 미국, 영국, 중국이 발표한 공동 선언이다. 일본의 무조건 항복과 전쟁 뒤의 일본 점령지의 반환에 관한 내용을 담고 있는데, 한국의 독립과 만주·대만의 중국 귀속을 약속하였다. (표준국어대사전)

쿼터(quota)   162

이주와 비호 맥락에서의 수의 제한으로 많은 국가들이 한 해에 입국을 허용하는 이주자들의 수를 한정하고 있다.

(ㅌ)

토지조사사업(土地調査事業)   55

1910년부터 1918년까지 일제가 우리 나라에서 식민지적 토지제도를 확립할 목적으로 실시한 대규모의 조사사업이다. (한국민족문화대백과사전)

통일교(統一敎)   119

1954년 5월 1일 문선명(1920년~2012년) 초대 총재가 창시한 종교단체 '세계기독교통일신령협회'를 말한다. 1996년 '세계평화통일가정연합(FFWPU, Family Federation for World Peace and Unification)'으로 명칭을 변경한 이후, 2010년에는 약칭으로 불렸던 '통일교'로 다시 개칭하였다. 이후 2020년 '하늘부모님성회'로 명칭을 변경하였다. (시사상식사전)

특별귀화   269

① 아버지 또는 어머니가 현재 대한민국의 국민인 사람, ② 대한민국에 특별한 공로가 있는 사람, ③ 과학·경제·문화·체육 등 특정 분야에서 매우 우수한 능력을 보유하여 대한민국의 국익에 기여할 것으로 인정되는 사람이 귀화에 의해 대한민국 국적을 취득하고자 하는 경우 국적취득 요건을 완화해주어 귀화하는 경우를 말한다. (찾기쉬운 생활법령정보(easylaw.go.kr))

(ㅍ)

포괄위임금지의 원칙   269

법률이 위임하는 사항과 범위를 구체적으로 한정하지 않고, 한정하지 않고, 특정 행정기관에 입법권을 일반적·포괄적으로 위임하는것이 금지된다는 원칙을 말한다. 즉 법률의 하위법령으로 규정될 내용·범위의 기본적인 사항들을 가능하면 구체적이고 명확하게 규정하여 누구라도 그 법률로부터 하위법령에 규정될 내용의 대강을 예측할 수 있어야 하는 것을 의미한다. (정부입법지원센터)

포츠담 선언(the Potsdam Declaration)　　　　56

1945년 7월에 미국·영국·중국의 3개국 대표가 포츠담에 모여 일본의 항복 조건과 일본 점령지의 처리에 관하여 발표한 선언이다. 항복 조건은 제국주의적 지도 세력의 제거, 전쟁 범죄인의 처벌, 연합국에 의한 점령, 일본 영토의 제한, 철저한 민주화 따위이며, 한국의 독립도 이 선언에서 약속되었다. (표준국어대사전)

풍헌(風憲)　　　　47

풍기(風氣)를 바로잡고, 관리의 정사청탁(正邪淸濁)을 감찰 규탄하는 직임(職任), 또는 조선 시대 면(面)이나 이(里)의 한 직임을 말한다. (한국고전용어사전)

(ㅎ)

하나센터　　　　293, 297

북한이탈주민보호 및 정착지원에 관한 법률에 거주지 보호 기간이 5년으로 정해져 있기에 탈북자 정착지역 근처에서 초기전입 대상자들에 대한 지역적응, 교육, 지원 등을 제공하는 기관.

하나원　　　　293

정식 명칭은 북한이탈주민정착지원사무소(北韓離脫住民定着支援事務所)로, 흔히 하나원으로 불린다. 통일부에서 북한이탈주민들을 대한민국의 시민으로서 살아갈 수 있도록 교육하려는 의미로 설립되었으며 국정원에서 운영되는 북한이탈주민보호센터에서 수사가 끝나면 안성 혹은 화천에 있는 지원사무소에 보내어 운영된다. (남북하나재단)

하인스 워드(Hines Edward Ward Jr)　　　　178, 239

한국계 미국인 전 미식축구 선수였으며, 방송활동 등도 하였으나 2019시즌부터 NFL 뉴욕 제츠의 풀타임 오펜시브 어시스턴트 코치, 와이드 리시버 코치로 사이드라인에 돌아왔다. (위키백과)

한일병합조약(경술국치, 庚戌國恥)　　　　48

1910년 일본 제국주의가 대한제국을 완전한 식민지로 만들기 위해 강제로 체결한 조약이다. (한국민족문화대백과사전)

할랄푸드(Halal food)　　　　　　　　　　　　　　　　71

할랄은 '허용된 것'을 뜻하며, 이슬람 율법 샤리아에 부합함을 의미한다. 이러한 율법에 어긋나지 않고 무슬림에게 허용된 식품을 할랄 식품이라 한다. (두산백과)

해외입양아동　　　　　　　　　　　　　　　　　　71, 74

양육자가 없는 아동이 국외로 입양되는 경우도 있다. 주로 경제적 어려움이나 미혼 부모의 증가로 유기되는 아동이 많이 발생하는 국가나 사회문화적으로 입양을 꺼리는 나라에서 국외로 아동들을 입양 보내는 경우가 대부분이다. (나무위키)

향임(鄕任)　　　　　　　　　　　　　　　　　　　46

조선시대 지방 수령의 자문·보좌를 위해 향반(鄕班)들이 조직한 향청(鄕廳)의 직임(職任)이다. (한국민족문화대백과사전)

혈통주의(血統主義)　　　　　　　　　　　　　266, 289

출생지주의와 대립된 말로서 자녀의 출생지가 어디이든지 부모가 가지는 국적과 같은 국적을 그 자녀에게 부여한다는 국적취득에 관한 주의

혼인귀화자(婚姻歸化者)　　　　　　　　　　　　25, 207

다른 나라 사람과 결혼하여 배우자의 국적을 얻어 그 나라 국민이 된 사람을 지칭한다. (우리말샘 홈페이지)

화교(華僑, Overseas Chinese)　　　　　　　　76, 80

화교는 중화민국(대만) 또는 중화인민공화국(중국)의 국적을 가지고 다른 나라에 이민자로 정착하여 사는 사람을 지칭한다. 보편적으로 다음의 세 가지 용어로 사용되고 있다. 첫째, 화교 (華僑, Overseas Chinese) : 중국 국적 또는 대만 국적을 유지하고,대만 또는 중국과 문화와 경 제 활동에 연관을 가지면서 해외에 거주하는 중국계를 말한다. 둘째, 화인(華人, Chinese Overseas) : 체류국의 국적을 취득했지만, 문화적으로는 본국과 동질성을 유지하는 경우이다. 셋째, 화예(華裔, Chinese Descendent) : 체류국의 국적을 취득했을 뿐만 아니라, 문화적으로도 본국과 단절하고 귀화한 나라에 깊이 동화된 경우를 지칭한다. 한국에서는 화교, 화인, 화예 등을 구분하지 않고 '화교'라고 부르는 경우가 일반적이다.

화상(華商) 77

화교 상인을 뜻한다.

‖ 참고문헌 ‖

강명원(2019). 한국의 다문화가족지원법에 관한 비판적 고찰-프랑스 다문화 통합정책 관점에서-. 공법연구 20(3).

강윤성(2012) "조선족의 정체성 및 이중 언어의 교육방식에 관한 연구", 조선 대학교 석사학위논문.

강수옥(2013). "중국 조선족의 역사적 형성과 정체성", 『디아스포라연구』 vol. 7 no. 1, 전남대학교 세계한상문화연구단, pp. 89-101.

경기도다문화교육센터편(2012). 『다문화교육의 이론과 실제』, 파주: 양서원.

고재순(2014). 외국인 유학생 이동의 공간적 특성에 관한 연구, 한국교원대학교 대학원, 석사학위논문.

고종환(2012). 『글로벌다문화교육 법제화방안 : 프랑스편』, 서울: 한국법제연 구원.

교육과학기술부(2008). 2012년까지 외국인 유학생 10만 명 유치- 'Study Korea Project 발전방안' 수립.

교육부, 2016년 교육기본통계 주요내용.

국립민속박물관(2001). "러시아 사할린·연해주 한인동포의 생활문화", 국립 민속박물관.

국무총리실 보도자료(2012).

권오경·김남희·김혜빈(2022), "다문화가족지원정책 기본계획의 통시적 고 찰", 『다문화사회와 교육연구』 vol. 10, 다문화사회와 교육연구학회, pp. 31-64.

권영훈(2001). 『(고려인이 사는 나라)까자흐스딴』, 서울: 열린 책들.

김경남(2021). 국내 대학 졸업 후 국내 취업에 성공한 외국인 유학생들의 취 업동기와 취업경험에 관한 내러티브 연구, 이화여자대학교 대학원, 석사학위논문.

김남진(2016). 외국인근로자 인권보장을 위한 사업장변경의 자유. 법학연구 16(2).

김남진(2017). 결혼이민자의 제한적 복수국적에 대한 소고. 법이론실무연구, 5(2).

김동엽(2010). "필리핀 국제결혼이주여성의 초국가적 행태에 관한 연구", 『동남아시아연구』, vo. 20 no. 2, 한국동남아학회, pp. 31-72.

김면(2014). "국내 거주 조선족의 정체성 변용과 생활민속의 타자성 연구", 『통일인문학』 vol. 58 no. -, 건국대학교 인문학연구원, pp. 5-33.

김이선(2011). "다민족·다문화사회로의 이행을 위한 정책 패러다임 구축 (IV): 생산적 다문화사회 구현을 위한 정책의 질적 도약 기반 구축", 『젠더 리뷰』 vol. 20 no. -, 한국여성정책연구원, pp. 99-102.

김미경(2015). "제국과 경계: 세계화 시대의 미국-멕시코 국경: 삶과 죽음의 공간", 『人文硏究』 vol. - no. 73, "영남대학교 인문과학연구소", pp. 97-136.

김미나(2009). "다문화교육정책의 추진 체계 및 정책 기제 연구", 『다문화사회연구』 vol. 2 no. 2, 숙명여자대학교 다문화통합연구소, pp. 63-96.

김미옥(2011). "한국계 중국인 결혼이주여성의 여가욕구 및 여가행태", 경기대학교 일반대학원 박사학위논문.

김민영(2000). "식민지시대, 조선인 '전시노무동원' 문제에 대한 연구쟁점과 전망(2)", 『지역개발연구』 vol. 32 no. 1, 전남대학교 지역개발연구소, pp, 43-62

김병묵(1987). "재일교포의 법적지위에 관한 연구", 『경희법학』 vol. 22 no. -, 경희대학교 법학연구소, pp. 113-131.

김상현(1988). 『在日韓國人 : 在日동포 100年史』, 서울: 한민족.

김세정(2015). "외국인근로자 밀집지역의 도시근린환경 만족도에 관한 연구", 대구대학교 대학원 석사학위논문.

김영술·홍인화(2013). 중앙아시아 고려인의 광주지역 이주와 문화변용에 대한 연구, 『디아스포라연구』 13, 전남대학교 세계한상문화연구단.

김재명(1994), "고려 稅役제도사 연구", 한국학중앙연구원. 한국학대학원 박사학위논문.

김종세(2019). 다문화가족지원을 위한 대상자 범위의 문제점과 개선방안. 법학논총 36(2).

김천호(2002). "몽골과 중앙아시아의 식문화비교", 『비교민속학』 vol. 22 no. -, 비교민속학회, pp. 133-159.

김태진(2005). 북한이탈주민 관리를 위한 공법적 과제, 공법학연구 제6권 제1호.

김판준(2014). 중국 동포의 한국 이주 및 체류 유형 변화에 대한 연구, 『재외한인연구』 32, 재외한인학회.

김현미(2008). "중국 조선족의 영국 이주 경험: 한인 타운 거주자의 사례를 중심으로", 『한국문화인류학』 vol. 41 no. 2, 한국문화인류학회, pp. 39-77.

노지현(2016). "김해시 외국인 거주자의 공간적 분포와 정착", 부산대학교 교육대학원 석사학위논문.

노호창(2017). 이주여성과 사회보장법제. 이화젠더법학 9(2).

류경애·이재득(2016). "EU 국가의 다문화교육에 관한 비교 연구", 『유럽연구』 vol. 34 no. 1, 한국유럽학회, pp. 221-257.

모경환 외(2010). 『다문화교육 입문』, 아카데미프레스, pp. 1-11.

박경숙(2012). "독일의 상호문화교육과 우리나라 다문화교육에 관한 비교연구: 초등학교를 중심으로", 경기대학교 교육대학원 석사학위논문.

박경호(2009). "연변 조선족 대학생의 정체성 형성에 관한 연구", 숭실대학교 사회복지대학원 석사학위논문.

박길남(2017). 킹던(Kingdon)의 정책흐름모형을 적용한 재한외국인처우기본법의 정책형성과정 연구. 정책개발연구 17(2).

박세훈·이영아(2010) "조선족의 공간집적과 지역정체성의 정치", 『다문화사회연구』 vol. 3 no. 2, 숙명여자대학교 다문화통합연구소, pp. 71-101.

박은경(2011). 외국인 유학생의 국제이주와 지역사회 적응에 관한 연구 - 대구·경북지역 대학을 중심으로, <현대사회와다문화> 1(2), 대구대학교 다문화사회정책연구소. 113-139쪽.

박은영(2016). 『전통과 이국의 다양한 문화가 사이좋게 공존한다.』, 주간 기독교 신문 2083호, 주간기독교.

박은주(2007). "최근 탈북자 국내·외 망명동향과 정책적 대안", 서강대 공공정책대학원 석사학위논문.

박유원(2004). "외국인근로자의 법적 보호에 관한 연구", 연세대학교 대학원 석사학위논문.

박인현(2021). 인권적 관점에서 본 대한민국 국적법의 제·개정. 법과인권교육연구, 14(1), 1-23.

박일화(2009). "중국 조선족 대학생의 민족정체성에 관한 연구", 전남대학교 석사학위논문.

박위준(2014). "귀환 중국 동포의 기존 밀집 지역을 벗어난 곳에서의 자영업 창시", 서울대학교 대학원 석사학위논문.

박정균(2011). "중국조선족 정체성이 한국과 중국에 대한 태도에 미치는 영향", 경희대학교 대학원 박사학위논문.

박정군·황승연·김중백(2011). "중국 조선족 정체성의 결정요인: 사회인구 학적 특성을 중심으로", 『동북아연구』 vol. 26 no. 1, 조선대학교 동 북아 연구소, pp. 149-174.

박주선(2016). "뒤브아(R.D. DuBois)의 집단 대화를 활용한 한국인과 외국인 의 관계 개선 방안 모색", 이화여자대학교 대학원 석사학위논문.

박현식(2013). 사회보장기본권 확립을 위한 북한이탈주민보호 및 정착지원법 개선 방안, 법학연구 52.

박희수(2005). 『Образование в общественно-политической системе государств Корейского полуострова』, Владивосток: Изд-во Дальневосточного ун и верситета.

방미화(2013). "재한 조선족의 실천전략별 귀속의식과 정체성", 『사회와 역사』 vol. 98 no. -, 한국사회사학회, pp. 227-257.

법무부(2007). 『방문취업제, 어떤 제도인가』.

법무부(2007). 『외국인과 더불어 사는 열린 사회 구현을 위한 중장기 외국인 정책 기본 방향 논의 및 2007-2008 중점과제 확정』, 법무부 출입국· 외국인 정책본부 정책기획평가과.

법무부(2008). 『제1차 외국인정책 기본계획』.

법무부(2013). 『제2차 외국인정책 기본계획』.

법무부(2018). 『제3차 외국인정책 기본계획』.

법무부(2021). 2021년 통계연보 용어사전.

법무부 출입국·외국인정책본부, 2022년 6월 출입국외국인정책 통계월보. 보 건복지부 통계자료.

빈부격차·차별시정위원회(2006). 내부자료.

서정경(2014). "중국동포의 귀환과 한국사회의 과제", 『디아스포라연구』 vol. 8 no. 1, 전남대학교 세계한상문화연구단, pp. 71-94.

서봉언·이채문(2014). "키워드 분석을 통해서 본 한국의 디아스포라 연구 동향", 『디아스포라연구』 vol. 8 no. 1, 전남대학교 세계한상문화연구단, pp. 43-69.

선봉규·파르피에브스름(2018). "한국에 귀환 이주한 고려인의 정체성에 관 한 연구." 인문사회 21 9(5). 169-181.

설동훈(2002). 『외국인근로자와 한국사회』, 서울대학교출판부.

설동훈(2005). 『국제결혼 이주여성 실태조사 및 보건·복지 지원 정책 방안』, 보건복지부.

설동훈 외(2017). 2017년 국제결혼중개업 실태조사 연구. 여성가족부.

성동기(2001). 우즈백 다민족정책과 민족주의 – 현재의 시대적 상황에 따른 고려인의 위상 재조명, 『재외한인연구』 11.

세종대왕기념사업회(2001). 『한국고전용어사전』, 세종대왕기념사업회.

손경찬(2019). 혼인중개계약의 효력과 국제결혼관리제도의 합리적 개선방안 법조 68(5).

스티븐카슬, 마크 J. 밀러(2013). 『The Age of Migration』 한국이민학회, 일조각.

신우화·신우진(2016). "주민참여형 안전마을사업 전·후 거주민의 인식 및 행동의 변화", 『國土計劃』 vol. 51 no. 2, 대한국토·도시계획학회, pp. 19-30.

심헌용(2005). "근대 조·러 국경획정과 영토, 이주민 문제", 『동북아역사논총』 vol. - no, 6, 동북아역사재단, pp. 281-326.

신현준(2013). 포스트소비에트 공간에서 재한고려인들의 월경 이동과 과문화적 실천들, 『귀환 혹은 순환』.

안정애(2012). 『중국사다이제스트 100』, 가람기획.

안지원(2015). "초등교사의 조선족 학생지도와 역할에 관한 연구: 대림동 밀집 지역의 2개 초등학교를 중심으로", 서울교육대학교 교육전문대학원 석사학위논문.

양문승·이기호(1996). 『불법체류자신원파악실태와관리방안』, 용인: 치안연구소.

엄한진(2006). "전지구적 맥락에서 본 한국의 다문화주의 이민논의", 『한국사회학회 사회학대회 논문집』 vol. 2006 no. -, 한국사회학회, pp. 111-113.

엄한진(2011). 『다문화 사회론』, 서울: 小花+

여성가족부(2010). 『제1차 다문화가족지원정책 기본계획』.

여성가족부(2013). 『2013년 다문화가족지원 사업안내』.

여성가족부(2012). 『제2차 다문화가족지원정책 기본계획』.

여성가족부(2018). 『제3차 다문화가족지원정책 기본계획』.

여지연(2007). 『기지촌의 그늘을 넘어』, 삼인.

여지연·임옥희(2007)., 『기지촌의 그늘을 넘어: 미국으로 건너간 한국인 군인 아내들 이야기』, 서울: 삼인.

오경희(2014)., "'중국 조선족' 이주 담론에 나타난 디아스포라의 삶과 정체성", 『다문화사회연구』 vol. 7 no. 1, 숙명여자대학교 다문화통합연구소, pp. 35-61.

오정은(2012)., "외국인 밀집지역 사례 연구", 『IOM 이민정책연구원 특별기획 시리즈』 no. 03, 서울: IOM이민정책연구원.

우명숙·이나영(2013., "'조선족' 기혼여성의 초국적 이주와 생애과정 변동", 『한국사회학』 vol. 47, no. 5, 한국사회학회, pp. 139-169.

유길상(2004). 『저숙련 외국인력 노동시장 분석』, 한국노동연구원.

유동식(2006). 『하와이의 한인과 교회 : 그리스도연합감리교회 백년사』, 서울 : 한들출판사.

윤여상(2001). "국내 북한이탈주민의 사회적응 프로그램", 영남대학교 대학원 박사학위논문.

유욱(2008). 북한이탈주민 사회적 통합을 위한 정책 과제, 공법연구 36(4).

윤인진(2000)., "한인 이민 가족의 세대갈등", 『아시아태평양지역연구』 vol. 3 no. 1, 전남대학교 아시아태평양지역연구소, pp. 154-181.

윤인진(2006). "코리안 디아스포라와 문화공동체 형성", 『전남대학교 세계한상문화연구단 국내학술회의』 vol. 2006 no. 12, 전남대학교 세계한상문화 연구단, pp. 1-23.

윤인진(2007). "북한이주민의 사회적응 실태와 정착지원방안", 아세아연구 vol. 50 no. 2,고려대학교 아세아문제연구소, pp. 106-143.

윤인진(2008). "특집: 분단체제하 남북한의 사회변동과 민족통일의 전망; 한민족 이산 (Diaspora)과 한민족공동체 형성방안", 『동방학지』 vol. 142 no. -, 연세대학교 국학연구원, pp. 179-229.

윤인진(2012). "디아스포라 초국가주의의 고전 및 현대 연구 검토", 『재외한인연구』 vol. 28 no. -, 재외한인학회, pp. 7-47.

윤인진(2013). 『동북아시아의 국제이주와 다문화주의』, 파주: 한울아카데미.

윤진희(2014). "중국국적 외국인 공간 분포의 변화양상에 관한 연구", 중앙대학교 대학원 석사학위논문.

이경수(2014). 『프랑스 다문화교육의 이해』, 서울: 집문당.

이경희(2013). 국제결혼중개업에 관한 법적 규제. 한남법학연구 1(1).

이만열(2003). 『한국기독교의료사』, 아카넷.

이명우(2012). "범죄다발지역 집중경찰활동의 활성화 방안에 관한 연구", 동국대학교 대학원 석사학위논문.

이미림(2011). "2000년대 소설에 나타난 조선족 이주여성의 타자적 정체성", 『현대소설연구』 vol. - no. 48, 한국현대소설학회, pp. 645-672.

이상철(1997). 북한이탈주민의 보호·지원법제 현황 및 문제점, 법제연구 제 12호.

이석준·김경민(2014)., "서울시 조선족 밀집지 간 특성 분석과 정책적 항의", 『서울도시연구』 vol 15 no. 4, 서울연구원, pp. 1-16.

이순자(2012). "다문화가정을 위한 사회복지정책 전달체계에 관한 분석연구", 사회복지지원학회지 vol. 7 no. 1, 한국사회복지지원학회, pp. 283-299.

이승현(2016). "서울시 대림동 차이나타운 커뮤니티시설 계획안", 건국대학교 건축전문대학원 석사학위논문.

이연옥 외(2016). 외국인 고용법상 사업장변경 제한에 관한 연구. 법과 인권 교육연구, 9(1).

이윤수(2014). "새터민 인식에 대한 사회경제적 결정요인", 『입법과 정책』 vol. 6 no. 2, 국회입법조사처, pp. 197-222.

이은정(2015). 우즈베키스탄 고려인의 귀환이주-대구지역 고려인의 사례를 중심으로-. 지방사와 지방문화, 18(1).

이재승(2013). 분단체제 아래서 재일 코리언의 이동권, 민주법학 52.

이정주(2002). 『동맹속의 섹스』, 삼인.

이정현(2013). "민족별 외국인 집단 거주지의 형성과 발달: 서울시 대림동 소재 중국국적인 거주지를 사례로", 상명대학교 일반대학원 석사학위논문.

이지경(2012). "북한이탈주민 정착문제의 개선방안", 『한국민주시민교육학회보』 vol. 13 no. 1, 한국민주시민교육학회, pp. 101-132.

이채문(2010). 국내 거주 고려인, 사할린 한인의 생활문화와 한국인과의 문화 갈등, 『통일인문학』 59.

이철우 외(2019). 『이민법』 서울: 박영사.

이태신(2000). 『체육학대사전』, 민중서관.

이해응(2005). "한국 이주 경험을 통해 본 중국 조선족 기혼여성의 정체성 변화", 『여성학논집』 vol. 22 no. 2, 이화여자대학교 한국여성연구원, pp. 107-143.

이현수(2019). 개정 국적법상 귀화허가의 주요 쟁점. 토지공법연구, 87.

이현욱(2013). "20~30대 조선족의 초국가적 이주의 특성", 『디아스포라연구』 vol. 7 no. 1, 전남대학교 세계한상문화연구단, pp. 103-129.

이화용(2015). "중국국적 이주자 밀집지역의 엔클레이브화와 게토화에 대한 연구: 서울시 영등포구 대림2동을 중심으로", 이화여자대학교 대학원 석사학위논문.

인재개발정보센터(2019). 북한이탈주민에 대한 정착지원정책에 관한 연구.

이혜경 외(2017). 『이민정책론』 서울: 박영사.

임계순(2009). 『조선족은 누구인가』, 현암사.

임석진 외(2009). 『철학사전』, 중원문화.

임안나(2009). "외국인근로자 도입에 따른 문제점과 개선방안: 고용허가제를 중심으로", 『사회복지지원학회지』 vol. 4 no. 1, 한국사회복지지원학회, pp. 1-25.

임영상 외(2007). "독립국가연합의 한민족청소년 현황 및 생활실태 연구", 『한국청소년 개발원 연구보고서』, vol. - no. -, 한국청소년정책연구원, pp. 2-457.

임태근(1999). "유럽국가의 난민보호제도에 관한 연구", 『민주법학』 vol. 15 no. 1, 민주주의법학연구회, pp. 162-191.

장선희(2010). 한국의 다문화가족 관련법제의 현황과 평가. 민족연구 42.

장정은(2012). 재한외국인 처우 기본법에 대한 비판적 고찰- 관(官)주도의 다문화주의를 중심으로-. Ewha Law Review 2(1).

장준희(2004). 『중앙아시아: 대륙의 오아시스를 찾아서』, 서울: 청아출판사.

장한업(2010). 『유럽의 상호문화교육』, 한울.

전기호(2003). 『일제시대 재일 한국인 노동자계급의 상태와 투쟁』, 서울 : 지식산업사.

전재호(2008). 세계화 시기 한국 재외동포정책의 쟁점과 대안, 한국과 국제정치 24(2), 경남대학교 극동문제연구소.

전해영(2014). 외국인재 유치 현황과 시사점, <VIP Report> 582(0), 현대경제연구원, 1쪽-29쪽.

정기선 외(2013). "경기도내 외국인 밀집지역 현황 분석 및 의제 발굴", 『IOM 이민정책연구원 연구보고서』 no. 2012-01, 고양: IOM 이민정책연구원.

정상기(2018). 국내체류외국인의 참정권과 법적 보호, 과학기술법연구 24(1).

정석훈(2010). "나주지역 다문화가정의 형성배경과 아동의 학교생활적응에 관한 연구", 순천대학교 교육대학원 석사학위논문.

정성호(1997). "중앙아시아 한인을 위한 정책과제", 지역개발연구 vol. - no. 5, 강원대학교 지역개발연구소, pp. 147-158.

정영근(2006). "다문화사회의 학교와 상호문화교육의 필요성", 『교육연구』 vol. 2006 no. -, 상명대학교 교육연구소, pp. 1-18.

정용상(2013). 북한이탈주민의 사회통합을 위한 법정책적 방향, 동아법학 61.

정지희(2015). "Multi-ethnicity 소비 공간의 형성과 지역 활성화: 이태원 에스닉 레스토랑을 중심으로", 서울대학교 대학원 박사학위논문.

정치학대사전편찬위원회(2002). 『21세기정치학대사전』, 아카데미아리서치.

정현미 외(2014). 결혼중개업법·제도에 대한 사회통합적 개선방안연구, 이화젠더법학 6(2).

제성호(2001). 한국 국적법의 문제점 및 개선방안. 『국제인권법』, 4.

조명숙(2006). "기지촌 여성들에 대한 여성 신학적 접근: K-55 미 공군 오산 기지를 중심으로", 성공회대학교 신학전문대학원 석사학위논문.

조미정(2015). "재한(在韓) 조선족 초등학생의 교육현황과 지원방안 연구: 서울시 대림동 D초등학교를 중심으로", 한국외국어대학교 교육대학원 석사학위논문.

조병인·박철현(1997). "불법체류외국인의 실태와 대책", 『형사정책연구원 연구총서』, vol. 1997 no. 1, 한국형사정책연구원, pp. 11-171.

조상균 외(2006). 다문화가정지원법제의 현황. 민주주의화 인권 8(1).

조용완(2006). "문헌정보학 분야의 난민연구 문헌고찰", 『한국도서관정보학회지』 vol. 37 no. 1, 한국도서관·정보학회, pp. 193-219.

조현미(1998). "在日韓國·朝鮮人の集住地域の形成と實態: 神奈川縣の池上", Thesis (doctoraお茶の水女子大學: 人間文化研究科比較文化學專攻.

차용호(2015). 『한국 이민법』 서울: 법문사.

천현진(2015). "서울 속의 소연변(小延邊): 대림동 중국인 거주지 문화경관 해석", 서울대학교 대학원 박사학위논문.

최경옥(2016). 재외동포들의 돌아올 권리에 대한 법적 자취–사할린/중국 등을 중심으로–. 통일인문학, 66, 5-47.

최길성(2003). 『사할린 : 有形과 棄民의 땅』, 서울 : 민속원.

최대석·조영주(2008), "탈북자 문제의 주요 쟁점과 전망", 『북한학보』 vol. 33 no. 2, 북한학회, pp. 87-119.

최상률(2005). 『外國人力政策論』, 서울: 헤럴드경제.

최윤선(1999). "일본의 외국인근로자정책에 관한 연구", 이화여자대학교 대학원 석사학위논문.

최윤철(2016). 한국 이주법제의 변천과 전망. 일감법학 33.

최한우(2004). "통계로 본 러시아 고려인 사회", 전남대학교 세계한상문화연구단 국제학술회의 vol. 2004 no. 4, "전남대학교 세계한상문화연구단", pp. 289-321.

하성규·고성열(2006), "외국인근로자의 주거실태에 관한 연구", 『대한부동산학회지』 vol. 24 no. -, 대한부동산학회, pp. 9-31.

하우봉·홍성덕(2000). 『재일 한국·조선인: 역사와 전망』, 서울: 소화.

한국다문화교육연구학회(2014). 『다문화교육용어사전』, 교육과학사.

한국문화관광연구원(2007). 『2006 문화권과 문화다양성 국제회의』.

한국사사전편찬회(2005). 『한국근현대사사전』, 가람기획.

한국정신문화연구원(2003). 『일제하 피강제 동원자 등 실태조사 연구보고서』.

한국행정연구원(2012). 『다문화가족지원센터 중·장기 발전방안 연구』.

황명아(2014). "한국사회 이주민을 위한 다문화가족지원센터의 역할 및 활성화 방안", 한국외국어대학교 교육대학원 석사학위논문.

한명진(2020). 북한이탈주민의 사회통합을 위한 법정책적 고찰 -「북한이탈주민의 보호 및 정착지원에 관한 법률」의 내용을 중심으로-. 공법학연구, 21(1), 3-31.

황정미(2021). 이민단계별 정착지원 및 사회통합 정책의 평가와 미래과제: 제3차 외국인정책기본계획을 중심으로, <한국이민학회> 8(2), 한국이민학회, 81쪽-101쪽.

한혜인(2013), "총동원체제하 직업소개령과 일본군 위안부 동원 -제국 일본과 식민지 조선의 차별적 제도운영을 중심으로", 사림(성대사림) 46권, 수선사학회.

IOM 이민정책연구원(2011). 『한국이민정책의이해』, 백산서당.

Alba, R. D., Logan, J. R. & Crowder, K.(1997). White ethnic neighborhoods and assimilation: the greater New York region, 1980-1990. Social Forces, 75(3), 883-912.

BANKS, J.A.(1999). An introduction to multicultural education. Boston: Allyn & Bacon.

Basch, L., Schiiler, G. and Szanton-Blanc, C.(1994). Nations Unbound: Transnational Projects, Postcolonial Predicaments, and Deterritorialized Nation-States. New York: Gordon & Breach.

Benett, C.I.(2003). Comprehensive multicultural education: Theory and practice(5th ed.). Boston: Allyn and Bacon.

Berry, W. J.(1990). Psychology of acculturation: Understanding individuals moving between culture. In R. Brislin (Eds.), Applied cross-cultural psychology. Newbury Park, CA: Sage.

Castles, S.(2000a). Ethnicity and Globalization: From Migrant Worker to Transnational Citizen. London: Sage.

Faist, T.(2000). The Volume and Dynamics of International Migration and Transnational Social Spaces. Oxford: Oxford University Press.

Gordon, M.(1964). Assimilation in America Life. Oxford University Press.

Gorski, P. (2001). Multicultural curriculum and the web: Transformation and integration. Multicultural Perspectives, 3 (1), 43-50.

Graham, P. A. (2005). Schooling in America: How the public schools meet the nation's changing needs. New York: Oxford University Press.

Pamuk, A.(2004). Geography of Immigrant Clusters in Global Cities: A Case Study of San Francisco, 2000. International Journal of Urban and Regional Research, 28(2), 287-307.

Park, R. E.(1950). Race and Culture, Glencoe, Ill., The Free Press.

Peach, C.(1996). Good segregation, bad segregation. Planning Perspectives, 11, 379-398.

Portes, A.(1995). The economic sociology of immigration: essays on networks, ethnicity, and entrepreneurship. New York: Russell Sage Foundation.

Redfield, Robert, Linton, Ralph & Herskovits, Melville, J.(1936). Memorandum for the Study of Acculturation. American Anthropologist, 38(1): 149-152.

Rouse, R.(1991). Mexican migration and the social space of postmodernism. Diaspora, 1(1): 8-23.

Tarman I., and Tarman B(2011). "Developing effective multicultural practices: A case study of exploring a teacher's understanding and practices", The Journal of International Social Research, Volume 4, Issue 17, 576-598.

UNESCO Institute for Statistics(2009). Global Education Digest 2009: Comparing Education Statistics Across the World.

Vertovec, S.(1999a). Conceiving and researching transnationalism. Ethnic and Racial Studies, 22(2).

Vertovec, S.(2001). Transnationalism and Identity, Journal of Ethnic and Migration Studies, 27(4), 573-882.

Wacquant, L.(2004). What is a Ghetto?: Constructing a Sociological Concept. in Smelser N. J. & Baltes P. B. (eds.). International encyclopedia of the social and Behavioral Sciences. London: Pergamon Press.

Wayne Patterson(2002). 아메리카로 가는 길-한인 하와이 이민사(1896-1910) [The Korean Frontier in America : Immigration to Hawaii, 1896-1910]. 정 대화역. 서울: 들녘.

<웹사이트>
http://likms.assembly.go.kr/bill/billDetail.do
https://www.law.go.kr
국립국어원 표준국어대사전 홈페이지(https://stdict.korean.go.kr/main/main.do)
교육부, '2021년 국내 고등교육기관 내 외국인 유학생 통계' 참고.
　　　https://www.moe.go.kr/boardCnts/viewRenew.do?boardID=350&boar
　　　dSeq=90123&lev=0
나무위키(https://namu.wiki/w/)
남북하나재단 홈페이지(https://www.koreahana.or.kr/)
다음백과 홈페이지(https://100.daum.net/)
두산백과 홈페이지(https://www.doopedia.co.kr/)
바이러시아21(http://www.buyrussia21.com/)
뉴시스 2010/03/19 기사 : 법무부, 난민 韓국적 취득 첫 인정 난민 신분으로
　　　귀화를 신청한 에티오피아인이 최초로 한국국적을 취득한다.
다문화가족지원포털 다누리 홈페이지 http://www.liveinkorea.kr/kr/
법률신문 2019/11/21 기사 : 법무부 난민법 개정안, '강제송환금지 원칙' 무
　　　력화 우려.
법무부 사회통합정보망 Soci-Net 홈페이지 자료.
법무부 출입국·외국인정책본부홈페이지
　　　(https://www.immigration.go.kr/immigration/index.do)
세계한민족문화대전 홈페이지(http://www.okpedia.kr/)
우리말샘 홈페이지(https://opendict.korean.go.kr/main)
외교부 홈페이지(https://www.mofa.go.kr/www/index.do)
위키백과(https://ko.wikipedia.org/wiki)
위키실록사전(http://dh.aks.ac.kr/sillokwiki/index.php/)
정부입법지원센터(https://www.lawmaking.go.kr/)
조선일보 2022/7/19 기사 : 민주당 연일 "어민은 흉악범" … 북(北)인권단체
　　　"진보정당 맞나"
조선족 교회, 2004/10/25 캠페인 : 고향에 돌아와 살 권리 찾기 제 2차 캠페인
중앙일보 1993년 1월 30일자 검색자료, '충북 옥천군 농촌총각 11명, 교포처
　　　녀와 맞선 위해 방중'.
중앙일보 1997년 2월 20일자 검색자료, '나주시, 농촌총각, 중 교포 처녀 현
　　　지 만남 주선'.
찾기쉬운 생활법령정보(https://www.easylaw.go.kr/CSP/Main.laf)

출입국 외국인정책본부 2016년 통계월보 자료.

통일부 홈페이지 통계자료 자료.

한경 경제용어사전 홈페이지(https://dic.hankyung.com/)

한국민족문화대백과사전 홈페이지(http://encykorea.aks.ac.kr/)

한국산업인력공단 태국 EPS센터 홈페이지(https://hrdkoreathailand.com/)

한국일보 2019/03/12 기사 : "북한에서 왔다는 것 알려지는 순간 무시, 내편 없어" 외로움 호소

pmg 지식엔진연구소, 시사상식사전
      (https://terms.naver.com/list.naver?cid=43667&categoryId=43667)

저자약력

권오경

부산외국어대학교 한국어교육학과 교수
부산외국어대학교 다문화연구소 소장
부산외국어대학교 일반대학원 다문화교육학과 주임교수
다문화사회와 교육연구학회 회장
한국민요학회 회장

※ 주요 저서
『외국인을 위한 한국고전작가론』
『외국인을 위한 한국문학의 이해』
『공감으로 듣는 다문화이야기』
『한국민요현장과 경계넘기』
『외국인을 위한 체험 중심 한국전통문화』(공저)
『작가로 읽는 고전시가』(공저)

황미혜

부산외국어대학교 한국어교육학과/일반대학원 다문화교육학과 겸임교수
다문화사회와 교육연구학회 편집위원장
부산광역시 다문화가족지원협의회 위원
부산광역시 남북교육교류협력기금운용심의위원회 위원
법무부 사회통합프로그램 구술감독관

※ 주요 저서
『결혼이민자 자립 성공 스토리 '그녀들의 이야기'』
『(다문화 전공자를 위한) 이민정책론』
『한국의 다문화 역사와 문화 이야기』등

저자약력

김승홍(Kimmy)

모스크바국립대학교(Московский Государственный Университет имени М. В. Ломо
носова) 아시아-아프리카 대학 한국학과 교수(профессор)
한국외국어대학교 일반대학원 국어국문학과(외국어로서의 한국어교육) 석사
전(前) 사단법인 국제학생회(ISF) 간사
전(前) 모스크바 장로교회 교육전도사

김남희

부산외국어대학교 일반대학원 다문화교육학과 박사 수료
다문화사회와 교육연구학회 편집간사 및 연구윤리위원회 간사
동아대학교 교수학습개발센터 전임연구원

※ 주요 저서
『똑똑하게 픽하자! TOPIK Ⅱ 시험대비 쓰기&읽기』

김혜빈

부산외국어대학교 일반대학원 다문화교육학과 박사 수료
다문화사회와 교육연구학회 편집간사 및 연구윤리위원회 간사
부산외국어대학교 진로개발센터 전임연구원

※ 주요 저서
『똑똑하게 픽하자! TOPIK Ⅱ 시험대비 쓰기&읽기』

권영은

동아대학교 국제전문대학원 글로벌다문화전공 박사 수료
다문화인재양성센터 선임연구원

※ 주요 논문
「캄보디아 결혼여성이민자들의 현황과 실태에 관한 연구」
「사회적 가치를 위한 부산은행의 다문화가족 금융교육 활성화 방안」 등

7가지 키워드, 시기별로 이해하는
한국사회의 다문화현상 이해

초판인쇄 2023년 2월 17일
초판발행 2023년 2월 17일

지은이 권오경, 황미혜, 김승홍, 김남희, 김혜빈, 권영은
펴낸이 채종준
펴낸곳 한국학술정보㈜
주 소 경기도 파주시 회동길 230(문발동)
전 화 031) 908-3181(대표)
팩 스 031) 908-3189
홈페이지 http://ebook.kstudy.com
E-mail 출판사업부 publish@kstudy.com
등 록 제일산-115호(2000. 6. 19)

ISBN 979-11-6801-995-9 93330